les Grands-mères parlent :
Trouver l'équilibre dans un monde chaotique

Livre 1

Sharon McErlane

Net of Light Press
www.grandmothersspeak.com

Titre original : *A Call to Power : The Grandmothers Speak*
© 2006 Sharon McErlane
Tous droits réservés.
Traduit de l'anglais par Silvia Pennec
Deuxième edition 2015

Cette publication ne peut être reproduite ou transmise, en tout ou partie, par quelque moyen que ce soit, ou intégrée à une base de données, sans autorisation écrite de l'auteur.

Editeur: Net of Light Press, 9/9/06
www.grandmothersspeak.com

ISBN: 978-0-9788468-7-9

Library of Congress Control Number pour le première edition: 2003099486

Illustration de couverture : Francene Hart, www.francenehart.com
Design couverture : Tim Brittain (twbrit@cox.net)
Illlustrations : Sharon McErlane

Imprimé aux Etats Unis d'Amérique par Net Pub press

Les exemplaires du livre sont disponibles à Net of Light Press à www.grandmothersspeak.com

« Quand la sagesse des Grand-mères sera entendue,
le monde guérira »

— *Prophétie Amérindienne*

Sommaire

Remerciements .... *vii*

Avant-propos: Un appel au changement .... *ix*

Chapitre 1   Une visite des Grand-mères
 « *Le Grand Conseil des Grands-mères est venu pour que
 la femme s'affirme par une transformation intérieure.* » 1

Chapitre 2   Nous Apportons Quelque Chose du Ciel sur la Terre 11
Chapitre 3   Beauté/Force est un seul concept
 « *La force est dans les ailes* » 23

Chapitre 4   Une dimension différente
 « *En étant à sa place chacun fait
 quelque chose d'important.* » 31

Chapitre 5   Trop de 'faire' 33
Chapitre 6   Nous vous emplirons
 « *Ceci était exactement ce dont tu avais besoin
 pour aller au-delà de la peur de t'exposer.* » 53

Chapitre 7   Le pouvoir féminin est quelque chose de redoutable
 « *Parce que tu es un être humain tu as une connaissance
 limitée du pouvoir 'masculin' et 'féminin'.* » 67

Chapitre 8   Tu dois petit à petit rentrer dans ton esprit
 « *Nous te montrons l'énergie du yang telle qu'elle est
 sur terre…totalement hors de contrôle.* » 71

Chapitre 9   Le Filet de Lumière
 « *Ceci est le filet de lumière qui tiendra la terre.* » 77

Chapitre 10 Il est temps pour yin et yang de bouger
 « *Ces temps-ci la vision de l'humanité est obscurcie. Beaucoup
 vivent dans la peur.* » 89

Chapitre 11 Réarranger yin et yang
 « *Le travail que l'on t'a donné est de déplacer l'énergie
 de ce que vous appelez yin pour qu'elle
 pousse contre le yang …le réarrange.* » 95

Chapitre 12 L'Etoffe de l'Existence
          « *Les différences entre les gens ne sont que des différences
          en apparence. C'est le manteau qui est réel.* » *107*

Chapitre 13: Notre 'empowerment' donne de la stabilité à notre message
          « *Celles qui reçoivent notre 'empowerment' incarneront notre
          message pour les autres.* » *119*

Chapitre 14 La puissance du féminin profond
          « *Aimez toute vie.* » *125*

Chapitre 15 Le rôle des hommes
          « *Les femmes n'ont jamais eu quelque chose à elles. Ceci vous
          appartient.* » *133*

Chapitre 16 L'Arbre de Vie
          « *Cet endroit, le jardin, la maison et environs
          gagnent en force.* » *145*

Chapitre 17 Faites de vos vies des vies sacrées
          « *Donner du cœur mène à recevoir davantage.
          Une autre façon de donner n'est pas donner du tout.* » *153*

Chapitre 18 Il est temps
          « *Va lentement, va profondément. Tu nous trouveras
          là à l'intérieur de toi, autour, derrière et
          en dessous de toi.* » *167*

Chapitre 19 Le cahier d'exercices des Grands-mères
          « *Ces méditations ancrent nos enseignements,
          leur permettant d'entrer profondément
          dans les entrailles de vos corps/esprits.* » *177*

Epilogue *193*

A Propos de l'Auteur *195*

Remerciements

Ce livre n'a pas été un livre facile à écrire, surtout parce que je me sentais souvent indigne. Des pensées me disaient: « Pour qui tu te prends pour transmettre un matériel comme celui-ci? » Souvent je me suis sentie submergée par le travail qui m'attendait et j'aurais pu abandonner sans l'aide des personnes suivantes. Je remercie du fond du cœur Lori Viera, Steven Atherton, Katie MacMahaon, Pat Durkin, Mahri Kintz, Meinrad Craighead, Dorothy Herrin, Jim Farris, Dyan Ellerbrach, Richard Carlson, Sheryl Politiski, Benjamin Shields, Susan Sherman, Deborah Schmidt, et Christan Hummel.

Je remercie également les femmes qui ont amené le livre des Grands-mères, leur message et moi-même dans le merveilleux pays, qu'est la Lituanie. Merci Antanina, Vilma, Ritone et Susie.

Et enfin mon bien-aimé époux Roger, sans l'aide de qui je n'aurais jamais pu faire ce travail.

Les Grands-mères sont venues à cette époque-ci pour élever l'humanité et remplir nos cœurs de lumière pour que nous, à notre tour, puissions tenir notre planète bien-aimée dans la lumière. Les personnes mentionnées ci-dessus ont aidé à lancer ce livre, faisant en sorte que d'autres puissent passer ensuite le message de lumière et de joie des Grand-mères à travers le monde. Ce livre est dédié à chacun d'eux et au Divin (dans toutes ses formes rayonnantes) qui travaille avec et à travers elles.

Merci, Grands-mères, pour avoir rendu tout ceci possible.

Avant-propos

Un appel au changement

Les Grand-mères sont apparues dans ma vie sans y être invitées, bien qu'elles et le message qu'elles ont apporté fussent plus que bienvenus. Elles sont littéralement tombées du ciel et, en me mettant dans des situations qui m'étaient étrangères, ont changé ma vie. Elles sont venues pour corriger le déséquilibre entre yin et yang sur notre planète et éveiller les femmes et les hommes à l'énergie de ce qu'elles appellent le 'féminin profond' pour donner aux hommes aussi bien qu'aux femmes une connexion intime avec le Principe Féminin de la création.

Leur but est d'apporter un équilibre entre hommes et femmes, entre yin et yang. Je leur suis reconnaissante au-delà des mots de faire partie de leur travail et d'avoir cette opportunité de transmettre leur sagesse.

Les Grand-mères transmettent leur message, montrent les changements qui sont en train de se produire sur la Terre, expliquent pourquoi notre monde est dans un état préoccupant et nous disent quoi faire pour nous aider à retrouver un équilibre pour nous-mêmes ainsi que pour notre planète. Leurs méditations et visualisations permettent à chacun de se connecter les uns aux autres. En ce moment même une connexion puissante entre les humains crée un réseau ou un filet de soutien pour la planète, la consolidant pendant que les changements nécessaires dans son champ d'énergie se produisent.

Les Grand-mères donnent une explication pour ce déséquilibre et montrent la différence entre l'énergie masculine et féminine. Elles nous enseignent comment s'engager dans une relation plus proche, plus personnelle avec le Divin et nous encouragent à imprégner nos vies de la présence du Sacré. Peut- être choisirez vous de retourner plusieurs fois aux méditations à la fin du livre pour les mettre plus intensément en pratique dans votre vie.

Certain(e)s liront ce livre pour s'informer, d'autres pour se transformer. Certain(e)s se contenteront d'entendre parler des Grands-mères, alors que d'autres voudront les ressentir.

Parce que le déséquilibre énergétique sur terre existe depuis si longtemps, les Grands-mères disent qu'aujourd'hui nous sommes dans une situation désastreuse. Mais parce que le processus de correction de ce déséquilibre a déjà commencé, la terre ne sera pas détruite. Vous trouverez le message des Grands-mères profond et inspirant et, bien que ce soit un livre sérieux, il n'est pas morose.

Les Grands-mères parlent: un appel pour équilibrer les énergies masculines et féminines peut être lu à beaucoup de niveaux différents. Cela peut être, pour vous, une histoire vraie, une explication d'une nouvelle façon de vivre, une invitation pour rentrer dans cette vie-là, un voyage personnel, ou un mythe. A des moments différents de votre vie il peut être tout cela à la fois. Je sais que tout ce que je raconte dans ces pages s'est réellement passé, pourtant je vous invite de le lire du point de vue qui vous convient le plus. Il y a de la valeur dans chacun.

Ceci est surtout un livre pour les femmes. Il appelle la femme à rentrer dans son pouvoir, lui fait comprendre la nature du yin, et lui donne les outils pour mettre son pouvoir en application. Puisque l'énergie du yin existe dans tous les êtres, *Les Grand-mères parlent: un appel pour équilibrer les énergies masculines et féminines* est également un livre pour les hommes. Il donne aux hommes une appréciation du principe féminin et les éveille à cette qualité, qui sustente et nourrit, à l'intérieur d'eux-mêmes. Le livre des Grand-mères fournit un cadre pour comprendre les changements qui se produisent sur la Terre en ce moment et nous apprend comment participer dans cette évolution sacrée de notre planète.

Les Grand-mères nous invitent à participer dans la restauration de l'harmonie sur terre; cependant, elles nous assurent que notre participation dans ce travail est optionnel, pas essentiel. La correction de l'équilibre sur terre arrivera, que nous y participions ou pas. « **Nous vous donnons cette opportunité pour votre bien,** » disent elles, « **parce que prendre part dans ce travail vous apportera de la joie.**(Les caractères gras dans ce livre indiquent les paroles des Grands-mères et même si elles me parlent à moi, leurs messages sont destinés à tous.)

Les Grands-mères parlent et vivent la VERITE. Dès le début elles m'ont enchantée et bouleversée avec leurs leçons inattendues. Des maitres dans l'art d'enseigner, elles m'ont étonnée dès ma rencontre avec elles cette matinée innocente de Septembre quand je sortais le chien le long des falaises au-dessus la plage.

Chapitre 1
Une visite des Grand-mères

« Le Grand Conseil des Grands-mères est venu pour que la femme s'affirme par une transformation intérieure. »

On aurait dit une journée d'automne ordinaire. J'étais juste sortie faire un tour. Un autre de ces matins clairs de Septembre, il était tôt, à peu près sept heures et j'avais amené le chien avec moi.

Les touristes de l'été partis, la ville était redevenue calme et paisible.

Le calme qui recouvrait la ville était aussi pensif que moi. Pendant des jours je n'avais cessé de réfléchir à quelle direction donner à ma vie, à ce que je devais en faire. Et pendant que je tournais tout ça dans ma tête une fois de plus, le chien tirait sur sa laisse, m'entraînant vers la plage de l'autre coté du Pacific Coast Highway. Nous nous approchions du sentier le long des falaises, quand tout d'un coup un groupe de femmes d'un certain âge apparaissait devant nous. C'était vraiment étrange. Elles étaient là, tout simplement.

Les femmes se mirent autour de nous, parlant et gesticulant avec beaucoup d'animation et tout en souriant et riant les unes avec les autres, elles me faisaient signe de les rejoindre. Leurs voix résonnaient autour de moi alors qu'elles s'appelaient et pendant un moment j'entendis un bout de chanson qu'elles chantaient. Riant comme des jeunes filles elles m'entourèrent de près.

Elles étaient ravissantes, accueillantes et si heureuses ; j'avais tout de suite remarqué leurs doux visages ouverts. Mais quand elles se sont rapprochées je voyais qu'elles portaient des costumes de temps et de lieux lointains. Je les regardais bouche-bée, pendant que j'essayais de comprendre, mais l'une d'elles qui avait de longs cheveux gris m'adressait un tel sourire qu'un instant j'oubliais leur étrangeté.

C'est là que je me rendis compte que je pouvais voir à travers elles. Je pouvais voir des arbres, le sentier menant vers la plage et les vagues de l'océan à travers leurs corps. Je me secouais la tête pour essayer d'y voir plus clair, mais elles étaient toujours transparentes. Est-ce que c'était un rêve ?

Comme je continuais à les fixer, je remarquais que je pouvais sentir l'odeur de la mer et l'herbe humide et sentir les fissures du trottoir sous mes sandales. Juste à ce moment-là un voisin qui se promène tous les matins en même temps que moi me fait signe et me parle et automatiquement je réponds. « O mon Dieu », pensais-je. J'étais prise dans une double réalité. C'était une expérience spirituelle, une vision !

J'avais la bouche sèche, je commençais à transpirer et j'essayais de me débarrasser de ces femmes vite fait. Cela devait être mon imagination, non ? Quoi d'autre cela pouvait-il être ? Je devais être en train d'imaginer tout cela et elles partiraient dans une minute. Je n'avais jamais sérieusement envisagé que j'étais folle avant, mais là…

Comme la « vision » continuait, ma bouche devenait de plus en plus sèche et je me surpris à retenir ma respiration. Je ne comprenais rien à ce qui m'arrivait et, bien que je voulais fuir cette situation étrange, j'étais trop fascinée. Je ne pouvais que regarder ces femmes. Et leurs doux sourires me faisaient savoir qu'elles comprenaient mon dilemme. Ces sourires et leur attitude patiente m'aidèrent à maintenir un semblant d'équilibre. Elles me regardèrent faire face à ma peur et elles hochèrent la tête, redoublèrent de sourires et attendaient, et c'est justement parce qu'elles se comportaient ainsi, que je j'arrivais à empêcher ma peur de l'emporter.

Et puis l'idée me vint que ce que je voyais était réel. Les visions ne sont pas fabriquées par l'esprit. Les visions sont justes une autre forme de la réalité- des émanations d'énergie, comme toute autre chose. Ces pensées me traversèrent la tête comme un éclair et me surprirent. Mais les émanations d'énergie en face de moi n'étaient pas celles auxquelles j'étais habituée et j'avais peur.

J'essayais de m'éloigner de ces femmes, mais elles persistaient et restèrent avec moi pendant que je continuais ma promenade. Un groupe de femmes ressemblant à des grands-mères qui, malgré mes efforts pour les ignorer, continuaient à m'embrasser et me parler. J'étais obligée de leur prêter attention parce que, bien que leur présence ne fût pas physique, elle fût indéniable. Et elles ne voulaient pas s'en aller.

Finalement j'arrêtai de lutter contre cette expérience et leur prêtai toute mon attention. C'est là que je vis que deux d'entre elles étaient habillées avec des robes et des pantalons en peau de daim ornés de perles. Des Indiennes d'Amérique dans leurs plus beaux atours !

Une autre femme se distinguait particulièrement du groupe. Elle était bien plus grande que les autres; son visage aux traits négroïdes et sa tête élégante les dépassaient largement et son long cou était entouré de colliers de bronze. Elle ressemblait à une image d'un vieux National Geographic que j'avais vue enfant. Son visage sculpté et son port altier avaient tout d'une reine d'une ancienne civilisation Africaine.

Plusieurs de ces femmes faisaient moins d'un mètre cinquante et avaient une stature assez carrée. Elles avaient la peau foncée, de longs cheveux gris-brun qui couvraient leurs épaules et elles étaient habillées avec des robes qui ressemblaient à des sacs en toile de jute qui pendouillaient autour de leurs corps. Parce que leur peau et leurs robes étaient de la même couleur, la seule chose qui rendait leur apparence plus vivante était des colliers de perles et coquillages de couleurs vives. Elles ressemblaient à des femmes appartenant à des tribus du sud Mexicain ou de Guatemala. Je les regardais et me demandais ce qu'elles faisaient ici dans cette station balnéaire, mais elles me souriaient avec des sourires tellement doux et confiantes que je leur souriais en retour avant de m'en rendre compte. Ma peur commençait à fondre.

Trois ou quatre portaient des robes dans les tons gris, bleus et mauves, d'un air biblique. Leurs cheveux étaient couverts par des capuches ou des capes mais je pouvais voir qu'elles étaient d'origine européenne à leur peau claire. Et il y en avait d'autres.

Comme elles me souriaient, m'appelaient et m'ouvraient leurs bras, m'accueillant ainsi en leur sein, je sentais qu'elles étaient ravies de me voir. Me caressant le visage, les épaules et le dos, elles m'entouraient de leurs bras formant ainsi un cercle autour de moi.

J'en comptais une douzaine rassemblée autour de moi et je savais, je ne sais comment, qu'elles représentaient toutes les races de l'humanité. Elles avaient un port de reine et au moment où cette idée me vint, l'une d'elle parla. « **Chaque femme est belle et sage à sa façon** » disait-elle. « **Et bien que chacune de nous soit unique dans sa force et son être, nous n'avons qu'un seul but.** » Ensemble elles annoncèrent, « **Nous sommes le Grand Conseil des Grand-mères.** » J'étais remplie du plus grand respect, impressionnée non seulement par la grandeur de leur présence mais aussi par leur nom. « **Le Conseil des Grands-mères** » leur allait parfaitement. Aussi imposant et digne qu'elles.

Quelquefois elles allaient m'apparaître comme cela. Mais dans les années qui suivirent, je les ai rencontrées sous différentes formes.

Maintenant elles m'invitaient à venir parmi elles et tout en me touchant avec douceur et me regardant dans les yeux, elles me tenaient et m'embrassaient. Pendant ce temps je continuais à promener le chien et dire bonjour aux voisins. Ma conscience passait de l'une à l'autre situation sans heurts, je ne sais comment. Elle m'avait placé en deux réalités à la fois. Je continuais à marcher et les Grands-mères me parlaient, mes voisins me saluaient comme ils faisaient tous les matins et le chien tirait sur sa laisse. Je leur répondais à tous.

Le fait de me trouver dans deux réalités en même temps me donnait un sentiment étrange de désorientation mais de façon étonnante, ce n'était pas difficile de naviguer ainsi. A un moment donné j'éclatais presque de rire à l'absurdité de ma situation. Mais, bizarrement, je me sentais paisible et comme portée par l'énergie de ces Grands-mères.

Me tenant de près, elles disaient:Leur choix des mots et leur ton particulier captaient mon attention. Je m'arrêtais de marcher et je pensais à mes pieds, étant non pas sur la chaussée mais sur la terre et immédiatement un cocon de soie brillante me couvrait, venant d'en haut, jusqu'à mes pieds. Long de plusieurs mètres, et large d'au moins un mètre quatre-vingt, il vibrait avec la couleur d'un coucher de soleil glorieux, un rose poudré qui semblait rayonner avec une vie bien à lui.

Je respirais profondément alors que cette cascade m'enveloppait. C'était si réconfortant. Pendant qu'elles m'enveloppaient et m'en couvraient, les Grand-mères disaient: « **Ceci est une Coiffe. La Coiffe est faite d'une substance comme la lumière, mais c'est plus que la lumière.** » A sentir cette douceur contre ma peau je comprenais que, oui, c'était de la lumière, de la lumière avec un poids ou un corps.

Elle me couvrit de la tête aux pieds, comme un cocon. « **Cette Coiffe commencera à te guérir et te nourrir par la peau et traversera les cellules et les organes de ton corps pour en aligner et harmoniser toutes les parties. Une guérison et un réveil commencent maintenant, qui se passeront en toi à tous les niveaux, en même temps. Tes aspects physiques, mentaux, émotionnels et spirituels recevront ce dont ils ont besoin ; ils guériront et s'harmoniseront.** » Alors qu'elles parlaient, je me sentais plus profondément nourrie et prise en charge que dans mes plus lointains souvenirs.

Me couvrant toujours de cette enveloppe de soie, elles me berçaient doucement et puis me faisaient danser. Elles me tenaient devant elles, levaient mes mains, me soulevaient, me faisaient tourner, riant tout au long. Elles me donnaient le sentiment d'être un petit enfant profondément aimé. Ensuite elles m'apprenaient comment danser avec elles, faire des pas en avant, en arrière et sur le coté. Ainsi nous dansions ensemble. Pendant qu'elles m'embrassaient à nouveau je pensais: «Tout ceci est si merveilleux, qu'est-ce que je peux leur donner en retour ? » Bien que je ne prononçai pas cette pensée, elles répondirent, « **Ne fais rien maintenant. N'essaye pas de nous aider. Au lieu de cela, permets-nous de donner et de faire tout le travail.** » Je me détendis, les prenant au mot, et les laissai s'occuper de moi.

Je suis rentrée de cette promenade emplie d'étonnement à propos de ce qui m'était arrivé et, bien que je ne comprenais pas, je savais que je n'étais pas folle. J'étais trop heureuse et apaisée pour cela.

Etourdie, je m'assis sur le canapé et écrivis ce qui me venait. Je voulais garder vivante la magie de cette matinée. Puis, je mis de coté ce que j'avais écrit. Je ne le lus même pas. Je ne voulais pas.

J'avais entendu parler de ce genre d'expériences, on m'avait parlé de leur fragilité, à quel point c'était précieux. Je compris également que c'est dans la nature du mental d'essayer d'expliquer et de réduire chaque expérience à quelque chose qu'il puisse cataloguer.

Mais ce qui m'était arrivée ne pouvait être catalogué et je décidai de ne pas essayer. Au lieu de cela je resterais dans le présent, je ne reviendrais pas sur ce qui venait d'arriver pendant cette promenade et je ne spéculerais sur ce que cela voulait dire. Ce qui était arrivé était sacré, ça je le savais et cela suffisait pour le moment.

Je vibrais avec une espèce de bonheur particulier longtemps après cette matinée et puisque je voulais conserver cela, je ne parlais à personne de ce qui m'était arrivé. Je sentais la même chose pour cette expérience que pour un flacon d'un parfum très cher. Je voulais garder le bouchon fermé, ne pas diluer ce qui était dans le flacon.

En outre, expliquer ce qui s'était passé demanderait plus d'énergie et de clarté dans mes idées que je n'avais.

Je savais que j'avais reçu un cadeau et il fallait l'honorer et le garder caché en silence. Les Grand-mères avaient dit que l'effet de guérison et de nourrissement de La Coiffe s'infiltrerait profondément en moi et c'est exactement ce que je voulais.

Avant de rencontrer les Grand-mères, la seule fois que j'avais entendu parler de "coiffe" était pour décrire la poche des eaux qui recouvre certains bébés à la naissance. Je ne savais pas ce que les Grand-mères voulaient dire avec ce mot, cette chose dont elles m'avaient recouverte et enveloppée m'avait donné le sentiment d'être chérie. Je voulais en être tellement imprégnée que je me sentirais enveloppée d'amour comme cela pour toujours.

Plus tard, je ne me rappelle plus quand, je suis tombée sur le mot « coiffe » et le sens en était « initiation ». J'étais surprise et en même temps pas tant que ça quand je lisais « initiation » parce qu'à un certain niveau je savais que c'était cela que j'avais reçu. La « Coiffe » avait transmis une énergie particulière à mon corps et esprit et je l'avais ressentie fortement- une force paisible, un sens de richesse intérieure que je n'avais jamais ressenti auparavant. Ce sentiment est resté avec moi pendant plusieurs semaines. Mais bizarrement, quand j'ai recherché le mot "coiffe" plus tard, je n'ai jamais retrouvé cette signification. Peut-être la signification de "coiffe" comme « initiation » m'était venu en rêve.

Une autre visitation surprenante s'est produite. Il avait des plumes d'un gris-brun foncé et des yeux perçants, il était juste perché là, il ne chassait pas et il gardait le jardin farouchement, tournant se tête en un cercle complet.

Mon mari et moi n'arrivions pas à détacher nos yeux et quand la cliente est arrivée, nous lui avons montré l'oiseau aussi. J'étais si reconnaissante qu'il y avait d'autres personnes pour voir ceci avec moi. Je n'avais encore parlé à personne des Grands-mères. Nous regardions le grand oiseau avec fascination, mais finalement nous avons détourné nos regards et quand nous regardâmes de nouveau, il était parti. Personne ne l'avait vu se poser ni partir.

Quelques jours plus tard nous avions parlé du visiteur dans notre jardin à quelqu'un qui s'y connaît en oiseaux. Passionnée par notre description, surtout par la taille de l'oiseau, elle a sorti un exemplaire "Oiseaux de Proie" de Floyd Scholtz. Nous l'avons trouvé. C'était un aigle royal- un rapace extrêmement rare dans cette partie densément peuplée du sud de la Californie où nous habitons.

Apres avoir identifié le visiteur de notre jardin, je sortis mes Cartes Médecine, un système d'enseignement et de divination des Amérindiens et cherchai le totem de l'aigle. Aigle est la première carte du jeu ce qui me disait quelque chose. En regardant la carte je ressentais à nouveau l'excitation liée à la présence de ce grand oiseau. Je lus : La médecine de l'Aigle est le pouvoir du Grand Esprit, la connexion avec le Divin. C'est la capacité de vivre au royaume de l'esprit tout en restant connecté et en équilibre avec le royaume de la Terre.

Des frissons que je reconnaissais bien, la reconnaissance de la vérité, parcourraient mon dos. Aigle vous rappelle de prendre courage car l'Univers vous présente avec une opportunité pour vous élever bien au-dessus de votre vie ordinaire.

Le pouvoir de reconnaitre cette opportunité peut venir sous la forme d'une épreuve spirituelle. En apprenant à attaquer avec férocité votre peur personnelle de l'inconnu, les ailes de votre âme seront soutenues par les brises toujours présentes qui sont le souffle du Grand Esprit.

Ces mots sonnaient clairs, je reconnaissais que l'univers me présentait une chance incroyable. Si je l'acceptais, je fonctionnerais en dehors des limites de ma vie ordinaire.

Autour du premier Octobre j'étais en train de fouiller dans mon bureau et je tombais sur ce que j'avais écrit le jour où les Grands-mères m'avaient apparues. J'étais stupéfaite par ce qu'il y avait sur la page.

« **Avec une culture si longtemps dominée par le yang, le principe de l'énergie masculine, yin, le principe de l'énergie féminine, est devenu déficiente et faible. La Femme est coupée de son propre sens du pouvoir et de sa raison d'être, qui constituent sa beauté, et sentant ce manque, elle recherche une confirmation extérieure de son identité et de sa valeur. Les femmes passent une quantité de temps et d'argent incalculable pour être reconnues par le monde extérieure.**

Peu importe le nombre de 'confirmations' de sa beauté, de son pouvoir et de sa raison d'être qu'elles reçoivent, elles ressentiront toujours ce manque. C'est parce que l'énergie féminine ne peut être conférée de l'extérieur. Yin est. Il existe par lui-même. Le chercher ne fera que troubler celui qui le cherche. »

Le Grand Conseil des Grand-mères est venu pour que la femme trouve son affirmation en elle-même et éveille l'homme à la présence réconfortante en lui-même. Chaque Grand-mère a un pouvoir et une façon d'être unique et pourtant toutes sont comme Un dans cet intention de redonner au yin, l'énergie féminine, sa beauté/puissance pleine et entière pour que le monde trouve à nouveau son équilibre. **Nous confirmerons les femmes dans leur pouvoir et conforterons les hommes, les éveillant tous deux au principe féminin.**

C'était mon écriture, je n'avais pourtant aucun souvenir de l'avoir écrit. Je réalisais que le message avait été écrit à travers moi, non par moi. Je compris également que ce que je lisais n'était pas seulement pour moi. La vérité qui résonnait dans leurs paroles était pour toutes les femmes, pour tout le monde.

Leurs paroles confirmaient ce que je savais déjà. Le monde *vraiment* dans un dangereux état de déséquilibre. Le niveau de souffrance humaine semblait augmenter. Je voyais plus de souffrance par la violence et de désespoir dans mon travail de psychothérapeute. Ce que les grands-mères appelaientpoussait également les pays du monde vers la guerre. Plus tard dans mon travail avec elles, les Grands-mères me disaient : « **Yin et yang sont en déséquilibre. Le yang est devenu excessif. De plus en plus violent et indomptable, l'énergie du yang ne peut revenir à l'équilibre sans l'intervention du yin.** »

Mi-octobre Roger et moi avions un rendez-vous chez un astrologue. J'avais fini par lui parler de mon expérience avec les Grands-mères et nous étions tous les deux curieux de savoir si l'astrologue avait quelque chose à dire à propos de cet évènement étrange.

Faisant mon thème d'abord, Dorothy m'annonçait que j'étais sur le point de commencer le travail pour lequel j'étais née, quelque-chose de différent de tout ce que j'avais fait jusqu'à maintenant, un travail spirituel intense qui serait important pour moi et pour d'autres. Elle me dit de faire confiance à ce qui me serait donné et d'avancer dans ce travail avec une foi totale. Ce qui se présentait à moi était l'opportunité de ma vie.

J'écoutais la gorge serrée et quand je lui parlais des Grands- mères et l'aigle, elle riait et me disait que *c'était ça !* Je transmettrais le travail des Grands-mères à beaucoup de femmes ; je voyagerais et j'écrirais un livre. Mon thème me montrait passant de longues heures devant l'ordinateur.

Bien que Dorothy ait eu raison sur beaucoup de choses, elle n'avait pas toujours raison. Je n'étais pas un écrivain ; je n'avais jamais touché à un ordinateur et je n'en avais aucune envie. Roger éclatait de rire quand elle disait que je passerais de longues heures devant l'ordinateur. Il connaissait ma phobie des machines.

Mais elle n'en démordait pas. J'enseignerais le travail des Grands-mères et j'écrirais. Tout en riant, elle me dit de l'appeler pour me dire comment les choses se seraient passées.

Plus tard, quand j'ai commencé le travail des Grands-mères, ses mots m'ont soutenu. Je ne cessais de me rappeler que je devais faire confiance à ce qu'on me donnait à faire, sachant que je ne me pardonnerais jamais si je capitulais devant ma peur de l'inconnu. Je devais faire confiance et aller là où on me conduisait. Je fis un vœu alors de ne pas céder à mes peurs mais au contraire, de rester centrée et d'écouter mon cœur- quoi qu'il arrive.

La première semaine de novembre je suivais un atelier de peinture avec Meinrad Craighead, une sœur binrad ce qui m'était arrivé en septembre, je lui demandais si les Grands-mères et l'aigle étaient liés. Elle le pensait. Les visites des Grands-mères et l'aigle suivaient un déroulement d'évènements classique que l'on retrouvait dans beaucoup de mythes, disait- elle. Elle m'encouragea de découvrir pourquoi ils étaient venus.

Quand je suis rentrée chez moi je cherchais la date à laquelle l'aigle avait atterri dans mon jardin dans mon agenda. C'était le 12 Septembre 1996. Ensuite je reprenais ce que j'avais écrit quand les Grands-mères avaient apparu. C'était daté du 10 Septembre. Après tout une vie où rien qui ressemblait à cela, même de loin, ne m'était arrivé, deux visitations s'étaient produites à deux jours d'intervalle.

Maintenant je me demandais réellement pourquoi les Grands-mères et l'aigle m'étaient apparus. Qu'est-ce qu'ils voulaient? Mais je n'avais aucune idée comment trouver la réponse. Pour le leur demander j'avais besoin d'une façon de les contacter et bien que j'attendais leur retour avec impatience, elles ne revenaient pas. Si je voulais parler aux Grands-mères - je n'osais même pas envisager de parler à l'aigle- je devais trouver un moyen.

Je ne savais pas où demander de l'aide, donc je fis la seule chose que je connaissais - prier pour quelqu'un qui puisse m'aider. J'avais fait cela pendant seulement quelques jours quand, passant par la ville un matin, je rencontrais une amie que je n'avais pas vu depuis longtemps. Susan avait souffert de douleurs chroniques depuis aussi longtemps que je la connaisse mais aujourd'hui elle s'approchait de moi souriante et sûre d'elle et elle rayonnait de santé et bien-être,

Quand je lui demandai ce qui lui était arrivé, elle me dit qu'elle avait travaillé avec un chaman ces derniers mois. Ce travail avait totalement changé sa santé et son attitude.

J'étais ravie de la voir en si bonne santé mais je ne repensais pas trop à ce qu'elle avait dit jusqu'au lendemain quand j'ai parlé à une autre amie qui me dit qu'elle aussi travaillait avec un chaman.

Elles voyaient le même! Dans mes prières j'avais demandé à être guidée vers quelqu'un qui puisse m'aider. Peut-être que ce chaman était cette personne.

Medicine Cards, the Discovery of Power through the Ways of Animals, Jamie Sams & David Carson, Bear & Co., Santa Fe, New Mexico

CHAPITRE 2

Nous Apportons Quelque Chose du Ciel sur la Terre

Le chaman se trouvait être une ancienne bonne-sœur catholique qui était venue du Mexique en Californie quelques années auparavant. Elle ne ressemblait pas du tout à l'image exotique que j'avais d'un chaman, elle avait l'air tout simplement gentille et perspicace. Avec son visage avenant et son rire facile, elle aurait pu être quelqu'un rencontré dans le supermarché local.

Après avoir écouté ma demande elle me proposa de m'apprendre comment voyager vers des niveaux de ce qu'elle appelait "réalité non-ordinaire" où je pourrais trouver ce que je cherchais. Je pourrais aller dans ce monde d'esprits en écoutant le battement monotone d'un tambour. Cela me mettrait dans une transe légère.

J'étais un peu excitée et très effrayée par sa proposition mais si je voulais trouver ces Grand-mères je devais faire quelque chose. Son visage portait une expression très douce et elle avait un sens de l'humour très développé, alors je décidai de lui faire confiance.

Elle m'avertissait que ce travail n'était pas pour tout le monde, mais si je réussissais et si les Grand-mères me rencontraient, j'aurais une opportunité d'obtenir une réponse à mes questions. Je devais formuler mes questions clairement ainsi je saurais exactement à quoi elles répondaient. Elle enregistrerait mon voyage pour que je puisse me concentrer totalement sur cette aventure et pour que je n'aie pas à me soucier de la façon dont j'allais m'en rappeler. « Tu ne peux qu'essayer, le reste dépendra d'elles, » me dit-elle, elle me fit signe de m'allonger et elle lança l'enregistrement.

Tremblant d'excitation et de peur, je me couchais par terre. Je devais trouver un endroit d'où je pouvais pénétrer ce qu'elle appelait « le monde d'en haut » où des êtres comme les Grand-mères résident.

Là je devais "voyager", les chercher tant que le battement régulier du tambour continuait. Quand il s'arrêterait et puis deviendrait plus rapide, je devrais commencer mon retour. « Note bien le chemin que tu prends, » me dit-elle, « et reviens par ce même chemin. Tu ne dois sous aucune condition dévier de cette procédure. » Je voyais comment elle me regardait et je compris. Si je me perdais, il se pourrait que je ne retrouve pas mon chemin.

Maintenant j'avais vraiment peur. Rapidement elle couvrit mes yeux avec un foulard et dès que j'entendis le tambour, je priai avec ferveur faisant un effort pour me rappeler ses instructions.. D'abord je devais trouver un endroit d'où je pouvais entrer dans le monde d'en haut. Le moment où cette pensée me venait, je voyais un arbre que j'aime beaucoup. Il serait mon point d'entrée.

Je me concentrai sur cet arbre et soudain je fus à coté. Je me tournai vers son tronc et grimpai dans ses branches, j'étais perchée avec ma tête qui dépassa les branches les plus hautes et regardai l'étendu au-dessus de moi. Je demandai de l'aide, rebondis sur la branche et la forçai de me propulser dans le bleu infini au-dessus. A ma surprise, la branche s'exécuta et je me trouvai monter dans le ciel sans effort. Dès que l'idée de monter me vint, mon corps était catapulté vers le ciel. Ceci était déjà une réalité toute différente.

Je m'envolai tout droit dans le firmament et je m'amusai beaucoup jusqu'à ce que je remarque une couverture nuageuse au-dessus de moi, épaisse et menaçante. Comment est-ce que j'allai la traverser? Mais dès que je demandai de l'aide, un passage apparut dans les nuages et avec seulement peu d'efforts de ma part je me poussai en avant avec mes pieds et, alors que mes mains s'agrippèrent aux bords informes des nuages, je passai à travers.

J'étais entrée dans le royaume de la réalité non-ordinaire. Ici se trouvait ce que le chaman appelait le premier niveau du monde d'en haut et ici je commencerai ma quête pour retrouver les Grands-mères. Maintenant je devais demander à tout le monde que je rencontrais, aussi étranges qu'ils paraissent, s'ils étaient mes esprits aidants. Si c'était le cas, je pourrais demander où se trouvaient les Grands-mères.

Quand j'eus passé l'ouverture dans les nuages, je me trouvai dans un espace vide et dépourvu de toute vie. Pas de forme, pas de mouvement, pas de couleur, seulement un espace blanc étendu devant moi. Dans mon esprit je l'appelai ' le pays blanc '.

Puisqu'il n'y avait pas de vie, pas de forme d'aucune sorte, je devais monter plus haut pour trouver les Grands-mères. « S'il te plaît », je suppliai l'univers, « mène-moi auprès d'un esprit aidant afin de les trouver ».

Dès que ma demande avait été formulée je fus enlevée de cet espace sans vie et transportée vers une arène de bleus et de blancs où partout il y avait des nuages, des vents, des mouvements. Rapidement les couleurs s'estompèrent, l'endroit s'obscurcit de plus en plus, jusqu'à ce que la seule chose que je pus voir fût une paire d'yeux blancs qui me fixait, sortant du noir.

« Etes-vous mon esprit aidant? » demandai-je aux yeux. « Pouvez-vous m'amener auprès des Grands-mères? »

Silence. Il n'y avait pas de réponse, mais quelque chose derrière ces yeux me faisait signe et je poursuivis ma route vers le haut, sortant de l'obscurité.

« Nous montons très haut dans ce qui semble être l'Himalaya, » me dis-je en regardant autour de moi. Puis je montai plus haut avec ce qui était derrière ces yeux, quoi que ce fût.

« Il y a une grotte là-bas, » dis-je et je me mis à rire à l'idée que cela semblait drôlement conventionnel d'être mené à une grotte dans l'Himalaya. Mais ce qui était derrière les yeux ne riait pas. Il me fit signe de le suivre vers la bouche de la grotte et j'entrai. C'était sombre, humide, avec une odeur de renfermé. Quand mes yeux se furent habitués à l'obscurité je distinguai la figure d'un sage au fond de la grotte. Il avait des cheveux longs et blancs, une moustache tombante, il portait une robe blanche et était assis dans la position du lotus. Quand je m'approchai de lui, je m'entendis dire: « C'est un grand être, » et je me demandai comment je savais cela.

Mais le chaman m'avait dit de poser la question et donc je me mis devant lui et demandai, « Etes-vous mon esprit aidant? » Il hocha la tête « oui » et j'étais si émue d'être dans cette grotte avec lui que les larmes me montèrent aux yeux. Rapidement il me prit les mains entre les siennes pendant que je fus assise devant lui et, bien que je le fixe, je ne pus distinguer ses traits.

Je lui parlai de toute façon, lui racontant la venue des Grands-mères, et que je les cherchai. « Je veux découvrir pourquoi elles sont venues vers moi, je veux savoir si je peux leur être utile. »

De nouveau il hocha la tête. Il savait tout cela, me tapota la main et dit, « Tout va bien. »

Bien que ses paroles et son ton me confortèrent je n'étais pas sure de ce que « **Tout va bien** » voulut dire, donc je lui demandai si je pouvais continuer vers les Grands-mères. Il me regarda avec insistance et puis il pointa son index vers le haut.

Pour atteindre les Grands-mères je devais continuer plus loin. Je lui offrais mes remerciements en m'inclinant et quand je me relevai j'aperçus une ouverture dans la paroi de la grotte juste derrière son siège. Elle parut mener à travers le plafond de la grotte. Un passage. J'entrai dans un tunnel étroit et je montai en tâtonnant dans une obscurité totale.

Quand enfin j'atteignis le bout du tunnel et sortis du noir dans l'air frais, je fus en haut de la montagne. Mais à nouveau, il n'y eut personne, donc je devais encore continuer. « Plus haut, » m'écriai-je, « je veux trouver les Grands-mères. »

Avec une détermination qui me surprit encore et encore je tendis mon bras vers le haut, m'élevant toujours plus dans un espace maintenant vide. En plein milieu de cet effort, je me rendis compte de la distance que les Grands-mères avaient parcourue pour venir me trouver. « Est-ce qu'elles ont fait le même voyage ? » me demandai-je, profondément touchée par leur effort.

Immédiatement je me mis à rire de moi-même pour penser dans des termes aussi littéraux. « Les Grands-mères, » murmurai-je, « ne sont pas des êtres ordinaires. » Transparentes, sages et omniscientes, ce voyage ne représentait aucune difficulté pour elles.

Enfin je transperçai une barrière comme une membrane et rentrai dans une arène où de petits nuages bondissaient dans l'air autour de moi. C'était étrangement silencieux ici. Je savais que je m'étais hissée dans un endroit élevé à cause de la qualité de l'air. L'atmosphère y était positive; ceci était un pays heureux — ensoleillé, vaporeux, doux.

De nouveau je demandai un esprit aidant, et, si possible, les Grands-mères, et alors que j'attendais dans la clarté nébuleuse j'entendis le rire de ce qui semblaient être des jeunes femmes. J'entrevis des formes vagues qui se mouvaient autour de moi et avec chaque instant qui passa, je pris davantage conscience du bonheur palpable, présent dans ce lieu. L'air était dense et doux, ce qui me rendait pleine d'attente — comme si on m'avait amené au Pays de Cocagne.

Soudain l'endroit fût rempli de sainteté et bien que je ne puisse voir personne je savais qu'un grand être était présent. « Etes-vous mon esprit aidant ? » demandais-je, « Etes-vous une des Grands-mères ? » L'être éclata en une cascade de rires. « C'est comme ceci, » pensai-je, » que sonne la véritable bonne humeur et la joie. »

La brume commença à se lever pendant que le rire m'accueillait, m'enveloppait et m'attirait à lui. Maintenant je pouvais voir suffisamment pour distinguer un cercle d'êtres autour de moi.

Je les sentais frôler mon corps et pensai, « C'est le Conseil des Grands-mères, c'est obligé, » mais je ne voyais toujours pas assez pour être sure. Mon cœur battait la chamade tandis que j'attendais pleine d'impatience, mais cette brume lumineuse couvrait tout, il était impossible d'y voir clair

« Je ne sais qui sont ces êtres, mais en tout cas ils sont heureux ensemble, » dis-je et alors je remarquais l'un d'eux, assis à l'écart, seul. C'était une femme. « Etes-vous mon esprit aidant?, » demandai-je.

Elle me fit signe d'avancer et en m'approchant je vis qu'elle était assise sur un trône. Avant d'y avoir réfléchi je m'inclinais devant elle et les mots m'échappaient, « Je suis si honorée que les Grands-mères soient venues me voir. Il m'est difficile d'y croire, mais j'y crois plus. Je veux savoir pourquoi elles sont venues et ce qu'elles veulent. » Enfin je me rendis compte que mes mots se bousculaient et demandai tout simplement, « Pourquoi sont-elles venues? »

Une présence m'enveloppait d'amour. C'est exactement comme cela que je m'étais sentie quand les Grands-mères m'avaient embrassée pendant ma promenade — nourrie, chaude et emplie. « Ce sont les Grands-mères, » m'écriais- je. « Elles sont à nouveau avec moi. » Ces mêmes Grands-mères commencèrent à s'occuper de moi, me tapotant, tout sourire. Cette fois elles me couvrirent, non pas avec une coiffe, mais avec un habit.

« Grands-mères, merci pour tout ce que vous faites pour moi, » commençai-je, alors que les larmes m'étouffèrent. J'essayai de continuer, mais j'étais submergé. « Votre message est si beau, » j'avais du mal à parler, « à propos des femmes, je veux dire et les besoins sont immenses ! » Ici je m'effondrais totalement. « S'il vous plaît, » dis-je dès que j'avais retrouvé la parole, «si je peux vous aider dans ce travail, montrez-moi comment. Comment puis-je servir? Comment puis-je aider? »

Doucement et avec une grande dignité elles dirent, «**Laisse-*nous* aider. Laisse-nous t'aider, *toi*.**» Elles me prirent dans leurs bras, me bercèrent comme un enfant, et en regardant leurs doux visages, je dis, « Oui, oui Grands-mères, tout travail fait sera vous. Mais est-ce qu'il y a quelque chose que vous voulez que *moi*, je fasse? Comment puis-je mettre en œuvre le message que vous avez donné? Est-ce que je *peux*?" m'écriais-je, tout d'un coup étonnée de mon propre audace. Mais, incapable de m'arrêter de parler, je dis, « Je sais que vous m'avez donné ce message avec une raison. Voulez-vous que je le transmette? » J'étais si excitée d'être de nouveau en leur présence, si submergée d'émotion que tout sortait de ma bouche en même temps.

Elles s'éloignèrent un peu pour discuter en privé et elles me regardèrent par dessus leurs épaules pour me signifier qu'elles réfléchissaient à ma requête. Pendant qu'elles me surveillaient attentivement, je me trouvai captive de leur regard et ainsi tenue, je reçus le message qu'elles allaient faire de moi une des leurs. Je ne compris pas comment cela allait se passer, mais je le savais.

Et avant que je ne puisse réfléchir à ce que cela voulait dire, c'était l'adieu à un quelconque attachement à la jeunesse qui me restait et bonjour au fait de devenir une avec le Conseil des Grands-mères. Il y avait tout un remue-ménage ; des mains touchaient mes cheveux, bras et dos alors qu'une chaleur rayonnante emplît ma poitrine et mon estomac. J'étais devenue plus large, plus remplie de chaleur, plus en expansion.

Je me regardais et je vis que la robe dont elles m'avaient revêtue était blanche et noire. C'étaient également les couleurs de leurs robes à elles. Le brouillard s'était levé et je pus maintenant voir ces femmes âgées et sages me sourire et m'attendre. Une vague de contentement envahissait mon corps quand je pris conscience de leur bonheur et le mien.

« **Tu dois venir ici, t'assoir avec nous et faire partie de ce conseil,** » dirent-elles. « **C'est ta place légitime. Ton pouvoir et ta stabilité s'accroissent, et ceci,** » dirent-elles, « **est une autre initiation.** »

« **L'aigle fait partie de ce travail,** » dirent-elles, et le souvenir de l'aigle dans notre jardin me revint en mémoire. Je les regardais et je commençais à comprendre. « **L'aigle était notre messager,** » dirent-elles, confirmant ma pensée, « **il a tout déclenché.** »

« Grands-mères! » Je les regardais et ma voix se brisa, mais je me forçai à continuer et je dis: « Je suis ici sur terre où je peux faire du bien si vous voulez le faire à travers moi. Comment puis-je ancrer ce message pour les femmes? » Dès que les mots sortirent de ma bouche je sentis à quel point j'étais pressée de commencer leur travail.

Croisant leurs bras ou leurs ailes sur leur poitrine, elles souriaient. « **D'abord tu dois totalement accepter que ceci *est* ton travail.** » Elles marquèrent une pause pour laisser les mots me pénétrer et dirent: « Cela se fera en venant ici pour être avec le conseil. » J'acquiesçai sans rien dire et je les regardai, fascinée.

Soudain nous étions assises ensemble. Nous formions un demi-cercle en hauteur sur une plateforme cérémonial, une estrade. Pendant que j'étais assise là en silence, je pris conscience de la présence puissante de l'aigle. Il était avec moi, il était en moi. Je sentais, surtout dans mes mains et pieds et alors que je m'agrippais au bord de l'estrade, je vis mes mains et pieds devenir des serres.

Je pris le port altier d'un aigle, tenant mon buste très droit. « Es-tu mon esprit de pouvoir? » demandais-je à cette présence immense à l'intérieur de moi. « **Oui !** » J'entendis le cri féroce.

« C'est pour cela que je me sens tellement une avec le grand oiseau, » dis-je et quand je regardais les Grands-mères elles étaient devenues des aigles aussi. Les grands aigles tenaient conseil avec des expressions féroces et des ailes puissantes. Alors que je regardais ces aigles Grands-mères, l'expression « **Mère du Ciel** » me venait.

Maintenant mon corps se transforma véritablement. La férocité grandissait, mes muscles étaient tendus, j'étais totalement concentrée. *J'étais* Aigle. Je remarquais avec étonnement que j'étais plus excitée par cette force que effrayée.

« **Nous apportons quelque chose du ciel sur la terre à présent,** » dirent les Grands-mères, « **d'une manière nouvelle. En fait, c'est une façon ancienne, mais absente de la terre depuis longtemps.** » Ainsi parlaient-elles et une telle force s'accumulait en moi et autour de moi qu'elle me faisait vibrer. « **Cette force va être insufflée à la terre, C'est déjà en train de se faire.** » « J'incarne cette force, » me dis-je.

Le rythme du tambour changea, il s'arrêta un instant, puis accéléra. C'était le signal pour retourner à la réalité ordinaire. « Grands-mères, aidez-moi à soutenir cette puissance sur terre, dans ce corps. Merci, » murmurais-je, me pressant à leur dire au-revoir pour ne pas être en retard avec le tambour. « Je descend maintenant. »

Me détournant de leurs formes noires et blanches, farouches, je me frayai un chemin à travers les couches du monde d'en haut aussi vite que possible et j'arrivai dans la réalité ordinaire juste avant l'arrêt du tambour. Quand enfin mon corps s'arrêta de trembler j'ouvris les yeux pour voir le chaman penché au dessus de moi, les yeux remplis de larmes.

Cette expérience me secoua, mais me combla. Je ressentais plus de profondeur grâce à ce que les Grands-mères m'avaient fait vivre pendant ce premier voyage dans le monde d'en haut. En y repensant, je me dis que, bien que leur présence ne fût pas aussi claire qu'elle n'avait été pendant ma promenade le long des falaises, leurs paroles et la transmission des sentiments étaient plus puissantes qu'auparavant.

Avec le temps j'ai appris que les Grands-mères apparaissent de différentes façons à différents moments. Jusqu'à ce jour elles se montrent à moi soit comme des femmes, soit comme des aigles, mais quelques fois elles « n'apparaissent » pas du tout, mais font sentir leur présence de la même façon. J'ai vécu beaucoup d'aventures avec elles, mais d'autres les ont vues, entendu ou senties d'autres façons encore. Puisque les Grands-mères sont des aspects du Divin, elles ne sont pas limitées dans leur forme ou méthode de communication.

Plusieurs années se sont passées depuis ma première rencontre avec elles et mon travail avec elles continue. Pour le dire simplement, je suis leur élève, elles sont mes professeurs. Dans mon cœur je suis reliée à elles et je crois que ce sentiment d'union est ce à quoi elles font référence quand elles disent que je suis l'une d'elles. Pourtant ma place, mon rôle dans le plan cosmique des choses sont différents des leurs.

A chaque fois qu'il est temps pour moi d'apprendre davantage, je sens qu'elles m'appellent, qu'elles tirent sur moi presque. Elles surgissent de façon inattendue dans ma conscience ; cela peut arriver pendant que je vaque à mes occupations. Quand cela arrive, je voyage vers elles aussi vite que possible.

Souvent je voyage, parce que j'ai une question à propos de leur travail. Le chaman m'a appris à poser ma question dans un langage aussi clair que possible et c'est ce que j'essaie de faire, enregistrant ce que je dis pendant mon voyage. Quand je rejoue ces enregistrements, j'entends les messages des Grands-mères, exprimés avec leur mots, bien qu'exprimés par ma voix, puisque c'est moi qui parle. Ce livre est composé du récit de ces rencontres.

Les Grands-mères sont apparues en septembre 1996 et vers la fin du mois de novembre de cette année-là le chaman m'apprit comment les contacter. Cela m'a permis de travailler avec elles à chaque fois que j'en avais besoin. Cette méthode de voyager était nouvelle pour moi et parce que cela ne ressemblait à rien de ce que je connaissais, cela a contourné les jugements et les limites que mon mental inflige habituellement à mes expériences. Puisque je n'avais aucune idée comment formuler, critiquer ou évaluer un voyage, j'étais forcée de laisser les grands-mères m'enseigner directement. Mon mental ne savait pas où caser celui-ci.

Jusqu'à ce que les Grands-mères apparurent, j'avais eu une vie plutôt « normale ». Mariée, avec deux enfants adultes, j'avais habité la même ville presque toute ma vie d'adulte. Pendant plus de vingt ans j'avais eu un cabinet de psychothérapie, traité des individus, des couples et des familles, enseigné et animé des stages.

Au début de ma carrière le travail me fascinait et j'étais impatiente d'apprendre tout ce que je pouvais. Nos enfants étaient encore à la maison à cette époque, donc j'intercalais mon travail dans une clinique psychiatrique et le travail dans mon cabinet avec mes responsabilités envers mon époux et mes enfants. C'était une vie bien remplie avec un emploi du temps très serré.

J'étais totalement impliquée dans mon travail et je savais que plus j'apprenais des techniques et des approches de traitement différentes, plus efficace je serais comme thérapeute. Donc, à chaque fois que c'était possible, le soir ou pendant les week-ends, je me formais davantage. Je m'intéressais surtout à la connexion corps/esprit et me sentais attirée vers des techniques qui donnaient au corps, au mental et à l'esprit des moyens de travailler ensemble à la guérison.

Pendant presque vingt ans mon travail m'avait fasciné, mais dernièrement je n'avais pas ressenti autant d'enthousiasme. Il y avait une insatisfaction tenace que je n'arrivais pas à identifier. Bien que ce que je faisais fût un travail bien, le fait de n'aider qu'une personne à la fois ne me semblait plus suffisant. Je voulais plus—être poussée au maximum, défiée, utilisée à la limite des mes capacités. Je n'étais pas sure à quoi ressemblait ce « plus » que je cherchais, mais j'espérais que à la fin quelque chose me viendrait. Ceci était avant que les Grands-mères n'apparaissent.

Les Grands-mères ont bouleversé mon monde. Suivre leur guidance et aller où elles me disaient d'aller me demandait beaucoup d'efforts. J'avais l'habitude d'avoir au moins un peu de contrôle sur ma vie et me sentais submergée par l'étrangeté de ces voyages. Ce qui m'arrivait n'était tout simplement pas rationnel ; je n'arrivais pas à me l'expliquer à moi-même, encore moins aux autres. Bien sûr, c'était une grande aventure, mais « Qu'est-ce que j'étais en train de faire? ».

Je mets un moment avant de faire confiance aux choses qui ne sont pas de ce monde et ceci était assez fou. Avec le temps j'ai réussi à accepter le fait que en plein milieu d'expériences les plus incroyables avec les Grands-mères, je pouvais encore me demander si elles étaient vraies et si tout cela m'arrivait vraiment.

J'écoutais souvent les enregistrements de mes voyages, surtout les premiers mois quand j'avais besoin de m'assurer que je n'étais pas entrain d'inventer des histoires ou perdre contact avec la réalité. Quand j'écoutais les cassettes et entendais l'émotion dans ma voix, les hésitations dans mes paroles, les pauses, les surprises et les larmes qui montaient, cela me donnait la conviction que c'était réellement arrivé. Mes années de thérapeute m'avaient formé à écouter attentivement, et là j'entendis la sincérité dans ma propre voix, l'authenticité flagrante de mes comptes-rendus. Je ne pouvais douter de leur véracité.

Ce travail m'appelait à un nouvel engagement à faire confiance-faire confiance au Divin dans la forme des Grands-mères et faire confiance à ma connexion avec elles. Même si j'ai très vite cru aux Grands-mères, j'avais toujours des difficultés à croire en moi-même, à croire que moi, cette femme ordinaire, étais digne de recevoir ce qu'elles donnaient. Avec le temps j'ai appris deux choses importantes: entendre la vérité comme elle m'arrivait, pas comme j'avais imaginé qu'elle m'apparaitrait, et de faire confiance à ma capacité de l'entendre. Les Grands-mères étaient patientes avec mon manque de foi, lentement j'ai appris à les suivre partout où elles me menaient.

Je me posais sans cesse la question: «Pourquoi se sont elles tournées vers moi?» Jusqu'à ce qu'un jour je me souvienne d'un rêve que j'avais eu six semaines avant qu'elles ne m'apparaissent. Dans ce rêve un saint homme vêtu d'une longe robe ocre qui m'avait souvent rendu visite en rêve auparavant, revint à nouveau vers moi. Cette fois-ci il fut direct. Il s'approcha de moi, me regarda dans les yeux et me demanda: « **Qu'est-ce que tu veux?** »

Même en rêve je fus étonnée qu'il me pose cette question. Pendant des années il avait travaillé avec moi aussi bien en méditation qu'en rêve, donc il savait exactement ce que j'avais dans le cœur. Mais quand dans le rêve je répondis: « Et bien, je veux Dieu »

Il me regarda fixement et demanda alors: « **Qu'est-ce que tu veux d'autre à part Dieu?** »

J'étais sidérée. Qu'est-ce qu'il pouvait bien vouloir dire avec ce "à part Dieu"? Qu'est-ce qu'il y avait? Toute ma vie j'avais ardemment désiré Dieu. Il me regarda avec un air entendu qui disait: « Pensesy » et il partit. Je me réveillai toute perturbée. « Qu'est-ce que tu veux à part Dieu? » devint mon koan Zen, provoquant, frustrant, m'ouvrant à un niveau inconnu de contemplation. La vie paisible que j'avais mené avant le rêve s'évapora.

De temps en temps je sentais qu'il y avait bien autre chose pour moi en dehors de Dieu. Pendant longtemps j'avais la vague impression que j'avais un travail à faire. Cela me fit admettre qu'avec cette envie aussi irrésistible, je ne pouvais pas seulement vouloir Dieu. Je n'étais pas encore prête à entrer dans un état de béatitude.

Après le rêve je commençai à réfléchir et je me rendis compte que depuis plusieurs années ma vie me semblait un peu vide. J'étais sous-utilisée et je le savais. J'étais habituée à voir des projets se réaliser et à un rythme soutenu. J'avais élevé mes enfants en même temps qu'enseigné et préparé une licence ; ensuite je m'étais jetée sur le travail dans mon cabinet. Maintenant, après plus de vingt ans comme psychothérapeute, je ne trouvais le travail plus aussi passionnant. Bien que dernièrement j'avais élargi ma pratique- appris davantage de techniques, j'étais même devenue maître Reiki — il manquait toujours quelque chose.

J'avais été à la recherche d'un travail qui représenterait un défi total pour moi. Maintenant je compris pourquoi le saint homme m'avait posé la question. Il savait que j'étais prête pour quelque chose de plus. Après avoir saisi son intention j'ai commencé à prier pour un travail qui me pousserait jusqu'à la limite de mes capacités.

"Donnez-moi quelque chose à faire qui m'utilisera toute entière » devenait mon mantra. En le répétant, le désir de pouvoir utiliser toutes mes capacités grandissait. Le saint homme me demanda ce que je voulais fin juillet. J'ai commencé à prier pour quelque chose à faire vers mi-aout et la deuxième semaine de septembre les grands-mères apparurent. Elles étaient la réponse à mes prières.

Je reçus un autre enseignement important en novembre de cette année-là et bien qu'il n'était pas directement lié aux Grands-mères, cette leçon sur la vérité, l'honnêteté et le force de l'intention est devenu partie intégrante de mon travail avec elles.

Un jour, avant de rencontrer les Grands-mères, je déjeunais avec un groupe d'amis et on aborda le sujet de la vérité. Pendant qu'on parlait je réalisai que, bien que me sois toujours considérée comme honnête, je ne l'étais pas à cent pour cent.

En écoutant mes amis je me dis que pour être en harmonie avec l'esprit de Dieu, je devais me comporter comme j'imaginais que Dieu le ferait. Il était temps de cesser de répéter des habitudes, dont je savais qu'elles n'étaient pas justes. Après s'être quittés, je me demandai ce que je devais faire.

Il était temps pour moi d'abandonner toute sorte de tricherie ou de mensonge, même si cela semblait inoffensif. Fini d'exagérer des histoires pour avoir l'air plus intéressante, fini de jouer la soumise pour gagner une dispute avec mon mari. Plus de triche.

Je décidai de simplifier ma vie en y supprimant toute fausseté. Quand je me surpris à embellir la vérité, je m'arrêtai et répondis aussi honnêtement que possible, même si cela me fît mal.

Mais l'engagement final à la vérité eut lieu pendant l'atelier de Meinrad au Nouveau Mexique. La façon dont elle vit et la force de ses enseignements me touchèrent tant que cela me mena un pas plus loin dans mon désir de vérité. Alors que je me trouvai dans son jardin, je fis vœu de ne vivre que dans la vérité. C'est là que je demandai que toute fausseté me fût enlevée. Je me souviens que j'eus peur en faisant cela. C'était un grand pas et je le savais.

Après être arrivée à la maison une de mes incisives commença à me faire mal. C'était une vieille couronne qui en trente ans ne m'avait jamais fait d'histoire, mais là cela m'élançait.

La douleur augmenta et je m'imaginais le pire –et si j'avais besoin d'une dévitalisation? Et puis, pendant que je rentrais d'une course un jour, je pensai à demander pourquoi cette dent me faisait mal. Dès que j'avais formulé la question, je me vis dans le jardin de Meinrad, faisant mon vœu et demandant que toute fausseté me soit enlevée.

J'avais déjà entendu le dicton "Fais attention à ce que tu demandes de peur de l'obtenir," mais ceci était étonnant. Ma demande avait été prise à la lettre.

Dès que j'avais compris ce qui s'était passé, je reformulai mon vœu et la douleur disparût en une journée. Quand j'avais fait le vœu, mon intention était en lien avec ce qui était faux dans mes pensées, paroles et actions, mais parce que je ne m'étais pas fait comprendre de façon très claire, toute fausseté se faisait attaquer y inclue ma fausse dent.

Cette expérience m'apprît très clairement ce que c'est qu'une intention déterminée. C'était de cette sorte d'intention que j'aurais besoin pour travailler avec les Grands-mères.

Les Grands-mères sont la bonté et la pureté mêmes. J'ai tout de suite vu ces qualités en elles et je les voulais pour moi. Elles m'ont aidé avec ce désir en me frustrant à chaque fois que je venais vers elles avec une question qui n'était pas bien réfléchie, avec une intention pas tout à fait pure. Elles n'apparaissaient tout simplement pas si mon désir qu'elles m'aident ne venait pas de mon cœur, mais de mon mental. Au début j'étais tellement pressée de les contacter que je ne réalisais pas l'importance de voyager avec une intention pure. J'appris rapidement.

Chapitre 3

Beauté/Force est un seul concept

« La force est dans les ailes »

Après que le chaman m'eut appris comment voyager je fus si pressée d'y retourner que je pris mon courage à deux mains la journée suivante, déterminée de contacter les Grands-mères moi-même. J'étalai une couverture par terre dans ma chambre, je me couchai et mis mon casque pour que je puisse écouter l'enregistrement du tambour. J'allumai un deuxième magnétophone pour m'enregistrer et, une fois l'équipement prêt, je m'élançai du même arbre dans lequel j'avais grimpé la veille. A mon grand plaisir je montai une fois de plus dans le ciel. Mais cette fois je me déplaçai plus vite.

Avant de me rendre compte je me précipitai dans et à travers la montagne où j'avais rencontré le sage, voyageant si vite, que je ne le vis même pas. « Amène-moi voir les Grands-mères, amène-moi à mon esprit aidant, » m'écriai-je comme je m'élevai toujours plus haut, ma réussite jusqu'à la me rendant euphorique.

Après avoir passé la même barrière de nuages que j'avais rencontrée la veille, j'entrai à nouveau dans le pays blanc, vide et je cherchai autour de moi un esprit aidant, quel qu'il fût. Soudain, surgissant de nulle part un aigle se tint là, immobile, ses grandes ailes déployées dans l'air.

« Ah, Aigle! Aigle, » criai-je, « es-tu mon esprit aidant? » Son rire retentit comme ses ailes battaient l'air. Le grand oiseau sourit, vraiment ! Avec ses grandes ailes il me prit et me mit sur son dos et nous partîmes. Rapidement je me rendis compte à quel point l'air était raréfié et froid, nous étions si haut, mais quand je l'entourai de mes bras et jambes pour me réchauffer, nous montions encore plus haut.

« Oh Aigle, mon esprit aidant, amène-moi voir les Grands-mères! » criai-je avec ravissement, et à nouveau son rire fût sa seule réponse. Des pensées traversèrent mon esprit comme des éclairs. « Il est une des Grands-mères. Il est un avec les Grands-mères. » Finalement je me tournai vers lui, « Je ne sais comment vous êtes liés, mais amène-moi au Conseil des Grands-mères n'importe comment s'il te plaît. Le « s'il te plaît » le fit rigoler.

Dès que nous avions atterri je remarquai qu'il ne semblait pas juste marcher, mais avancer avec dignité, ce qui démontrait sa maitrise du sol aussi bien que du ciel. J'avais du mal à rester à son niveau. En me dépêchant je lui lançai un regard et je fus surprise de voir que nous avions la même taille. Quel oiseau énorme. Presque un mètre quatre-vingts avec une large poitrine et une tête superbe. Pendant que nous marchions je regardai ses ailes et notais le motif de ses plumes marron, grises et noires. Il était magnifique.

Nous passions à travers une ouverture dans un cercle qui semblait briller. Une clairière au milieu d'une dense forêt de pins, elle était très blanche, très claire. « Qu'est-ce que c'est que cet endroit? » demandai-je et dans l'air j'entendis, **« Ceci est l'endroit où se tient le Conseil, »** mais il n'y avait personne. Frustrée, je demandai, « Aigle, amène-moi voir les Grands-mères. »

Faisant comme s'il ne m'avait pas entendu, il se tenait tranquillement à mes cotés. « Qu'est-ce qu'il fait? » me demandai-je, mais quand je regardai à nouveau, je découvris que l'endroit où nous étions était exactement ça, l'endroit où se tenait le Conseil des Grands-mères. Je ne l'avais pas reconnu parce que les Grands-mères n'étaient pas visibles, mais maintenant je pris conscience de leur présence. C'était la concentration de la lumière. Une force puissante emplissait le lieu.

Puisque Aigle semblait prêt à attendre patiemment, je le ferais aussi. Autant s'asseoir. Mais dès que mon postérieur touchait par terre je sentais la force contenue dans ce lieu s'insinuer du sol dans mes hanches et fesses. Comme j'étais assise, m'emplissant de cette force, je me rendis compte à quel point c'était important pour moi d'apprendre à me poser en toute tranquillité. « Plus de tension, » me dis-je, « plus d'idées préconçues. Seulement recevoir. » Fermant les yeux, je me concentrai sur la force qui grandissait en moi et je restais là, silencieuse.

Quand je levai les yeux, je vis à ma surprise qu'Aigle était en train de danser au milieu du cercle illuminé. Avec lui je vis beaucoup de paires d'ailes, repliées vers le haut, mais bougeant, dansant quand même. Je vis les ailes s'ouvrir pour révéler les aigles — Grands-mères qui formaient ce cercle de lumière. Rapidement je regardai vers le bas et vis que moi aussi j'avais des ailes, des ailes qui semblèrent me tenir tout droit. J'étais toujours assise par terre, mais la tête haute à cause de ces ailes repliées.

Les aigles dansèrent ensemble. Je les regardai former des figures que j'avais déjà vues quelque part. Les Amérindiens forment ces figures quand ils exécutent la danse de l'aigle. Pendant que cette pensée me vint je sentis un pincement au cœur, un désir de refaire un voyage dans le Sud-Ouest.

Maintenant je sentis le son du tambour vibrer à l'intérieur de moi, dans ma poitrine et mon estomac, il commença à infuser l'esprit de l'aigle en moi. Avec chaque coup, il fit entrer l'intrépidité et les qualités régaliennes de l'aigle dans mon corps et mon esprit. Avec fierté je dis, « Je suis aigle. »

Je regardai à nouveau le cercle et vis les Grands-mères toujours entrain de danser avec aigle. Mais maintenant elles ne se déplaçèrent plus comme des aigles mais comme des femmes, leurs jupes multicolores se gonflèrent, leurs bras se levèrent et se baissèrent en dansant. Elles étaient jeunes, ces Grands-mères, gracieuses et ravissantes. Pas jeune comme un enfant est jeune, mais jeunes dans leurs mouvements, dans leur esprit.

En les regardant je m'entendis dire, » Je veux être 'empowered' (NDLT Je veux rentrer dans mon pouvoir, puissance, force) et je pensai, « Je dois l'être, pour pouvoir faire ce travail. Je dois être 'empowered' si je dois incarner le message des Grands-mères — pour les femmes et pour la terre. » Quand je dis « Je veux être 'empowered' quelque chose commença à glisser dans l'air vers moi. Des couleurs - noir, blanc, marron et gris, les couleurs de l'aigle- se déplacèrent dans ma direction.

Soudain je dansais aussi. Mes serres puissantes tapaient le sol et alors que mes ailes s'ouvraient, j'entendis, « **Danser est une façon d'accepter sa force.** » « Je suis un danseur-aigle, » dis-je. « Je suis un aigle qui danse. »

« Qu'est-ce que je dois apprendre? » demandai-je aux Grand-mères. Qu'est-ce que je dois accepter pour ancrer votre message sur la terre? »

« La force ! La force ! » chantaient-elles. Oh, comme elles battaient, mes ailes.

« Grand-mères, je veux accepter la force dont j'ai besoin. Je suis prête. Apprenez-moi. Montrez-moi. Donnez-moi la force. Je priais et pleurais en même temps, mais mon attention était à nouveau attirée par mes ailes, que je sentais monter et descendre.

« **Elle est dans les ailes,** » dirent les Grand-mères, « **la force est dans les ailes; le mouvement est dans les ailes.** » C'étaient mes ailes qui se déployaient et m'élevaient, qui ouvraient ma poitrine et mon cœur. Ce sentiment croissant de force devenait si intense en moi que je pouvais à peine le supporter. Je ne pouvais la contenir. Submergée par des ailes, les miennes, celles d'Aigle et des Grand-mères et par leur rythme, je m'évanouis.

Quand je me réveillai je demandai, « Est-ce qu'il y a quelque chose de plus à faire pour devenir un digne messager? » En guise de réponse les Grand-mères me montrèrent sous les traits d'un Amérindien dansant la danse de l'aigle. Tournant vers la gauche en baissant mon épaule gauche et vers la droite en remontant l'aile gauche. « Grand-mères, » dis-je, perplexe par toutes ces danses, « voulez-vous que je fasse autre chose à part danser? » « **Danse,** » dirent-t-elles, « **danse et écoute. Ecoute le vent et les choses subtiles. Ecoute la façon dont les choses se passent.** »

Après quelques instants de silence je criai, « Un phallus ! » Croyant à peine ce que je voyais je détournais rapidement les yeux, puis mon regard revenait vers les Grand-mères qui se tenaient en posture formelle, pleines de dignité. Devant elles, elles tenaient un énorme pénis et scrotum en pierre. Elles soulevèrent ce symbole monumental de la masculinité, me regardèrent avec gravité et dirent, « Le conseil des Grand-mères détient le pouvoir de l'énergie masculine aussi bien que féminine. »

J'étais si choquée que je ne pouvais que regarder. « Ces Grand-mères, » dis-je tout bas, « ne sont pas seulement des vieilles dames douces et aimantes. Ce sont des êtres puissants. » Elles tiraient sur mes plumes, surtout les grandes à mes épaules et mon dos, les redressant --- et elles le faisaient pendant que je dansais. Je n'avais pas arrêté de danser pendant tout ce temps. Je ne semblais pas pouvoir m'arrêter et je ne voulais pas. Elles me regardaient et je dansais jusqu'à ce que le tambour change de rythme, me disant qu'il était temps de partir.

« La force est beauté
La beauté est force »

Après ce voyage je réalisais que je devais apprendre la nature de la force que les Grand-mères transmettaient. Quand elles m'étaient apparues pour la première fois sur la route au-dessus de la plage elles avaient parlé de beauté et de force bien qu'à l'époque je n'avais pas compris ce qu'elles voulaient dire.

Je me réveillai un matin de décembre et je réalisai que j'avais rêvé des Grand-mères. Rapidement je pris un bloc-notes sur ma table de nuit et commençai à écrire. C'était comme si j'écrivais sous dictée: bien que j'étais réveillée les Grand-mères continuaient à parler.

« **Beauté/Force est un seul concept, pas deux,** » dirent- elles. « Nous sommes venues pour redonner aux gens leur pleine force et beauté, car jusqu'à ce que les femmes prennent possession de leur force et honorent leur beauté individuelle, le monde sera incapable de trouver son équilibre.

« **La Force est la Beauté.**

La Beauté est la Force. »

« Force/Beauté est vivre à partir de son essence. Ce n'est pas le pouvoir 'sur' quelqu'un ou le pouvoir 'afin de', mais être soi à 100% et vivre dans la vérité de ce que l'on est. Puisque la beauté est la manifestation extérieure de son essence, chaque être est beau quand il exprime son essence. »

« **Beauté/Force est la vie en action,** » dirent-elles, « c'est réellement la vie qui se manifeste. » Je reconnaissais différents niveaux dans leurs paroles. « Si je peux saisir ceci, » me dis-je, « j'aurais une nouvelle façon de voir le monde. »

« Juger sur des apparences extérieures, la façon yang de voir le monde, est orienté action ou produit, » dirent-elles. « Ceux qui fonctionnent comme cela n'ont rien compris. »

« Vivre en jugeant et mesurant les autres, qui est la façon dont on vous a appris de vivre, va à l'encontre de l'expression de la force vitale en vous. Cette façon de vivre a causé des souffrances excessives ; elle est destructive au lieu d'être créatrice de vie. »

« Vous vivez dans un monde où vous êtes jugée et où vous vous jugez les uns les autres -- souvent durement. Vous vous acceptez rarement comme vous êtes — selon 'l'essence' particulière de chacun. » Elles me regardèrent d'un air pénétrant et dirent, « Aujourd'hui il est au-delà de votre compréhension de vivre sans juger. »

Aucun d'entre vous ne vit dans un monde sans jugement, et les femmes, qui ont été jugées 'moins que' ou 'en dessous' pendant des milliers d'années, sont habituées à être dévaluées. Les femmes se sont habituées à ce que tout ce qu'elles savent instinctivement se trouve dévalué. L'intuition féminine ou leur connaissance intérieure ne sont pas prises au sérieux. » Elles secouèrent la tête et dirent, l'air pleines de regret, « **Vous êtes mesurées à l'aune masculine et trouvées inadéquates. Donc il est logique que les femmes aussi bien que les hommes voient la force, le pouvoir comme 'pouvoir sur' comme c'est la seule force que vous n'ayez jamais connu.** »

Elles parlaient de la différence entre yin et yang, faisant référence à l'opinion dominante, exprimée par l'énergie du yang. Les grand-mères utilisent les termes 'yin et yang' pour décrire la situation telle qu'elle existe sur terre aujourd'hui. La définition donnée par Webster (le dictionnaire Américain le plus connu) de yin est 'le principe féminin et passif dans la nature qui dans la cosmologie Chinoise se présente dans l'obscurité, le froid ou l'humidité et qui se combine avec yang pour créer tout ce qui est. Yang est le principe masculin et actif dans la nature qui se présente dans la lumière, la chaleur ou ce qui est sec et qui se combine avec yin pour créer tout ce qui est.'

« **Nous utilisons les termes yin et yang pour faire référence à une réalité à multiples facettes, plus large, plus complexe que les mots peuvent exprimer,** » dirent-elles. « **Yin et yang ne sont pas des descriptions parfaites, mais ce sont celles qui conviennent le mieux. Les êtres individuels et toute vie sur terre souffrent d'un trop plein de yang et pas assez de yin.** »

La dévaluation de la femme et du principe féminin s'est tellement insinué partout que nous avons fini par nous y attendre. « **Les femmes se mettent en colère à propos de la façon dont les hommes les sous-évaluent et même les avilissent,** » dirent les Grand-mères, « **mais combien d'entre vous se mettent en colère quand des femmes dévalorisent d'autre femmes? A cause de l'intense promotion des valeurs masculines, les femmes, aussi bien que les hommes, sont devenues de plus en plus intolérantes avec leurs sœurs.** » Nous avons tous fini par accepter l'argument que les êtres humains ont été crées pour 'produire, être en compétition et gagner' et ceux qui ne le font pas n'ont pas leur place dans ce monde. Et donc les valeurs féminines n'y ont pas leur place non plus.

« Les attitudes que les gens ont envers la beauté ont été affectées par cette distorsion « yang », faisant de la beauté même un produit qui doit être couru après et obtenu. Les femmes savent d'instinct que la beauté et le pouvoir vont ensemble et s'efforcent d'être belles pour obtenir le pouvoir qu'elles recherchent. Mais la beauté sans pouvoir se fera toujours abuser soit par les autres soit par soi-même. Une femme belle ou un bel homme qui n'a pas de force intérieur est à la merci du monde. » Ceux qui sont beaux deviennent souvent une proie convoitée et à leur tour convoitent les puissants. Les vies des belles jeunes gens sont souvent détruites par trop d'attention et d'adulation.

« Vous cherchez à être beau de l'extérieur en consacrant beaucoup de temps et d'argent aux coiffures, vêtements et même à la chirurgie, » dirent-elles, « et vous cherchez le pouvoir à l'extérieur en vous efforçant d'accumuler de l'argent, de l'influence et de la gloire. C'est dommage, puisque aucune de ces choses vous satisferont. Vous vous trouverez toujours à chercher et vous serez toujours déçus. »

« Ne perdez pas de temps à chercher à l'extérieur de vous ce dont vous pensez avoir besoin. Au lieu de cela tournez votre conscience vers la source de pouvoir qui est à l'intérieur de vous. Nous vous promettons que, quand vous commencez à chercher à l'intérieur de vous, vous trouverez que la beauté et le pouvoir vont en effet ensemble. »

« Quand vous avez la relation juste avec votre Moi Supérieur, le pouvoir et la beauté se fondent et deviennent un, semblables aux deux faces d'une pièce de monnaie. Beauté/Pouvoir jaillissent de l'intérieur et ont à voir avec l'éclosion de la fleur que vous êtes, plutôt qu'avec l'effort de 'faire' ou d'impressionner. »

« Vivre dans ce pouvoir est la façon juste de vivre. Cela ne vous transformera pas en tyrans qui s'évertuent à dominer les autres. Non ! Cela vous permettra d'être plus efficace dans ce monde et avoir plus de compassion les uns pour les autres. Le pouvoir n'est pas quelque chose qu'il faut craindre. Au contraire. C'est tout à fait naturel que tous embrassent le pouvoir du principe féminin. C'est en l'embrassant que vous exprimerez votre nature totalement. »

J'écrivis aussi vite que je pus et quand je relus plus tard ce qu'elles m'avaient dicté, la profondeur de leur sagesse me stupéfia.

Chapitre 4

Une dimension différente

« En étant à sa place chacun fait quelque chose d'important. »

Trois jours plus tard je retournai pour apprendre davantage. Cette fois Aigle arriva dès que je m'élevai de mon arbre, me coupant le souffle quand il m'attrapa par un harnais attaché à ma taille. Je pendis, sans pouvoir rien faire mais fermement tenue. Comme je bondis dans l'air en dessous de lui, je contemplai ce nouveau monde étrange que j'étais en train d'explorer.

Plus on montait haut, plus le vent me frappa et pendant que je me balançai en plein ciel, la pensée me traversa qu'une partie de l'enseignement que je recevais venait d'Aigle et de ce vol. « C'est dans le vol, » me dis-je, décidant d'être plus attentive, de ressentir ce qu'Aigle sentait en volant.

Suspendue dans mon harnais, j'essayai d'étendre mes bras, l'imitant lorsqu'il commença à monter en faisant des cercles.

Mes bras devinrent des ailes et un simple plongeon, une montée rapide et je volais à coté de lui toute seule. Le harnais ayant disparu, je sentis le vent souffler dans mes plumes. Aigle et moi nous arrêtâmes en plein ciel et, nous faisant face, exécutions un drôle de petit pas de danse. Ensuite il dit, « **Je t'apprends à être hardie. Ton esprit ne cesse de penser à tomber et ces pensées t'empêchent d'apprendre.** »

Il avait raison. Bien que je n'aie rien dit, pendant chaque voyage je m'étais battu avec la peur de tomber. Je pensais avoir réussi à garder cette peur pour moi, essayant de la surmonter par moi-même, mais Aigle m'assura en me donnant une tape sur l'épaule, « Ceci est une **autre dimension.** » Ici il m'apprendrait tout sur la peur et *comment ne pas en avoir.*

Le son des tambours rentrait dans ma conscience et me dit que j'étais en train d'apprendre *une nouvelle façon d'être*. Ici c'était une réalité différente, où je pouvais voir les choses avec des yeux nouveaux.

« Oh mon Dieu, » dis-je avec la voix entrecoupée quand je me rendis compte de la quantité de peur que j'avais porté en moi. Non seulement la peur de voler, des peurs que j'avais eu en moi toute ma vie — je les voyais tapies à l'intérieur de mon corps, si énormes, qu'elles me dominaient. Terrorisée, je retins ma respiration, paralysée par cette énorme masse de peur qui me fut révélée.

Avant de m'effondrer d'horreur, Aigle m'attrapa par le harnais et nous partîmes, cette fois-ci en passant par une barrière si haute dans le ciel que je vis des nuages passer en dessous de nous. Nous glissions dans l'air en douceur, chevauchant le vent et bien que je me rappelai vaguement que quelque chose de déplaisant venait juste de m'arriver, je n'arrivai pas à me concentrer assez pour me rappeler ce que c'était. Au lieu de cela je pensai à revoir les Grands-mères. Je voulus savoir où j'en étais et apprendre quoi faire après. Mais pour l'instant j'étais heureuse de voler et faire des piqués, suspendue en l'air.

Il faisait clair et froid au dessus des nuages et quand je regardai autour de moi je vis que j'étais toute seule. Moi, un aigle solitaire, qui glissai et montai en flèche. « Un aigle solitaire, » pensai-je et j'entendis, **« Comme il se doit. »**

Des couleurs convergeaient et formaient des effets d'arc-en-ciel qui se reflétaient sur et passaient à travers mes ailes ; des nuances de levers et couchers de soleil s'unissaient autour de moi. Je les regardais se changer en passant par mes plumes et quelqu'un dit, « La source de toute lumière et de toute beauté est ici. Ceci est la puissance du soleil, la puissance de Dieu. »

« Tout cela est sur mes ailes, » je m'émerveillais et en m'avançant, cette puissance était dans mon sillage. « Comment une chose comme cela est possible? » me demandai-je, reconnaissant en même temps que cela me semblait si juste de sentir cette puissance me traverser. **« Ceci est vrai, »** la voix disait.

Je montais encore plus haut en faisant des cercles; monter et glisser, c'était comme danser dans l'air. Planant dans une lumière mince et pâle où il n'y avait rien à regarder où même désirer regarder, je me reposais. Alors que je flottais sur un courant, totalement en paix, une voix dit, « Au- dessus de tout. »

« Je suis presque un avec le soleil, » je dis et j'entendis, **« Le soleil est le meilleur ami. L'aigle et le soleil sont les meilleurs amis, »** et après une pause, « Leur relation est une vraie relation. » Je reconnus une vérité profonde dans ces paroles mais j'étais trop impliquée dans ce que je vivais pour y réfléchir.

Glissant dans l'air mince, je tirais les couleurs derrière moi, un cortège de beauté. Comme mon cœur gonflait avec révérence pour ce que je percevais, je criai, « Oh, apprenez-moi, mon aide-esprit, apprenez-moi et rendez moi digne. »

Aigle arriva de façon abrupte, se tourna vers moi d'un air féroce et me coinçant avec ses serres et du regard s'écria,

« UNE REELLE INTENTION ! »
« RESTE CONCENTREE ! »
« RESTE CONCENTREE!"

« **Aie cette intensité,** » ordonna-t-il. « **Ne te laisse pas distraire.** » « Oui, Aigle, » dis-je, ma gorge se serra pendant que je surveillai tous ses mouvements. « Apprend-moi comment. Apprend-moi. » « **Ne regarde pas en bas,** » dit-il. Je grimpai sur son dos et pendant qu'il volait je fixais mes yeux devant exactement comme lui. Quand à un moment je regardai en bas, je vis qu'il n'y avait rien.

Soudain il plongea. Je vis le cercle blanc familier s'approcher et, en virant à la dernière minute, Aigle se posa sans effort au milieu des Grands-mères. Je descendis et m'avançai en déployant mes ailes pour elles et je m'inclinai avec grâce. « Grands-mères, apprenez-moi, guérissez-moi, rendez-moi digne, prête et capable de faire le travail que vous m'avez donné. »

Tendant leurs bras, elles m'attirèrent à elles, à nouveau sur l'estrade où nous nous asseyions ensemble, immobiles.

Comme nous nous tenions sans bouger, il m'apparut que, bien que rien ne semblait se passer à ce moment, en nous tenant assises tranquillement en formation ainsi, il y avait quelque chose. Je m'observais comme à distance et je voyais que j'étais totalement paisible, comme si j'avais médité pendant longtemps.

« **En étant à sa place chacun fait quelque chose d'important,** » dirent-elles en brisant le silence. Je sentais cette 'place' viscéralement, surtout dans la partie inférieure de mon corps. Il semblait y avoir une prise dans l'estrade où j'étais branchée, par mes serres (mes extrémités) et par ma queue. J'étais censée être branchée ainsi. Etre ici rendait tout complet, faisait tout fonctionner. C'était bon d'être assise ainsi. J'étais comme une pièce de puzzle qui avait enfin trouvé sa place.

Un souvenir d'aigles au zoo me revint en tête et je pensai combien il était triste que ces grands oiseaux ne puissent ouvrir leurs ailes et voler. « Que c'est mal de les confiner, » murmurai-je, « il y a tant de maux comme cela sur terre. » Mais l'endroit où j'étais maintenant était différent. Cet endroit était l'endroit *juste*. Il appelait à la 'justesse', appelait les choses d'être ce qu'elles étaient, chacune à sa place parfaite, à sa façon parfaite.

Dès que cette pensée me vint les Grands-mères parlèrent. « **Toutes les créatures alignées avec leur être,** » dirent-elles, « **nous suscitons cela maintenant, les humains inclus. Tous s'alignent avec leur être, se tenant à leur propre place. Chacun parfait dans sa nature.** »

« Ce que tu ressens est le rétablissement de la justesse de la vie. » Des mots profonds qui envoyaient des vibrations à travers mon corps. Mais avant qu'elles ne puissent en dire davantage, le rythme du tambour changea. Je leur lançais un regard inquisiteur, mais il n'y avait plus de temps ; je devais retourner à l'ordinaire réalité.

« *Il y a souffrance et maladie là où la nouvelle énergie rencontre l'ancienne.* »

Plus tard cette même journée je retournai. Me sentant incomplète après le voyage du matin c'est ce que je voulais. « Aigle, viens ! » criai-je, alors que je me lançai de mon arbre.

Presqu'immédiatement je vis la montagne devant moi et je fus surprise quand je ne passai pas à travers. Au lieu de cela je montai rapidement au dessus. Je n'avais pas grimpé loin, quand quelque chose d'effrayant fonda sur moi- sombre et menaçant. Mon cœur s'emballa et je sentis mes cheveux se dresser sur ma tête. Puisque je ne pus dire ce que cette chose sombre était, je fis ce que le chaman avait dit. « Etes-vous mon esprit-aidant?" m'écriai-je. Il partit sur le champ.

Soulagée qu'il fût parti, j'avais vraiment peur maintenant. Cette chose me voulait du mal ; j'en étais convaincue. « Aigle ! » j'appelai, et je sentis immédiatement sa présence. Se tenant devant moi en l'air, il déclara, « **C'était un test de hardiesse.** »

Je trembla is. Pourquoi avais-je besoin d'un test comme ça? Je ne savais pas mais je le crus. Cette chose m'avait tant effrayé qu'elle avait capté ma totale attention. Si une partie de moi avait été inconsciente avant cette rencontre, elle ne l'était plus. Me tapotant dans le dos pour me rassurer, Aigle me fit signe de le suivre.

Glisser à coté de lui avait l'air simple et facile, alors j'expirai profondément et je me laissai me détendre et profiter du vol. Il commença à m'enseigner comment descendre en piqué. J'adorais le sentiment de grâce et de puissance quand je suivais le vent, glissant et virant, glissant et virant. Au milieu de ma leçon, cependant, je sentis une certaine

Une dimension différente

inquiétude. Au fond de mon esprit il y avait la pensée que je ne disposais que de tant de temps pour mon voyage, tant de battements de tambour pour chaque visite à cette dimension. Je voulais utiliser mon temps au mieux, apprendre tout ce que je pouvais.

Enfin j'interrompis notre vol. « Je veux être avec toi, Aigle, mais je veux aussi être avec les Grands-mères. Je pense que je devrais... « **Détend-toi !** » dit il et... « Ahhh, » je montai sur un courant d'air, et je fus attirée encore plus haut. Contente, je pris une respiration et il dit, « Toutes les choses arrivent à temps. » Quand je compris ses mots je m'éclatai presque de rire de m'être comportée comme si cette aventure relevait de ma responsabilité. « Pourquoi est-ce que je m'inquiète? » me demandai-je. « Je ne suis pas responsable de tout ceci. Tout ceci se passe selon l'agenda des Grands-mères pas du mien. »

Je devenai plus consciente du son du tambour. Bien que le rythme n'ait pas changé, il y eut un changement dans la vibration. Et maintenant j'étais ailleurs, marchant vers une ouverture. « Est-ce que ceci est l'entrée dans le cercle des Grands-mères? » me demandai-je. Il me semblait le reconnaitre mais quelque chose n'allait pas. « Oh! » m'écriai-je tout d'un coup.

Des dragons étaient tapis des deux cotés de l'entrée. Effrayants et monstrueux, ils me menaçaient et essayaient de me bloquer le passage. Mais quand je les défiais avec un « Etes-vous mes esprits aidants? » ils partirent et je pus traverser sous la voute d'arbres et de verdure. Une fois de plus j'arrivai au cercle blanc des Grands-mères qui étaient assises sur l'estrade et m'attendaient.

"Um-m-m" fredonnai-je, quand je vis que mon corps avait changé et était maintenant plus grand que d'habitude. Je pris conscience qu'à l'intérieur il y avait mon moi humain et aussi mon moi aigle. Je sentais des serres, sentais la force de mes pas d'aigle et ma vue perçante. « **Nous avons été interrompues, Notre Fille,** » dirent les Grands-mères, « **avance.** » Et quand je m'avançai je le fis en tant que personne et en tant qu'aigle.

Je m'agenouillai, ouvrai mes ailes et elles m'attirèrent à elles. Elles m'entourèrent avec leurs ailes et commencèrent à travailler sur mes épaules. Elles arrangèrent mes plumes en les touchant, les ajustant, s'affairant. Je me tins tranquille pendant qu'elles vérifièrent tout, ajustant, ébouriffant ou lissant mes plumes. « Tout est aligné, » expliquèrent elles, tout en m'inspectant.

Pendant qu'elles travaillèrent je les entendis dire '**Aiglon**', et je sus par ce mot et par la façon dont elles le prononcèrent que j'étais jeune et, à leurs yeux, magnifique. « Tu te débrouille très bien, » elles m'assurèrent avec des caresses pleins d'amour et je sentis une qualité de fierté positive à l'intérieur de moi, une ardeur naissante. Ceci, je réalisai est ce qu'un aigle ressent. « Merci, » dis-je, « pour mon maître Aigle. » « C'est ta nature, » répondirent-elles.

« Grands-mères, votre enseignement m'imprègne d'une façon merveilleuse et je suis impatiente d'ouvrir mes ailes et de répandre votre message. » J'étais tellement émue par ces mots que je commençai à pleurer. Elles avancèrent comme un seul homme et placèrent une amulette autour de mon cou, un insigne qui indiquait ma tâche, mon but avec elles. Il y avait du rouge et du bleu prussien dans cette amulette et quand je le sentis contre ma peau je me rendis compte que cette couleur bleu profond était aussi tout autour de nous, s'infusant dans l'atmosphère, pénétrant l'air que nous respirions. L'amulette représentait un rang quelconque. D'une façon ou d'une autre j'avais atteint un certain rang. Et mes ailes! Oh, mes ailes. Il y avait en elles une telle expansion et une telle force !

« **Nous voulons voir tes ailes,** » dirent-elles. Je les ouvris, suivis le regard des Grands-mères et vis que….j'avais des ailes massives toutes blanches maintenant, en tout cas blanches à l'épaule. Mes ailes montèrent toutes seules et je commençai à danser ; ou plutôt mes ailes me firent danser, me soulevant et me faisant plonger dans l'air. « Ah-h-h-h, » m'écriai-je, m'évanouissant presque, alors que je me faisais propulser d'avant en arrière, de haut en bas par ces ailes.

« **Il est temps pour toi de danser ainsi sur terre,** » dirent-elles. Dans le salon, dans les collines derrière la maison- je dois danser. Elles m'appliquèrent des onguents sur les articulations de mes épaules et dans mon cou où mes ailes s'attachaient à mon corps. Elles me guidèrent comment inspirer profondément et ensuite à expirer, me montrant que certains de mes maux de tête étaient causés par mes tentatives d'intégrer cette puissance croissante. « **La douleur et la maladie se présentent là où la nouvelle énergie rencontre l'ancienne,** » dirent-elles. « **Les endroits douloureux dans ton corps sont ' les points d'accroche ' qui arrivent comme faisant partie du changement et de la croissance.**

Elles volèrent tout autour de moi avec leurs ailes d**éployées. Leurs ailes apportèr**ent de la puissance dans les miennes. Maintenant je tournai et fis face à chaque Grand- mère et dansai toute seule au milieu de leur cercle toujours mouvant. Des vagues d'énergie me submergèrent dans le rythme de leurs ailes battantes. Je montai, tournoyant au dessus de leurs têtes et elles me chargè**r**ent de leur force.

Je montai de plus en plus haut jusqu'à ce que je puisse à peine voir leurs becs dorés et les plumes plus foncées de leurs corps et quand je montai encore elles devinrent des petites tâches. Dans l'air pur, je sentis le froid et planai un moment. Puis commença la descente gracieuse en spirale et je retournai au centre du cercle des Grands-mères qui se tinrent immobiles.

M'introduisant en leur milieu, elles me couvrirent silencieusement de leurs ailes et je fus remplie d'une grande paix, d'une grande bénédiction. Elles se penchèrent sur moi et effleurèrent tendrement ma tête et mes épaules et c'était comme si elles m'embrassèrent de leurs ailes. « Repose-toi maintenant, » dirent-elles, **« Ne fais plus de travail pendant quelques jours, Aiglon. »**

Chapitre 5

Trop de 'faire'

Je suivis les indications des Grands-mères et je m'abstins de voyager pendant une semaine. Ces leçons étaient les plus surprenantes et les plus épuisantes que j'ai jamais eues et deux voyages en un seul jour avaient été trop pour moi. Bien que ça me prit plusieurs jours avant de me sentir 'normale' à nouveau, je fus si excitée à propos de ce que j'étais en train d'apprendre des Grands-mères que je ne pus attendre d'y retourner.

Ce travail exigeait plus de temps et d'énergie que je ne pensais. J'avais un emploi du temps très serré, calant des voyages entre des clients et la maison et la famille. Je découvris que j'avais besoin de beaucoup de discipline pour m'abstenir de voyager jusqu'à ce que j'eus d'abord transcrit ma dernière aventure avec les Grands-mères. Je savais qu'il était important d'enregistrer chaque petit morceau de leur enseignement, mais j'étais si pressée d'apprendre davantage que je voulais passer tout mon temps à voyager.

Quand enfin la semaine était terminée, je me préparai à y retourner et dès que je m'élevai de mon arbre Aigle vint vers moi. Je montai dans son sillage et vis que cette fois-ci les Grands-mères se trouvèrent directement au-dessus de l'Himalaya, alignées avec la plus haute montagne de la chaîne. « Laquelle est l'Everest ? » me demandai-je.

Aigle ne volât pas directement vers elles mais atterrit à une petite distance pour qu'il puisse s'approcher d'elles en dansant dans les règles de l'art. Montrant plus de puissance que je n'avais jamais vu en lui, il était plein d'autorité, l'aristocrate des airs et se portait avec une grâce héroïque. J'ai du l'imiter car moi aussi j'étais confiante quand je me suis avancée et me tenais devant la Grand-mère la plus grande, un aigle d'Amérique à l'air féroce qui avait une tête blanche et des yeux perçants. Tout en regardant dans ses yeux je communiquais mon sérieux ; « Je me consacre à ce travail. »

Elle ouvrit ses ailes et acquiesçât et m'indiqua comment elle voulait que j'ouvre les miennes. Elle me disait 'oui' en faisant cela, elle accepta mon dévouement.

Alors que j'ouvrais mes ailes, elle me dit, **"Trois pour un. Si tu veux travailler avec nous, tu auras besoin de plus de voyages centrés sur ta guérison, non seulement sur des vérités cosmiques. Jusqu'à ce que tu sois forte physiquement, tu ne pourras retenir et utiliser les leçons que nous te donnons. »**

J'assentis et les Grands-mères souriaient d'un air entendu, et elles compatissaient en hochant la tête quand je leur avouai à quel point j'avais toujours été une « faiseuse ».Comment j'avais toujours l'impression que je devais tout faire moi-même, comment je prenais toujours la responsabilité pour tout ce qui se présentait, me tracassais et ensuite disais à tout le monde quoi faire. A quel point ceci avait été un fardeau et une habitude pénible pour moi et pour tout le monde. « **Nous avons vu t'éreinter,** » dirent-elles. « **Nous t'avons regardé être sur le point de tomber d'épuisement. Ceci vient de l'enthousiasme avec lequel tu es née, avec en plus une habitude d'en faire trop.** *Trop de 'faire'.* »

A partir de maintenant je devais voyager trois fois vers le monde d'en bas pour guérir contre chaque voyage dans le monde d'en haut pour apprendre. M'indiquant l'endroit à la nuque où j'avais des douleurs chroniques elles dirent, « **Venir ici est difficile pour le corps, donc trois pour un — trois soins pour une expansion.** »

Plusieurs d'entre elles se penchèrent en avant et, avec leurs ailes déployées, elles picoraient et arrangeaient les plumes de mes ailes. Ebouriffant la collerette de mon cou, elles dirent, « **Fais trois voyages vers le monde d'en bas pour chaque voyage d'expansion dans le monde d'en haut. Tu as besoin d'être plus solide et d'avoir plus de force si tu veux faire notre travail. Nous te donnons la force et nous continuerons,** mais à moins que tu fasses le travail de guérison, la force que nous te donnons n'aura pas de place pour vivre. »

Je devais renforcer mon corps pour que leur sagesse puisse 'vivre' en moi. Puisque j'avais déjà appris par le chaman comment aller dans le monde d'en bas, j'étais prête à entreprendre mon voyage suivant. Nous nous dévisagions et hochions la tête. Nous étions arrivées à un accord important et alors que je leur fis mes adieux je me sentis heureuse, prête à retourner vers la réalité ordinaire, j'avais hâte de commencer le travail qui m'attendait.

« L'énergie féminine n'a pas été personnifiée sur terre depuis longtemps »

Peu après ceci les Grands-mères me surprirent en me montrant mes années d'enfance, en particulier ma lutte pour devenir femme. Pendant que les scènes de mon enfance passaient devant moi je me voyais et me sentais comme à cet âge là — pas comme un souvenir mais comme si je les revivais. A dix ans, effrayée et inquiète en descendant dans la cave, treize ans, espérant de tout cœur que quelque chose de meilleur m'attendait alors que je me balançais sur les branches de l'érable et fixais la route.

Le fait de revivre la peine et le courage de ces années là me donnait tant de compassion pour la jeune fille que j'étais. « **Quand tu grandissais tu a dû apprendre toute seule comment devenir une femme forte,** » dirent-elles. « **Les femmes de la génération de ta mère et celles d'avant elle, n'étaient jamais rentrées dans la force de leur féminité. Si une jeune fille n'a pas vu une femme se tenir fermement et confortablement dans sa force, le concept d'une femme forte lui sera étranger voire effrayant. La force féminine n'a pas été personnifiée depuis longtemps sur terre.** »

Quand elles me montrèrent en tant que jeune femme je voyais à quel point j'avais travaillé dur pour tout et à quel point j'étais fatiguée. Dans ma tentative de devenir 'forte' j'avais jonglé avec la fac, un emploi d'enseignante, mes jeunes enfants et un mari, faisant toujours deux ou trois choses à la fois.

Quand je vis qu'en rigolant j'avais appelé cette habitude 'profiter de moi', je pleurai. Trop d'efforts, trop d'énergie yang et le stress excessif qui accompagnait tout ça, m'avaient rendu malade. Avec le temps j'avais développé des maux de tête chroniques, mal au dos et épuisement.

Ayant vécu pendant des années dans ce 'faire' sans fin, je manifestai maintenant ce qu'elles appelaient 'le déséquilibre yang'. C'est pourquoi je devais maintenant voyager vers le monde d'en bas. Je voulais tant vivre une vie équilibrée, que quand elles dirent, « **Ta vie deviendra un plaisir quand l'énergie yin te remplira,** » je sanglotais de soulagement.

J'avais passé ma vie à essayer d'être tout pour tout le monde, pourtant tous les efforts que j'avais fait pour devenir 'forte' m'avaient rendue plus faible, pas plus forte. J'avais essayé et essayé encore le modèle yang de la force simplement pour découvrir que cela n'allait pas. Alors quand elles dirent, « **A cause de l'excès de yang et l'insuffisance de yin, la femme souffre de son propre impuissance.** » je savais exactement ce qu'elles voulaient dire.

« *Le soleil frappe tout, touchant tout selon sa nature* »

Fidèle à mon habitude de 'faire' je commençai mon premier voyage dans le monde d'en bas, pensant, « Si je serre mon emploi du temps suffisamment, je peux y caser un ou deux voyages chez les Grands-mères chaque semaine. » Je voulais continuer à apprendre — pas *perdre mon temps* à guérir dans le monde d'en bas. Je pouvais voir à quel point 'faire ' était devenu une addiction, mais je n'étais pas encore prête pour changer mon comportement.

Pourtant les Grands-mères avaient été claires sur ce que je devais faire ; elles avaient dit, « Trois pour un, » et bien que je m'engageai à suivre leurs indications j'étais encore persuadée que je pouvais faire les choses à ma façon. « Je n'ai qu'à voyager tous les jours. Ca le fera. » Que j'étais en déséquilibre, remplie d'énergie yang alors.

Pour mon premier voyage dans le monde d'en bas j'ai trouvé mon entrée par un trou dans la terre. J'avais espéré un départ plus spectaculaire pour ce niveau de réalité non-ordinaire — une grotte, un tunnel d'aération, quelque chose d'excitant. Mais quand je demandai mon point d'entrée, l'ouverture qui se présenta à moi eut l'air d'un trou de taupe. Pendant que je le regardais, me préparant à sauter dedans, j'entendis le mot 'sipupu' dans ma tête. Je n'appris que plusieurs mois plus tard que c'est le mot que les chamans utilisent pour se référer à une ouverture vers le monde d'en bas.

Je sautai et tombai tête la première dans l'obscurité de la terre. Tournoyant et tombant, je m'enfonçai dans un puits noir, l'air me sifflait dans les oreilles sur des kilomètres, à ce qui me semblait. De temps en temps je voyais des paires d'yeux qui me regardaient dans l'obscurité.

Enfin je vis une eau courante scintiller devant moi, une rivière, qui semblait descendre une colline. Un canoë flottait dans les bas-fonds et avant que je ne me rende compte, je fus dedans et descendis la rivière en pagayant. Le tambour résonnait fort dans mes oreilles pendant que je fonçai en avant, cherchant un esprit-aidant, pagayant aussi vite que je pouvais jusqu'à ce que j'échoue sur un banc de sable.

Quand j'atteignis l'orée de ce qui semblait être une jungle, la lumière changea et il ne faisait plus aussi sombre. Mais puisqu'il n'y avait personne au bord de la rivière je devais continuer pour trouver un esprit-aidant. Je me frayai un chemin à travers des plantes tropicales aux feuilles épaisses vers une clairière dans la forêt.

Je regardai à gauche et devant moi, debout sur ses pattes d'arrière, se dressait un ours énorme. « Etes-vous mon esprit-aidant? » demandai-je nerveusement. Je sentis une chaleur qui semblait venir de lui et ressentis un sentiment de complétude correspondant dans ma poitrine. « **Oui,** » dit-il. Il était mon esprit-aidant, très grand, très sombre. Prenant ma main dans sa patte il me menait lentement et tranquillement plus loin. « Je veux 'l'empowerment' et la guérison, » dis-je pendant que je regardais fixement sa forme massive.

Quand il resta silencieux je compris que le travail de ce voyage avait commencé. Respirant profondément je regardai autour de moi, attentive à tout, me centrant, me centrant.

Nous grimpâmes sur un rebord rocheux, ma main dans sa patte alors qu'il me guidait. Le rebord nous amena dans un canyon et nous suivîmes le sentier qui serpentait à flanc de montagne. Le sentier était raide et pierreux mais j'étais surprise de ne pas ressentir l'effort physique. Bien que je fusse consciente de la difficulté, la montée ne me fatiguait pas. « Ceci est une réalité non-ordinaire, » je me fis remarquer.

Le soleil était au milieu du ciel, droit devant et un peu vers ma gauche. Quand nous atteignîmes le sommet je m'assis sur un rocher qui avait l'air confortable et regardai le panorama devant nous. Ceci était un endroit 'd'empowerment.' Je le sentais.

Ours se tenait derrière moi et faisait tourner ses pattes dans le sens d'une aiguille d'une montre de mon dos vers ma tête. Il tournait et tournait au rythme du tambour. Je ne sais trop ce qu'il faisait, mais cela me calmait et je me calai petit à petit dans mon siège sur le rocher et me détendis au rythme du tambour. La surface du rocher était chaude. J'en tirai de la force, de la puissance et de la solidité, consciente que, alors que j'étais assise, ses minéraux me donnaient de la force. J'étais également consciente de la présence d'Aigle ; il était perché derrière et au-dessus Ours et moi.

Soudain, je me rendis compte que je reposais sans cesse la même question. « Est-ce qu'il y a quelque chose que je devrais faire, quelque chose que je devrais demander pour ce voyage? » Je la répétais jusqu'à ce qu'à la fin Ours me dise, « **Chut.** » Et je finis par me taire, laisser partir mes attentes et je m'abandonnai à l'expérience. En fait, je me détendis au point de m'endormir jusqu'à ce qu'Ours me tapote gentiment sur l'épaule. Pendant tout ce temps Aigle était resté perché silencieusement, regardant avec nous, surveillant le canyon.

Quand je finis par demander, «Quel est le sens de cette expérience? » j'entendis, « **Sois le rocher — stable et indifférent,** » et d'une façon ou d'une autre je compris. Le rocher voit tout, de sa position il a un regard sur tout.

Une douleur aigüe au coté s'empara de mon attention et quand je m'y centrai je remarquai des nuages qui passaient. « **Des nuages qui passent,** » j'entendis, « **Des nuages qui passent,** » et je me souvins que la douleur est juste cela- des nuages qui passent. **Nous étions assis ensemble sur la montagne, Aigle, Ours et moi, regardant les** nuages et en un instant la douleur avait disparu et le rocher était encore chaud.

Je commençai à inspirer l'énergie du rocher. « Je suis prête à devenir stable comme ce rocher, » dis-je reconnaissant cette qualité comme quelque chose que je voulais pour moi-même. Puis je me tournai vers Ours et demandai, » Est-ce qu'il y a autre chose que je devrais faire ici? »

Le rocher se transforma en siège — un fauteuil ou un trône très haut dans la montagne et j'y pris place. Ours se tenait derrière et Aigle était perché au dessus alors qu'une voix disait, « **Maître de tout ce que tu surveilles.** »

Nous restâmes assis comme ça pendant longtemps-la montagne, les animaux et moi jusqu'à ce que Aigle rompit le silence, criant, « **Regardez !** » Quand je regardai au loin mes yeux étaient attirés vers des strates colorées qui formaient les parois du canyon, attirés aussi vers les vertes vallées luxuriantes qui se lovaient dans le canyon avant de disparaître dans le lointain. « **Il y a tout ici ; sec, aride, fertile —** *il y a tout ici,* » dirent Aigle et Ours. Mon travail était d'observer toute cette variété et d'où j'étais tout était beau.

« Oh! » m'exclamai-je, « C'est ainsi qu'Aigle voit; c'est pourquoi il m'a dit « **Regarde.** » Du sommet de la montagne tout était exactement ce que c'était, parfait en lui-même. Aigle regarde loin ; il regarde le monde d'un endroit élevé et stable et à ce moment là moi aussi.

J'étais si reconnaissante d'avoir la perfection de la vie étalée devant moi, que je m'inclinai avec révérence, remerciant particulièrement la montagne et le rocher sous moi. Et alors que je remerciai, je pris conscience de la fierté que la montagne avait pour elle-même. Quelque chose de bien et non pas présomptueux, car la montagne était bien dans son essence même.

Pleine de gratitude je contemplai la beauté devant moi. Ours était avec et à coté de moi –il me soutenait d'une façon attachante et proche alors qu'Aigle me soutenait d'une façon attachante mais plus distante. « **Ils sont comme ça,** » dis-je, « C'est leur vraie nature. » « **Le soleil frappe tout,** » j'entendis, « **touchant tout selon sa nature. Tout ne demande pas la même quantité de soleil, ni ne le veut.** »

Tournant lentement dans un cercle avec les bras levés, je louai le soleil et les quatre directions, nord, sud, est et ouest et en faisant cela je sentis la force du rocher dans mes pieds et dans le centre de mon corps. Le rocher me respirait. Bougeant en harmonie avec la montagne, je respirais le rocher et le rocher me respirait. « Merci, » dis-je à Ours, à Aigle et à la montagne alors que le tambour changea de rythme. J'étais plus calme à l'intérieur de moi après ce voyage. Eprouvant une stabilité surprenante dans mon esprit et mon corps, je ne ressentis pas immédiatement le besoin de retourner dans le monde d'en bas.

Pendant que je transcrivais l'enregistrement que j'avais fait, des niveaux de sens qui m'avaient initialement échappés me frappaient. J'étais surtout touchée quand j'entendis l'émotion dans ma voix qui disait, « **Le soleil frappe tout, touchant tout selon sa nature.** » « **Bien sur qu'Aigle a une autre relatio**n avec moi que Ours, » dis-je, « Je ressens ma relation avec Ours comme plus personnel alors que celle avec Aigle est davantage impersonnel. C'est comme ça devrait être. Je n'ai pas besoin de la même quantité ou du même genre d'énergie de tout le monde. » Cette citation me donna beaucoup à réfléchir. Comme avec les voyages vers les Grands-mères, chaque fois que je relus celle-ci je découvris quelque chose que je n'avais pas vu avant. Lentement niveaux après niveaux de significations dans ces voyages se révélaient à moi.

Après plusieurs jours il me vint à l'esprit que si je voulais suivre l'injonction des Grands-mères du " trois pour un » je ferai mieux de retourner dans le monde d'en bas. Je ne faisais pas de voyage tous les jours comme j'avais pensé. Je n'avais pas ce sentiment d'obligation. Peut-être que mes vieilles habitudes d'en faire trop étaient en train de changer.

« La Grande Mère est patiente et attend. »

Je plongeai par mon ouverture dans l'obscurité du monde d'en bas et j'appelai, « Ours, viens maintenant. Amène-moi vers un lieu de guérison. » Tout de suite après avoir abordé la plage avec mon canoë et traversé la végétation dense de la jungle il était là, rugissant, debout sur ses pattes arrières, sa gueule grande ouverte. Il était énorme et le rouge de sa gueule béante me terrifia! Je me souvins de ce que le chaman avait dit, « Le rugissement d'un esprit animal est un signe de bienvenu, pas une attaque, » donc je respirai profondément et fis ma demande. « S'il te plaît, donne-moi clarté d'esprit, force du corps et pureté de cœur, pour que je puisse faire le travail des Grands-mères. » dis-je mon cœur battant la chamade. « Bien parlé, » répondit-il avec un bref signe de la tête.

Faisant face l'un à l'autre, avec nos mains/pattes croisées nous nous inclinâmes et ensuite nous marchâmes bras dessus dessous au rythme du tambour. Comme un vieux couple, nous montâmes un chemin étroit côte à côte et quand nous primes un tournant je remarquai qu'aujourd'hui nous étions en train de grimper une autre montagne. Celle-ci surplomba une vallée douce, verte avec des rochers moussus, comme l'Irlande. Nous commencions à escalader cette montagne et, grimpant dur cette fois, nous montâmes. Ours marcha à quatre pattes et moi aussi ; je m'agrippai tantôt avec une main tantôt avec un pied et nous nous hissions sur la montagne dans un paysage de plus en plus désolé.

Nous arrivâmes sur un plateau et là, à coté du chemin il y avait une ouverture comme une fenêtre dans une pierre immense. L'ouverture ne sembla pas assez large mais Ours y passa facilement et je le suivis donc à travers un passage dans ce trou noir. J'étais un peu troublée par l'obscurité absolue, mais bien que je ne puisse le voir devant moi, je pouvais le sentir et le fait de toucher les parois de la grotte m'aida à m'orienter. Les murs étaient frais et secs et le sol de la grotte était couvert de fourrure.

C'était sa tanière; son endroit 'd'introspection'. Il me tapota pour m'accueillir, et en même temps il appuya sur mon épaule pour que je puisse rentrer rapidement. Je me mis à l'aise en me pelotonnant dans sa grotte.

J'étais couchée sur le dos et je vis les étoiles à travers un trou dans le plafond. Il a du faire nuit parce que le ciel en était rempli. Pendant que je les regardais je me blottis contre Ours, pensant « Jusqu'ici cette grotte n'avait été que pour lui, grâce à lui elle est aussi pour moi. Ceci est un endroit spécial, où on peut aller pour être seul d'une façon merveilleuse — sans être esseulé. »

Le sentant se détendre à coté de moi, je pouvais me rendre compte qu'Ours était souvent venu ici et était totalement en paix avec le fait d'être seul. Faisant « Oui, » de la tête il posa une patte sur mon front et m'encouragea de fermer les yeux, ce que je fis. Avec lui à coté je me sentais à l'aise et en sécurité.

Avec les yeux fermés c'était le tambour seul qui faisait continuer le voyage. « **Les saisons vont et viennent,** » dit-il. **Il est agréable de demeurer dans cette grotte ; toutes les inquiétudes dans ton esprit**

n'ont pas leur place ici. » Ce lieu est éternel, réalisai-je, un sanctuaire intérieur et de quelque part dans mon corps vint la compréhension qu'il contenait yin, la qualité récessive de la femme.

Le tambour s'adoucit et maintenant une voix féminine parla. « **La Grande Mère est pleine de vie,** » dit elle. « **Elle est patiente et attend, parce que la vie se développe naturellement.** » « C'est Gaïa qui parle, » dis-je ; « C'est de toutes les femmes qu'Elle parle. »

« **Tout autour de moi est marron et vert ; je suis couverte par la richesse de la terre.** » Petit à petit je prenais conscience d'un sentiment d'expansion et d'une profondeur, largeur et volume grandissants en moi. « *Je m'enfonce en ELLE!* » m'écriai-je, « je m'enfonce dans la Terre Mère— devenant massive! »

« Je n'ai jamais vu et ressenti comme ça avant, » dis-je émerveillée. « Je suis tellement plus grande! La Terre Mère est une avec toutes les âmes. Elle est une avec la conscience de tous les animaux. Ils sont tous ici!» m'écriai-je, « Ils sont dans cette grotte. » Je sanglotai maintenant, submergée par l'émotion.

Quand je regardai à nouveau le toit de la grotte, je ne vis plus les étoiles, mais des animaux. Couvrant la voute de la grotte il y avait des dessins d'animaux ; intimement liés, ils fusionnaient et se fondaient les uns dans les autres. « Voici, » dis-je, « un mammouth et une femme, dessinés de telle façon qu'ils ont presque la même forme. Et ce lapin est relié à ce cheval. » Les dessins se chevauchaient si ingénieusement que je ne pouvais être sure où l'un finissait et l'autre commençait. Chaque figure faisait partie de la suivante. L'artiste avait montré la vie qui se fondait d'une forme dans une autre, une forme émergeant d'une autre.

Les larmes coulaient le long de mes joues pendant que je regardais et avec chaque moment qui passait je devenais encore plus grande. Je devenais plus profonde et expansive jusqu'à ce que finalement je m'entendis crier, « Je suis une avec ELLE ! » J'avais fusionné avec la Terre Mère.

« **Oh Ours,** » je pleurai dans la fourrure de son épaule, « Merci de m'avoir amené ici. » Maintenant mes larmes avaient tellement gonflé mon visage que ma tempe gauche battait douloureusement. Me tapotant gentiment pendant qu'il me berçait dans ses bras énormes, il murmura, « Dors. »

J'avais tellement sommeil et ma tête faisait si mal que je ne pus garder mes yeux ouverts et bien que je veuille me coucher, j'étais inquiète. Comment est-ce que je retrouverai mon chemin pour sortir de cette grotte si le tambour me faisait signe de retourner? Et si je ne retournai pas dans la réalité ordinaire à temps ? Ours me tapotait et émit de petits grognements en riant de mon esprit linéaire.

Je levai mon visage vers sa tête digne de confiance et me rendis compte que c'était assez drôle. Après tout, il était mon esprit aidant ; c'était lui qui m'avait amené ici. Et en plus, je faisais maintenant une avec la Terre Mère. C'était ma dernière pensée avant de m'endormir d'un sommeil bienvenu.

Je fus réveillée en quelques instants par un message. Doucement Gaia parla, « **Je me réjouis de tous les animaux,** » dit-elle. Quand j'ouvris les yeux, je vis une lumière briller dans les dessins sur la voute de la grotte. « Ces animaux sont sacrés –ils font partie de la Grande Mère, » dis-je comme je commençai à comprendre. « Oh, » dis-je, quand l'idée me vint que les animaux domestiques et en cage dans notre monde ne sont pas totalement réels. Ils ne sont pas totalement eux-mêmes, pas comme ils ont été crées à l'origine. Ils sont devenus homogénéisés, formés selon le plan humain et non pas le plan divin. Ce sont les animaux sauvages qui sont réels. D'énormes vagues d'amour à leur égard me submergeaient quand je me rendis compte **à quel point** je les aimais. « Je suis *eux* et ils sont moi, » dis-je.

Je fus tellement une avec la vie qu'il ne subsista aucune peur en moi. La joie inondait mon corps. J'étais *vivante* ; non pas seulement une avec *ma* forme, j'étais une avec *toutes les formes* de vie.

Je sentiment d'être un s'éveilla en moi instantanément, avec une clarté totale. Je n'avais jamais vu quelque chose briller autant que la vie représentée sur la voute de cette grotte. Je n'avais jamais aimé quelque chose autant. « Merci, Ours, » dis-je à mon compagnon toujours proche et de plus en plus cher quand le rythme du tambour changea. Je me tournai pour partir, et me tenant la main, Ours me montra le chemin.

Les Grands-mères et les animaux du monde d'en bas continuèrent à me surprendre par leurs enseignements si peu orthodoxes. Les peintures sur la voute de la grotte d'Ours étais quelque chose que je n'oublierai jamais. Maintenant j'avais une image, un prototype du 'nous sommes tous un' dans ma tête.

Les Grands-mères m'expliquaient rarement une idée en s'en tenant qu'à cela ; travailler avec elles voulait toujours dire s'attendre à l'inattendu. Elles et les esprits animaux utilisaient rarement la méthode 'cours' mais m'impliquaient dans leur leçon avant que je ne me rende compte de ce qui se passait. Et chaque fois cet élément de surprise court-circuitait mes défenses et adressait leur leçon directement à mon cœur.

Je n'ai jamais entrepris un voyage en sachant à quoi m'attendre, mais parce que les leçons qui viennent sont si originales, je sais toujours que ce n'est pas mon esprit qui invente ces histoires. Je ne pourrai jamais inventer ce qu'elles font. « **Nous donnons des leçons comme nous le faisons pour créer un changement dans ta perspective, pour casser des façons de penser qui sont rouillées,** » disent les Grands-mères.

« Rien ne se passe seulement dans un rêve ou seulement dans le monde physique ou seulement sur le plan mental. »

Les Grands-mères eurent raison en ce qui concernait mon besoin de voyager vers le monde d'en bas. Mes maux de têtes disparurent et mes douleurs de dos s'estompèrent. Une fois compris les bénéfices du travail avec les esprits aidants animaux je restai avec la formule 'trois pour un' pendant de longues mois. Ce qui me surprit à la fin à propos des voyages-guérison était combien j'avais appris d'eux. Chaque jour je consignai mes notes selon que c'était pour guérir ou apprendre, mais quand je relus ces notes, je vis que certaines des plus grandes leçons m'étaient venues de mes voyages-guérison.

Souvent les esprits aidants m'amenèrent dans un canyon profondément enfoncé dans la terre où ils me couvrirent d'une boue rougeâtre, disant, « **Laisse-toi aller maintenant, laisse nous nous occuper de toi. Pas de travail.** » Leurs mots sonnèrent comme ceux des Grands-mères.

Cette boue était réconfortante et je me détendis comme dans un spa. Je pouvais commencer un voyage avec un mal de tête terrible et quand je revins il avait disparu. « Comment était-ce possible ? » me demandai-je, « Comment est-ce qu'un voyage dans la réalité non-ordinaire peut m'affecter dans la réalité ordinaire ? »

Un jour les Grands-mères abordèrent cette question. Je venais d'arriver et je me tenais devant elles quand je ressentis une douleur aigue dans mon cœur qui semblait aller et venir de façon arbitraire. Cela ressemblait à des brûlures d'estomac, mais parce que cela se produisit dans le monde d'en haut je savais qu'il y avait plus. Lisant dans mes pensées, elles dirent, « Tu as raison. La douleur que tu **ressens n'est pas que physique.**» Elles me tapotèrent pour me rassurer et elles me dirent, « **Rien n'est seulement unidimensionnel. Rien ne se passe seulement dans un rêve ou seulement dans le monde physique ou seulement sur le plan mental.** »

Même dans la vie ordinaire j'avais remarqué comment l'univers ne perd aucune opportunité. A chaque fois qu'un aspect de ma vie changeait, le changement réarrangeait d'autres aspects de ma vie également. Alors que je me tins devant les Grands-mères avec cette douleur perçante dans mon cœur, je sus qu'un changement douloureux avait lieu à un certain niveau. Peut-être que c'était physique ; peut-être émotionnel, spirituel, ou tout cela à la fois.

Les Grands-mères reliaient souvent leurs leçons dans la réalité non-ordinaire à quelque chose que j'entendais et voyais dans la vie de tous les jours. Ces 'coïncidences' me choquèrent au début, mais avec le temps j'appris que c'était une de leurs façons de consolider ma confiance en elles et leur enseignements.

Même voyager prenait un nouveau goût d'aventure, puisque je ne savais jamais sur quoi je tomberais qui corroborerait une de leurs leçons. Les esprits aidants du monde d'en bas avaient utilisé de la boue rouge pendant mes voyages, donc je l'associais avec le règne de la réalité non-ordinaire. C'était avant que je n'aille à Chimayo.

Le mois de Janvier suivant l'apparition des Grands-mères, mon mari et moi sommes allés à un sanctuaire, le Sanctuario de Chimayo, au Nouveau Mexique. Nous sommes arrivés pendant la messe, alors on s'est glissé dans une petite pièce sur le coté du sanctuaire, une pièce bondée de gens qui étaient courbés et qui creusaient avec des cuillères dans un trou dans le sol de l'église. Je m'agenouillai pour voir ce qu'ils étaient en train de recueillir. Ce pour quoi ils étaient venus était de la terre rouge. Je ne savais pas que des pèlerins viennent de tous les coins du monde pour cette terre rouge qui guérit, mais alors que je reculai et les regardai creuser, les paroles des Grands-mères résonnèrent dans ma tête: « **La terre rouge est sacré aux yeux de la Mère.** »

En Avril 1998 une amie et moi avons fait un voyage à travers la campagne Française. Dans la région de Dordogne nous sommes allées à la grotte préhistorique du Pech Merle qui avait été découverte par des garçons du coin dans les années 1920.

Entrer dans l'obscurité froide de ce monde souterrain était comme voyager dans le temps. Quand le guide éclaira les parois de sa lampe-torche, des peintures de chevaux qui couraient s'animèrent. Des empreintes de mains de ceux qui avaient autrefois emprunté ce grand labyrinthe ornaient d'autres parois et dans une chambre une empreinte d'un pied humain s'était fixée dans la boue durcie d'il y a des milliers d'années.

Nous étions presqu'à la fin de notre tour quand le guide nous dirigea vers une petite caverne et illumina de sa lampe une peinture sur le plafond. Exécutée il y a des milliers d'années, le dessin ne semblait au début rien de plus qu'un enchevêtrement de lignes et de formes. Parmi ces lignes multiples qui se croisaient je vis des taureaux, des cerfs, des bisons, des chevaux, un lapin et un mammouth laineux.

En indiquant une partie de la peinture il dit que certains pensaient que c'était un mammouth laineux et d'autres que c'était une femme aux longs cheveux. Il parlait français, donc je n'ai aucune idée comment je pouvais le comprendre mais quand il dirigea sa lampe sur cette peinture je commençai à trembler. Fixant ce mammouth/cette femme aux longs cheveux je reconnus la figure que j'avais vu plus d'une année auparavant à l'intérieur de la grotte avec Ours.

Une fois de plus les formes fusionnaient avec d'autres formes. Animaux, plantes et humains avaient été dessinés dans un grand dessein exactement comme dans la grotte de mon voyage avec Ours.

Un an plus tard et à des milliers de kilomètres de chez moi, je sentis à nouveau cette fusion révérencieuse, l'unité sous- jacente de la vie, pendant que le monde visionnaire et le monde matériel se montraient comme seules et uniques. J'étais là dans la grotte, les larmes coulant le long de mon visage et les Grands-mères parlèrent. « Toutes les expériences que tu as eu avec nous dans le passé et toutes celles que tu auras avec nous dans le futur sont réelles. Te n'avons-nous pas dit? Nous ne sommes pas limitées, et toi non plus vraiment. Les différentes formes de la vie peuvent se chevaucher, peuvent quelques fois devenir seul et unique.

Chapitre 6

Nous vous emplirons

« Ceci était exactement ce dont tu avais besoin pour aller au- delà de la peur de t'exposer. »

A ce moment je n'avais parlé des Grands-mères qu'à deux amies spirituelles. J'étais déterminée de ne pas parler de mes expériences à mes collègues. Si je laissais cette information m'échapper je perdrais toute crédibilité en tant que thérapeute. Après tout, qui enverrait ses patients voir quelqu'un qui 'voyageait vers les Grands-mères'?

Cela avait été même très difficile de parler à mon mari de ce que je vivais, bien que j'avais partagé quelques informations des Grands-mères avec lui. Pas beaucoup cependant — je ne voulais pas l'effrayer.

Ce que j'apprenais m'était précieux, et en plus je n'étais pas sure de moi. Tout ce que je pouvais faire était de temps en temps d'introduire un petit bout d'un voyage dans ma conversation avec Roger, comme une pincée de sel dans la soupe. Je disais par exemple quelque chose à propos des changements ayant lieu dans la relation entre yin et yang et puis de retenir ma respiration et attendre une réponse. Mais bien qu'il fût heureux de me voir si excitée à propos de ce travail, il ne comprenait pas de quoi je parlais.

Je le comprenais. Je trouvais difficile de communiquer ce que j'apprenais, mes explications sur le déséquilibre entre yin et yang et la puissance du principe féminin n'étaient pas claires. C'était difficile à comprendre et encore plus à expliquer. Il y avait un gouffre entre ce que je commençais à entrevoir et ce que je pouvais communiquer. Mes enfants étaient très moyennement intéressées dans les Grands-mères et je n'étais pas sure si mes vieux amis le seraient. J'étais dans un endroit bien solitaire.

Je vivais une vie un peu à l'écart et je me sentais souvent submergée par tout cela. De temps en temps je me demandais, « Qu'est ce que je suis en train de faire? Est-ce que tout ça est seulement vrai? » C'était dur de croire dans les choses qui m'étaient arrivées — que les Grands-mères m'étaient apparues lors de cette promenade à la plage, que l'aigle s'était perché sur l'échelle dans le jardin et que maintenant je voyageais régulièrement dans les mondes d'en haut et d'en bas. Cela parut bizarre, même à moi, il y avait des jours où, quand j'entrevoyais l'humour dans tout ça, j'en riais à en pleurer.

Pour m'ancrer dans la réalité je relisais ce que j'avais écrit la première fois que les Grands-mères avaient apparu. Chaque fois que je lisais ce qu'il y avait sur cette page je me rendais compte que ce n'étaient pas mes idées. Cela aidait.

Patientes avec mon manque de foi, les Grands-mères arrivaient à me faire rire de mon besoin de tout formuler. « **Nous savons comment il est dur pour les humains de croire en quelque chose qui n'est pas du monde matériel,** » dirent-elles. « **Tu n'es pas une exception en cela.** » Elles se moquaient gentiment de mon incrédulité, roulant les yeux comme pour dire, « **Encore?** » à chaque fois je me replongeais dans le doute et le désespoir.

Mais rapidement après le voyage à Chimayo, même si j'avais toujours peur de la réaction que je pourrais rencontrer, je commençai à ressentir le besoin de partager leur message. D'où venait ce changement d'attitude je ne sais. Peut-être que j'étais tout simplement fatiguée de garder tout pour moi. En tout cas, puisque je n'étais pas sure comment présenter leur message, je commençai à prier pour avoir le courage et l'intensité de détermination de l'aigle, plus les bonnes personnes avec qui partager. Bientôt mes prières furent exaucées, mais pas comme je l'avais imaginé.

L'opportunité me vint sous la forme d'un déjeuner quand mon amie Carol m'invita de me joindre à quelques femmes qui avaient formé un groupe d'aide spirituelle. Au moins c'est ce que je pensai qu'elle m'avait dit.

Carol connaissait les Grands-mères un petit peu et voulut en savoir plus. Puisqu'elle m'avait invitée à joindre ce groupe je supposais que les autres femmes étaient également intéressées. C'était l'opportunité pour laquelle j'avais prié et maintenant qu'elle se présentait j'étais pressée de partager à propos des Grands-mères. J'aurais enfin du soutien pour ce travail.

En écrivant ces mots je vois combien je manquais de courage. J'attendais que l'aide me vienne des autres. Heureusement que les Grands-mères savaient exactement ce dont j'avais besoin, même si moi je ne le savais pas.

C'était une belle journée et alors qu'on se mettait autour de la table pour pique-niquer tout le monde avait l'air attentif et intéressant. On devait déjeuner et, chacun à son tour, partager nos expériences. Une femme passa avant moi et bien que l'histoire des ses expériences récentes ne me sembla pas particulièrement spirituelle, quand ce fut mon tour pour partager, je me lançai dans une description de ma rencontre avec les Grands-mères.

Pendant que les femmes m'écoutaient je voyais leurs expressions changer. Je pensai qu'elles avaient l'air un peu tendues mais je me dis que c'était probablement parce qu'elles avaient besoin de davantage d'explications. Donc j'intensifiai mes efforts.

Alors que je rentrai plus dans les détails une d'entre elles me dis qu'elle en avait entendu assez. Puis elle commença à me crier dessus. Pour qui je me prenais? Et de quoi pouvais-je bien parler?

La vague de peur qui me submergea alors qu'elle me réprimandait était ENORME. Je tremblai littéralement sur mon siège, enfonçant mes ongles dans le bord de la table piquenique. Qu'est ce qui était allé de travers? Je la regardai par dessus la table, son visage devenait de plus en plus rouge et je pensai que j'avais certainement choisi le mauvais groupe pour partager ceci.

Plus tard les Grands-mères me firent savoir que ceci n'avait pas été le mauvais groupe, ni une mauvaise expérience. « Loin de là » m'assurèrent-elles, toutes contentes. « **Ceci était exactement ce dont tu avais besoin pour dépasser la peur de t'exposer.** »

Mes prières avaient été exaucées. Ce que je craignais le plus m'était arrivé. Je m'étais exposée, avais été rejetée et ridiculisée. Je n'ai jamais revu aucune de ces femmes mais des mois plus tard, quand Carol et moi riions de ce qui s'était passé ce jour-là, elle me dit qu'une femme avait exprimé son inquiétude à propos de moi — j'avais de tout évidence eu des 'apparitions'. Carol me dit que j'avais mal compris le but de ce groupe. Ce n'était pas du tout un groupe spirituel, juste un endroit où des femmes puissent se rencontrer et parler.

Quand je pris conscience de mes fausses attentes, je riais si fort que les larmes coulèrent le long de mes joues. Les Grands-mères s'étaient jouées de moi et m'avaient donné une bonne leçon, elles m'avaient mené là où j'avais besoin d'être.

« *Tout ce qu'une femme doit posséder pour recevoir notre 'empowerment' et un homme pour recevoir le manteau du réconfort est un cœur sincère et le désir de recevoir ce que nous avons à donner.* »

Le voyage aux Grand-mères d'après, je leur dis, « Je veux vous parler, Grands-mères. Quand je fais votre travail je veux être impeccable: je veux le faire parfaitement bien. » Je confessai ma crainte d'être critiquée et, leurs têtes penchées, elles me sourirent pleine de compréhension et dirent, « **Nous le savons.** »

« Crois dans le Soi. S majuscule! » insistèrent-elles. « A chaque fois que tu communiques avec des êtres humains tu dois te rappeler que les humains ne vivent pas dans le pays du Soi, mais dans le pays du petit soi. Il est difficile pour eux de comprendre le message du Soi, donc ne les écoute pas. Garde ton œil fixé sur ton but. »

« Grands-mères, » dis-je, « Je suis si contente d'être avec vous. Il n'y a personne sur terre qui comprend tout ceci. Personne à qui parler, et j'ai besoin des miens. » « **Nous savons,** » dirent-elles et elles prirent mes mains dans les leurs.

Quand elles relâchèrent mes mains, mes bras se levèrent et devinrent des ailes, des ailes couvertes de plumes riches et fournies. Voir ces plumes me rappelait à quel point ma vie m'était devenue étrange et à quel point je ne me sentais plus à ma place dans ma vie de tous les jours. Soudain je me rappelai la sensation de l'aigle solitaire en vol, la puissance et la justesse de la façon d'être d'Aigle. « **L'aigle n'est pas un animal grégaire,** » dirent les Grands-mères. « Je comprends, » **répondis-je,** « et j'accepte. »

« Comment voulez-vous que je passé l'empowerment'? » demandai-je et elles répondirent, « **Rassemble des gens bien et spirituelles qui veulent plus. Fais ça à la maison.** »

La cérémonie de 'l'empowerment' devait avoir lieu dans la partie ombragée de mon jardin. J'aurai voulu le faire là où l'aigle avait atterri mais on était plus protégé sous les fougères arborescentes. « **L'endroit ombragé sous les fougères et les faux poivriers sera très bien,** » dirent-elles et ajoutèrent « **feu** ». Je vis immédiatement une flamme. J'incluais une bougie dans la cérémonie. « **Va dehors pour la cérémonie,** » dirent-elles. « **Les esprits des arbres aideront à tenir un espace sacré.** »

« Tout ce qui est nécessaire pour recevoir notre 'empowerment' est un cœur sincère et le désir de recevoir ce que nous avons à donner. Mais bien qu'aucune cérémonie ne soit nécessaire, la cérémonie vous aide à reconnaitre ce que vous avez reçu. »

« **Une cérémonie arrête le bavardage incessant du mental. C'est pourquoi recevoir notre 'empowerment' d'une façon cérémoniale permet au don de la coiffe de pénétrer le corps et la psyché plus profondément.** » Pour être sures que je comprenais, elles dirent, « **Pour avoir son effet maximum, l'expérience doit être viscérale, émotionnelle et mentale.** »

« Crée un autel près du poivrier, » dirent-elles. « **Rassemblez-vous là et appelez toute forme du Divin. Faites tenir debout tous ceux qui veulent recevoir la coiffe ou le manteau du réconfort ; faites qu'ils sentent leurs pieds sur la terre. Lorsqu'ils s'avancent vers le feu, ils peuvent s'ancrer à travers leurs pieds et ensuite recevoir. Ensuite le groupe peut les entourer.** Comme nous les embrassons, vous les embrassez aussi, » expliquèrent-elles, « commence maintenant à créer cet endroit sacré. »

« **Avant la cérémonie parle et explique les choses. Nous parlerons**» dirent-elles. Elles parleraient à travers moi. « Ne t'inquiète pas pour ça, » dirent-elles. « **Partage simplement ce qui t'est arrivé, partage la vérité du grand yin,** *la séparation de la femme de son essence, de l'homme de sa source de soutien* **et ce que ceci a fait au monde. Dis leur comment l'homme soufre de sa propre tyrannie et dépravation, comment la femme soufre de son impuissance.** »

Note: Quand elles prononcèrent cette dernière phrase, le mot que je leur entendis dire fut « dépravation », bien que des mois plus tard j'appris qu'elles avaient dit et voulu dire 'privation' car les hommes sont privés de la douceur, du nourrissement du yin.

Se redressant, régaliennes, magnifiques, elles annoncèrent, « ***Maintenant est venu le moment du retour de La Grande Mère du monde. Le monde a besoin de maternage maintenant.*** » Après un moment de silence elles continuèrent, « Permet à chacun de s'ouvrir au Grand Maternage et ensuite d'être silencieux. » La période de silence devrait permettre à ce don de pénétrer plus profondément dans son cœur à elle ou à lui.

« Il y a une étincelle latente en chaque être et c'est cette étincelle que notre initiation enflamme. L'étincelle se transforme en flamme lorsque l'essence de chacun, qui jusqu'à là était restée endormie, s'embrase. C'est cela le but de l'empowerment. »

« Après avoir reçu l'empowerment, chacun commencera à s'épanouir à sa propre façon. Ils s'épanouiront comme la fleur qu'ils ont toujours été. Et puisque il n'y a pas deux fleurs pareilles, même la couleur de la coiffe ou manteau de réconfort qu'ils recevront sera différente de tous les autres. »

Voyant l'inquiétude devant ma responsabilité dans ce travail, elles dirent, «**Ton travail est facile. Tout ce que tu as à faire est de passer l'étincelle de nous à eux.** » Arborant un large sourire, elles dirent, « Fais le travail joyeusement, comme un allumeur de l'étincelle. » Pressant mes mains elles chuchotèrent, « N'aie pas peur. Le travail que tu fais est bien et comme tu fais confiance à ce travail et à nous, il te donnera de la joie. Cette joie infusera ta vie. »

« **Nous te donnerons toujours toute la force dont tu as besoin pour faire ce travail — pas plus. Trop soufflerait et offenserait les autres et trop de puissance ne serait pas bon pour toi. Mais ne t'inquiète pas. Tu auras ce dont tu as besoin. La force que nous donnons est adaptée et conviendra toujours au travail que tu fais.** »

« S'il vous plaît, guidez-moi pour le faire bien, » dis-je. Me regardant avec attention, elles dirent, « **Quand tu as un sentiment fort, quand tu ressens quelque chose émotionnellement aussi bien que dans ton corps, suis le. S'il est seulement de ton mental,** » elles firent une pause et levèrent un doigt, « **sache que ce n'est pas un vrai sentiment. Si tu sens une aversion envers quelqu'un, fais confiance. Quelque chose n'est pas juste.** » Elles expliquèrent, « *Les ressentis physiques et émotionnels ne sont* pas de l'égo ; des batailles menées dans le mental et des disputes avec le soi le sont. »

J'envoyai des invitations pour 'l'empowerment', qui aurait lieu le 22 janvier et parce que je ne comprenais pas encore bien le don des Grands-mères aux hommes, je les envoyai uniquement à des femmes. Il se passerait plusieurs années avant que des hommes commencèrent à assister aux réunions des Grands-mères.

Quand le jour de 'l'empowerment' s'approcha, je commençai à me demander si les Grands-mères ne voulaient pas que je fasse ou dise autre chose, quelque chose auquel je n'avais pas encore pensé? Je pouvais à peine contrôler ma nervosité et donc deux heures avant que les femmes ne devaient arriver, je mis mes écouteurs et partis voir les Grands-mères.

Aigle vola vers moi dès que je m'élevai de mon arbre et positionnant ses ailes en dessous de moi, me protégea et me soutint jusqu'aux Grands-mères. Alors que je pliai mes ailes et m'inclinai devant elles, je sentis davantage de puissance dans mes ailes et quand je baissai la tête et regardai en bas, je vis qu'elles étaient plus foncées maintenant juste en dessous des extrémités.

Me tenant devant elles, ma bouche sèche d'excitation, je dis, « Grands-mères, aujourd'hui est le jour où je vais passer votre 'empowerment'. Est-ce qu'il y a quelque chose de plus que vous voulez que je sache? »

« **L'endroit sous les fougères sur lequel tu as travaillé pour le rendre sacré sera aligné avec ce cercle aujourd'hui,** » dirent- elles. C'était quelque chose dont je devais me souvenir, surtout au moment de 'l'empowerment'. Elles me montrèrent la relation entre les fougères arborescentes dans mon jardin et leur cercle dans le monde d'en haut, et je sentis un alignement, une attraction entre l'un et l'autre. Aligné avec l'endroit de rassemblement dans le jardin, le cercle des Grands-mères planait directement au dessus. « **Souviens-toi de cela,** » dirent-elles.

J'étais fascinée par cette idée de réalités entrelacées mais à nouveau mes ailes attirèrent mon attention. Non seulement elles étaient plus foncées et plus puissantes, elles étaient plus larges, avec une plus grande envergure. Comme j'observai ces changements, mes ailes commencèrent à exécuter une danse toutes seules, d'abord une et puis l'autre s'incurvait et montait. Mes ailes montaient et descendaient avec humour et commencèrent à me faire bouger. Je ris quand je me soulevai et plongeai, dansant avec mes ailes, alors que les Grands-mères applaudissaient, ravies.

Il y avait tant de joie! Regardant autour de moi, je vis que l'air même en vibrait. Rayonnantes, les Grands-mères semblaient émettre de l'amour vers moi. « **Tu n'avais jamais pensé avoir autant de joie, n'est-ce pas?** » me demandèrent-elles.

J'étais sans voix, remplie de Bonheur. Mais il y avait plus. Une sensation de plénitude et d'effervescence montèrent à l'intérieur de moi et je dis d'une voix entrecoupée, « *Ceci* est la présence de Dieu! » Et quand je baissai les yeux je sus que *Dieu était dans mes ailes*. Elles étaient maintenant superposées, dupliquées de multiples fois par des ailes toujours plus grandes. Des transparences
concentriques de couleurs sacrées montaient et descendaient, et se chevauchant mes ailes s'étendaient à l'infini.

Des rose, or, jaune, orange, bleue, toutes ces couleurs et d'autres sortaient de mes ailes battantes jusqu'à ce que le ciel en entier prit ces couleurs. J'entendis, « **Couvre le monde,** » comme mes ailes continuèrent à battre et faisaient entrer la joie dans mon corps, dans mon corps et autour du monde.

J'étais en larmes — la beauté **fût** si grande qu'elle me submergeait. « Grands-mères, » sanglotai-je, « Je n'ai plus rien à demander. » Nous nous embrassâmes en silence et quand je m'envolai de leur vallée Aigle vint avec moi. « **Au revoir, aiglon,** » cria-t-il.

Onze femmes vinrent dans mon jardin ce jour là. J'en avais invité trente, mais onze passèrent la porte, onze femmes exceptionnellement belles, belles dans leur amour pour Dieu et l'humanité. Moi incluse, nous étions douze. « Douze femmes, » écrivis-je dans mes notes, « et douze dans le conseil des Grands-mères —un début sous de meilleurs auspices. »

Les Grands-mères étaient présentes durant la cérémonie comme elles l'avaient promis et chaque femme les sentait. Pendant que j'expliquai leur message une partie de moi se tenait en retrait et s'émerveillait ; *C'était* les Grands-mères qui parlaient. Leurs paroles coulaient de ma bouche dans le cœur de chaque femme et leur amour coulait à travers moi dans un approvisionnement sans fin. Faire partie de quelque chose d'aussi sacré faisait me sentir humble.

Quand la cérémonie était terminée je me demandai à quel point j'avais réussi à expliquer les Grands-mères, mais au moins ce que j'avais dit n'avait choqué ou offensé personne. Pourtant, aussi magnifique qu'est 'l'empowerment', je fus contente quand ce fut terminé. Pendant que tout le monde était présent, j'étais remplie d'une énergie sans fin mais dès que la dernière femme eut passé la porte, j'allai me coucher.
« Croire en Soi est primordial. Nous croyons en toi. »
La façon dont les Grands-mères travaillèrent pendant la réunion fut étonnante ; tant de force déferla à travers moi que je planai — branchée à la Source. Mais mon corps ne put supporter leur énergie et je m'écrasai. Trop fatiguée de faire quoi que ce soit après, je ne voulus que me reposer. Ca m'a pris une semaine entière pour intégrer l'expérience et être à nouveau prête pour le travail.
Quand finalement j'entrepris le voyage suivant vers le monde d'en haut, je suivis le sillage d'Aigle. Mais nous n'avions pas avancé de beaucoup, quand je remarquai que j'avais du mal à rester à sa hauteur. « Pourquoi cela ? » me demandai-je.
Aigle vit que je me trainai et me prit sur son dos. « **Profite simplement du vol,** » dit-il. Je le pris au mot et me couchai sur son dos pendant quelques minutes et quand je me sentis assez forte, il me laissa essayer de voler toute seule à nouveau, déployant ses ailes sous moi, au cas où.
« **Tu t'es absentée trop longtemps,** » dirent les Grands-mères en me soulevant sur l'estrade. Je compris par ces mots qu'elles voulaient que je vienne à elles quand j'étais fatiguée et non pas que je m'enferme en moi-même.
Quand elles m'entourèrent je vis que certaines portaient des robes alors que d'autres étaient sous leur forme d'aigle. « Je suis contente d'être avec elles, peu importe leurs apparences, » dis je et avant que je ne m'en rende compte, elles avaient formé un cercle autour de moi. Leurs bras levés, elles s'approchèrent de moi et quand leurs bras/ailes se baissèrent elles s'éloignèrent tout en dansant. Elles dansaient comme cela, s'approchant et s'éloignant, et ce mouvement de va-et vient semblait tirer ma

fatigue hors de moi et semblait m'infuser de la force. Tirer et infuser, tirer et infuser — Je le ressentais plus que je ne le comprenais.

Des vagues de force me submergeaient alors qu'elles tournaient autour de moi. On me remplissait. Elles s'occupèrent également de mes ailes — brossant, ébouriffant et lissant mes plumes.

« **Tu dois être avec les tiens.** » dirent-elles. « **Tu dois venir nous voir plus souvent.** » Me regardant intensément, elles dirent, « **N'essaye pas de faire ceci toute seule ; viens vers nous. Nous déciderons du rythme à laquelle les choses se passeront. Il n'y a rien qui presse.** » Alors que je me tournai vers elles, douze paires d'yeux me fixèrent. « **Croire en Soi est primordial. Nous croyons en toi. Tourne-toi vers nous et nous t'aiderons à apprendre à croire en toi-même.** » Venir les voir n'était pas seulement pour apprendre come je l'avais pensé jusqu'à là. Comme les esprits du monde d'en bas, elles aussi m'aideraient à me soigner — un genre de soin différent.

Tournant dans un cercle nous marchâmes ensemble dans le sens d'une aiguille d'une montre. Quand j'interrompis la danse pour demander de l'information pour des 'empowerments' à venir elles s'écrièrent, « **Reçois! Nous ne t'enseignons pas sur du vide. Nous ne te donnons pas si tu n'es pas totalement présente. Tu as oublié que tu es l'une de nous. C'est ça qui doit être rétabli d'abord.** »

Elles resserrèrent leur cercle et dansèrent plus près de moi et de son propre accord ma colonne vertébrale se redressa. L'intensité de leur expression m'indiquait ce qu'elles allaient faire était important.

Soudain j'étais solide. Mes pieds étaient ancrés dans la terre, mon corps droit et fort, j'étais alignée avec elles. Je vis de l'énergie surgir de la terre quand elles me faisaient fondre en elles et avec la terre — c'était pour que je ne parte en flottant, et me perde dans l'espace et oublie qui j'étais. « **Pour que tu puisses faire ce travail,** » dirent-elles, « **cette fusion avec nous et la terre est nécessaire. Ceci t'ancra mais ne te limitera pas et tu peux quand-même te déplacer dans d'autres règnes.** »

J'étais compacte, ancrée et pourtant pas confinée. En fait, bien que je sente que mon corps était ancré dans la terre, je me vis flotter en l'air, si haut au dessus du sol que je pouvais voir au loin apparemment sans limite. Une comme j'étais avec les Grands-mères, je voyais tout. Voyant au loin, je comprenais beaucoup de choses et j'étais aussi ancrée- tout ça en même temps.

Cette expansion en unité avec la terre impliquait une expansion dans d'autres dimensions également ; j'étais ancrée dans notre Mère la Terre et en même temps en expansion dans la galaxie. Et tout ça se passait *maintenant*. Quand je me tournai vers elles pour confirmation elles dirent simplement, « **Reçois.** » J'étais complètement présente dans le moment. D'habitude une partie de moi était en retrait ou étais ailleurs. Cette fois-ci j'étais *présente*.

Les Grands-mères enlevaient des blocages. Je regardai alors qu'elles entrèrent et retirèrent de vieilles attitudes et perceptions de mon esprit et psyché. Ce mouvement de va-et-vient agissait comme un aimant, aspirant fatigue et déchets psychiques.

Pendant quelles dansaient, des flashes de mémoires, des sensations de douleur et de chaleur firent surface dans ma conscience et ensuite disparurent ou furent supplantés par des sensations de paix et de soulagement. « Prenez tout cela, s'il vous plaît, » dis-je, « prenez tout ce qui a été retenu depuis si longtemps. Prenez le tout. »

« Nous t'emplirons. Laisse-nous. »

Après un voyage dans le monde d'en bas je retournai les voir. Cette fois-ci je voulus savoir comment être plus ancrée, efficace et confiante dans le Soi. Je m'élançai de mon arbre, déclarant ceci comme mon intention et quand je passai à travers la membrane nuageuse dans le premier niveau du monde d'en haut, Aigle glissa vers moi venant de ma gauche, me regarda avec sa drôle d'expression perçante et dit, « **Je ne puis t'aider pour la partie ancrage.** »

Côte à côte nous montâmes et quand je vis le cercle blanc des Grands-mères, il m'apprit comment y descendre en piqué. C'était bien plus facile cette fois-ci ; descendre comme ça était comme skier sur l'air. Je marchai vers elles et mon cœur chantait, « Content, content, content d'être ici. »

Se tenant en formation, leur envergure couvrait la terre, l'enveloppait et la tenait par en dessous. « **Ceci,**» dirent-elles, « **est la force d'en haut qui nourrit et tient le dessous. Ce que tu vois est similaire à la façon dont notre Terre Mère tient la terre de l'intérieur.** » Pendant qu'elles parlaient je pensai au Principe Hermétique, « En haut comme en bas ; en bas comme en haut. » Etait-ce la même idée? « **Oui** », hochèrent-elles.

« Grands-mères, » dis-je, « C'est difficile pour moi de me sentir en paix et comme si j'appartiens à la terre en ce moment. J'ai du mal à m'ancrer. » Elles rirent et répondirent, « **Comme s'il n'y avait qu'un seul endroit auquel tu appartiens.** »

« Je trouve ça difficile de vivre une vie normale, » dis-je, essayant à nouveau de me faire comprendre. « Depuis que vous êtes venues ce matin de Septembre, je me sens comme si je n'ai plus ma place sur terre, je ne sais comment me rattacher à la vie quotidienne. » J'attendis, espérant une réponse mais elles ne dirent rien, ne me regardèrent même pas. Donc mon attention se détourna de leurs visages et se tourna vers l'intérieur.

Je m'observai à distance et je regardai ce 'je' s'avancer dans une couche épaisse de neige. J'étais revêtue de mon corps d'aigle et quand je fis un pas en avant je me fascinai pour mes grands pieds d'oiseau. Complets avec leurs serres ils avaient la taille et la forme de raquettes. A chaque pas un énorme pied s'enfonçait dans la neige et plongea ensuite à travers les couches des strates la terre. Bien que mes pieds pénétraient la terre, ma tête resta haut dans les nuages. J'étais en haut, j'étais en bas, j'étais dans tous les mondes en même temps.

« **Rien est unidimensionnel,** » entendis-je dans ma tête et quand je fis un autre pas je vis mon pied avec ses serres s'enfoncer dans et à travers la terre. Il s'enfonçait toujours plus loin. « Chaque pas n'est plus sur la surface, » dirent les Grands-mères. « **Maintenant il y a un contact profond.** »

« **Pense à qui tu ES!** » s'écrièrent-elles et en me tenant du regard dirent, « **Pense à la grandeur de ton être, pas à ton petit moi, mais à ton Grand MOI, celui qui est un avec la source de tout.** » Je me concentrais sur leurs paroles, leur demandant de me donner une expérience de ce MOI et en moins d'une seconde je gonflai et gonflai.

Bien que je fus toujours consciente d'être à l'intérieur de mon corps, quelque fut ce 'je', j'étais tellement plus grande et tellement plus que ce corps, que ça me faisait tourner la tête. « Grands-mères, » appelai-je, « A l'aide ! »

Elles me lancèrent un regard sévère et dirent, « **Tu as besoin d'aller dans le monde d'en bas plus souvent — pour guérir, t'ancrer et t'orienter. C'est la seule façon pour que tu puisses faire ce travail.** »

Cette expansion était presque plus que je ne pouvais supporter. Je me sentais faible et commençais à me réprimander d'avoir été si négligente avec leur formule trois pour un. J'avais commencé à faire des pauses dans les voyages, me détournant de la réalité non-ordinaire à chaque fois que je me sentais débordée. Ensuite quand je reprenais, au lieu d'aller dans le monde d'en bas pour guérir, j'étais retournée voir les Grands-mères pour plus d'information. J'avais triché et je ne pouvais plus continuer avec ça impunément. L'énergie qu'elles venaient de me donner était plus que je ne pouvais assumer.

« D'accord, Grands-mères, je suivrais vos ordres de façon impeccable. Mais tant que je suis là, pourrais-je poser des questions concernant votre travail? Notre travail, » corrigeai-je rapidement. « **Bien !** » dirent-elles et, repliant leurs ailes sur leurs poitrines, elles me toisèrent, amusés par ma ténacité.

« **Devrais-je écrire un livre sur tout ceci?"** demandai-je. « **Nous écrirons le livre,** » dirent-elles. « **Ca, c'est le travail que tu feras** » dirent-elles, affirmant notre travail ensemble. « **Fais-le. Laisse le bouton suivre la fleur, laisse la brindille suivre la branche. Nous te guiderons. Garde la foi et fais-le.** »

« Est-ce qu'il y a des leçons pour accentuer les enseignements que vous m'avez donné? » demandai-je. « Quelque chose que les autres ont besoin d'entendre? » Je l'avais déjà demandé lors d'un précédent voyage, mais ça sortait de nouveau de ma bouche.

Elles étaient silencieuses et donc je restais silencieuse aussi et quand je me tournai vers l'intérieur je fus surprise de trouver la présence de la Mère nichée à l'intérieur de moi. Son amour parcourait mon corps ; c'était *elle qui* vivait à l'intérieur de moi. Et parce qu'*Elle* était là, je me reconnus comme partie de quelque chose d'énorme et de magnifique.

L'amour rentrait en flots, puis sortait de moi, mais je ne me sentais d'aucune façon diminuée par l'amour qui s'écoulait de moi. Parce que l'amour n'était pas mien, il était Sien, tout à Elle. Alors que l'amour remplissait mon corps et puis s'en écoulait les Grands-mères parlèrent. « **La diminution de soi se produit quand tu penses que toi, le petit toi, est diminué ou moins en donnant.** » Souriant d'un sourire secret, elles dirent, « **En vérité ce n'est pas ainsi.** »

« **D'abord emplis,** » dirent-elles. « **Permet que le grand Soi emplisse le petit soi. Ceci doit être premier. Prends le temps pour cela. Laisse le remplissage venir en premier et laisse le être complet. Ensuite donner deviendra sans effort, inconscient. Il n'y aura pas de karma attaché à cette façon de donner, non, rien attaché à cela. Cette façon de donner,** » elles souriaient, « **est aussi facile que de respirer.** »

Devant moi apparut une pièce agréable. La lumière du matin coulait à flot à travers une petite fenêtre sur une table préparée pour le petit déjeuner. Sur la table se trouvait une très grande cruche, large et solide, avec un bec généreux et des cotés gracieusement courbés. De couleur crème, comme la lumière du soleil l'inondait, la cruche émanait un air d'abondance. La lumière dorée passant par la fenêtre faisait que tout dans la pièce semblait être rempli de et fait de lumière.

Quand j'y regardai de plus près je vis que la cruche était remplie avec quelque chose de plus que la lumière. Non seulement la couleur de crème, elle était rempli de crème. De la crème, épaisse et lourde, montait jusqu'en haut. Une tasse en poterie se trouvait juste à coté de la cruche et des flots de lumière tombaient aussi sur elle.

Quand les Grands-mères versaient de la cruche dans la tasse la cruche se re-remplissait comme par magie. Peut-être que c'était la lumière du soleil qui la gardait remplie, mais peu importe le nombre de fois qu'elles versaient, la crème montait toujours jusqu'au bord.

« Pensez à cette cruche et cette tasse. **Nous vous emplissons. Laisse-nous,** » dirent-elles joyeusement, faisant une coupe de leurs mains pour montrer comment nous devons recevoir. « **En pensant à nous et le Filet de Lumière dont vous êtes une partie, nous vous emplissons et vous garderons pour toujours emplis.** »

Elles m'avaient montré la Cruche et la Tasse, mais qu'est-ce que c'était ce Filet de Lumière qu'elles avaient mentionné? Elles ne voulurent pas le dire mais s'écrièrent à la place, « **Plus de vide ! Et à partir de cet état de plénitude, l'acte de donner se produit. Si facilement que vous n'y penserez même pas comme donner, si facilement qu'il n'y aura pas de différence entre donneur et receveur. Le fait de donner sera tout un.** » Radieuses de joie elles rajoutèrent, « **Partie de ce qui coule de la source dont vous faites partie.** »

« **Emplir abolit tout sens de séparation de la source, abolit tout sens de petitesse, besoin, ou être moins que. Ca, c'est fini,** » dirent-elles. « **Il n'y a que Etre Empli et à partir de cet état tout coule facilement.** »

« **Prenez plaisir à cela,** » dirent-elles, « **et vos vies deviendront de plus en plus faciles — comme il se doit ! Oh vous aurez vos difficultés,** » dirent-elles en riant. « **Il arrivera des choses,** » elles levèrent leurs bras au ciel comme pour dire, 'Eh bien, à quoi vous attendiez-vous?' « **Ca fait partie de votre croissance. Mais plus de fardeau et plus de poids lourds à porter.** »

Elles me regardèrent sérieusement et puis leur expression devint malicieuse. « **C'est *nous* qui donnons,** » dirent-elles. « **C'est vous qui vivez.** » (NDLT en anglais: 'We do the giving, you do the living'.) Je reconnus cette phrase.Ca venait d'une vieille chanson d'Elvis Presley! J'écarquillai les yeux et elles s'esclaffèrent d'un air ravi. J'avais à peine sorti les mots, « Vous êtes étonnantes, Grands-mères, » qu'elles étaient redevenues sérieuses. « **Laissez-nous donnez à travers vous,** » dirent-elles. « **Et appréciez!** »

« **Cette façon de donner vous remplira de plaisir. Vous sentirez notre présence et notre amour couler à travers vous. Et alors il n'y aura plus d'amoindrissement quand vous donnez. L'ancienne façon de donner,** » elles secouèrent la tête pleines de dégout, « **où la femme était particulièrement désignée comme la donneuse et était en même temps coupée de sa propre source, l'épuisait.** » Elles firent une pause et pensives elles dirent, « **Ce n'est pas la vrai manière de vivre et de donner. *Vous N'êtes Pas Coupées*. Vous faites partie de la source.** »

« **Vous êtes une facette du joyau qu'est la source,** » dirent-elles, « **qui vous manifestez où que vous soyez. Pensez à vous-mêmes comme le broc qui verse et qui sait que cela ne s'arrêtera pas.** » Agitant leur doigt elles dirent, « **Ne courrez pas à droite et à gauche donnant sans faire attention. Ne *pensez* même pas à donner.** »

« **Au lieu de ça, ouvrez-vous à nous ; ouvrez vous toujours à nous. Demandez tout ce dont vous avez besoin. Il vous sera donné,** » promirent-elles, « **et alors ce que vous donnez viendra de vous sans effort et avec joie.** »

« **Merci Grands-mères,** » je m'inclinai. « **C'est *nous* qui te remercions,** » dirent-elles. « Pourquoi est-ce qu'elles me remercient ? » marmonnai-je et elles expliquèrent comment elles sont 'unes' avec chacune de ce qu'elles appellent « **les facettes du joyau. Nous sommes reconnaissantes pour chaque facette du Divin qui s'avance en ces temps pour faire notre travail sur terre.** »

Enthousiasmée par cette idée de donner sans effort, je voulus en savoir plus sur ces 'facettes du joyau'. Mais elles ne voulurent pas en dire davantage et le rythme du tambour changea, signalant mon retour.

Chapitre 7

Le pouvoir féminin est quelque chose de redoutable

« Parce que tu es un être humain tu as une connaissance limitée du pouvoir 'masculin' et 'féminin'. »

Remplie de questions, je ruminais toujours sur quelque chose que les Grands-mères m'avaient dit ou montré. A ce moment là j'avais passé leur 'empowerment' à trois groupes de femmes et je me demandais si c'était la meilleure façon de diffuser leur message. J'étais également curieuse d'en savoir plus sur ce qu'elles appelaient *donner sans effort*. Il y avait tant que je voulais savoir et alors que chaque voyage apportait des réponses, il suscitait aussi d'autres questions.

Aigle était à ma gauche pendant qu'on montait en formation (bien qu'il n'y avait que nous deux) il me laissa mener. « Aigle, pourquoi es-tu mâle ? » demandai-je, le regardant par-dessus mon épaule. « Le travail des Grands-mères porte essentiellement sur les femmes, alors pourquoi es-tu un mâle ? » « Parce que je le suis, » dit-il.

Peut-être que j'avais besoin de sa force masculine pour maitriser cette tâche de voler, ou son esprit combattif pour faire ce travail. Mais quoi que ce fût, il ne voulut en dire plus.

Nous nous approchâmes du cercle des Grands-mères et planèrent haut au dessus, ensuite je descendis en toute vitesse. Faisant un virage sur l'aile à la dernière minute, j'avais l'air d'un personnage de bande dessinée avec mes ailes au dessus de ma tête quand mes serres touchèrent terre.

J'atterris en toute légèreté et, fière de moi, je marchai vers elles d'un air important, exactement comme Aigle. Pendant qu'elles s'amusèrent de mon comportement, il se trouva que je penchai ma tête en avant et vis mon corps. Qu'est-ce que c'était que ça ? Ma poitrine et ventre étaient durs et plats, il y avait un pénis contre une de mes jambes et mes jambes étaient droites et fortes, elles s'enracinaient dans des pieds larges et solides. Rien dans ce corps était arrondi ou doux. J'avais pris la forme masculine.

Je me sentis différente aussi — résolue, pleine de force et impatiente ; je pus sentir mon désir de me lancer. J'étais mâle, tout comme Aigle. Ceci m'effraya jusqu'à ce que je me rappelle que tout ce qui se passe pendant un voyage fait partie d'un enseignement. »Attendez ! » dis-je, alors que je réfléchissais, « Est-ce que je suis mâle ou simplement en train d'incarner la puissance masculine? »

« **Grands-mères !** » m'écriai-je, et dès que appelai, elles se trouvèrent devant moi dans leurs corps d'aigle. « Qu'est-ce que c'est que ce pouvoir masculin que j'ai? Qu'est-ce que le fait de porter le pouvoir masculin a à voir avec le travail de redonner leur pouvoir aux femmes? »

« **Parce que tu es un être humain tu as une compréhension limitée de ce que c'est que le pouvoir 'masculin' et 'féminin',** » dirent-elles. « Parce que les humains ne savent pas vraiment ce que ces termes veulent dire, tout ce que vous faites avec 'mâle','femelle', masculin' et 'féminin' est de catégoriser. » Elles sourirent ; s'amusant de mon ignorance alors que je regardai mon corps de près à nouveau. « Apprenez-moi, Grands-mères. Enseignez-moi sur le vrai pouvoir de la femme. »

« **C'est une chose redoutable,** » dirent-elles, « le pouvoir féminin est une chose sérieuse. » Elles secouèrent la tête et dirent, « Il n'est pas comme vous imaginez ici sur terre — plein de déférence, coquet **et manipulateur. Il n'est rien de tout ça,** » s'exclamèrent-elles pleines de dégout. « C'est une force d'une énorme DIGNITE. » Je vis leurs sentiments à propos de ceci à leur port de reine. « Il est temps pour moi d'acquérir un peu de cette dignité également, » pensai-je, « pour que j'arrive à mieux passer leur message. »

Maintenant comme femme, je me tins devant elles droite et confiante. Ce 'moi' était gracieuse, sûre de ses mouvements, de ses paroles, et surtout de son but. Je n'avais jamais pensé à moi comme quelqu'un pleine de dignité. « Il va falloir t'y habituer, » dirent elles en riant, « **ceci est ton destin.** »

Tout en souriant et plaisantant elles me rassurèrent, « Tu pourras toujours t'amuser- ça ne tue pas la joie **; il est digne, toujours digne même dans le divertissement. La dignité a à voir avec le caractère sacré de l'être que tu es.** » Rivant leurs yeux sur les miens, elles ordonnèrent: « N'oublie **jamais, JAMAIS !** C'est ce que tu es. » « Grands-mères, » dis-je, « je suppose que je dois répandre vos enseignements et votre 'empowerment', les choses que vous m'avez dites, comme vous

Le pouvoir féminin est quelque chose de redoutable

le faites maintenant. Est-ce que c'est juste? » « Oui, » dirent-elles, avec douze têtes d'aigles qui acquiescèrent.

« J'ai travaillé avec des groupes de femmes comme vous savez. » « Ca suffit pour le moment, » dirent-elles, « **cela se met en place. La houle te portera et tu connaîtras ta direction. La houle t'enseignera.** »

« Est-ce que je devrais continuer à offrir cela aux femmes?»

« **Oui,oui,** » répondirent-elles avec enthousiasme, « **et laisse le mouvement se développer. C'est bien comme ça. Le message se répandra.** »

Elles firent un pas en arrière et m'inspectèrent et mes yeux suivirent les leurs. Je regardai mon corps et je vis que j'étais maintenant redevenue la femme que je suis normalement et quand je relevai la tête précipitamment, je vis qu'elles aussi s'étaient défaites de leurs corps d'aigle. « Hum, » songeai-je. « Ces corps sont comme des costumes, utiles pour faire passer le message ou illustrer une expérience. » Les Grands-mères sourirent et hochèrent la tête. Ensuite elles m'attirèrent à elles et plaçant leurs mains sur mon cœur, soulevaient ma poitrine quand elles dirent, « Haut les cœurs.»

Je penchai la tête pour voir ce qu'elles faisaient et vis une lumière briller sur le devant de mon corps, fusant de mon cœur ! Leurs cœurs semblaient fournir cette lumière.

« **Le cœur haut,** » dirent-elles en remplissant mon cœur avec la lumière venant des leurs. « Oh, maintenant je le sens, » j'avais le souffle coupé alors que l'énergie se diffusait dans ma poitrine, me faisant gonfler et m'ouvrir comme une fleur qui éclot. Dans une manifestation radieuse, la lumière faisait des allers-retours entre nous. C'était une émission de lumière et d'énergie à deux voies de mon cœur aux leurs et des leurs vers le mien.

« Je veux croire davantage dans le Moi, Grands-mères - M majuscule, » dis-je. « A l'intérieur de ce corps, » je pointai vers moi, « je veux croire en Moi. Je veux de la confiance en mes pensées, en mes apparences, en tout. S'il vous plaît, aidez-moi. » Elles s'agglutinèrent autour de moi, me touchant de ci de là, redressant et allongeant ma colonne vertébrale et dirent, « La dignité du port est important. »

Je les vis former une file devant moi, chaque Grand-mère portant quelque chose de lourd sur la tête. Elles me montrèrent comment porter quelque chose de lourd avec grâce et je les suivis, imitant leurs mouvements comme moi aussi je portai de l'eau dans une urne sur ma tête. « **Une colonne vertébrale droite rend les choses plus facile,** » dirent-elles en se retournant vers moi. « **Souviens-toi de cela.** »

Je levai les yeux du chemin pendant un instant et quand je baissai à nouveau mon regard il n'y avait plus d'urnes et nous avions les bras et les mains libres. Immédiatement nous nous mimes à rire et commencèrent à danser en virevoltant. Mais alors que je me délectai de cette sensation de légèreté si bienvenue, le rythme du tambour changea. Rapidement la danse prit fin, je me tournai et je partis en m'inclinant.

CHAPITRE 8

Tu dois petit à petit rentrer dans ton esprit

« *Nous te montrons l'énergie du yang telle qu'elle est sur terre... totalement hors de contrôle.* »

Je vivais toujours dans deux mondes --le monde de réalité non-ordinaire avec les Grands-mères et la vie quotidienne de la maison, des clients et des amis. Je remarquais, cependant, que les différences entre ces réalités ne semblaient plus aussi marquées. Bien que je ne mentionnais pas les Grands-mères à mes clients ou à la plupart de mes amis, l'enseignement des Grands-mères avait imprégné ma vie maintenant. L'énergie du yin avait commencé à élargir mon cœur et adoucir mes cotés plus durs. J'étais maintenant moins sujette aux colères, plus ouverte avec tout le monde.

La plupart du temps j'étais ravie de faire le travail des Grands-mères, mais il y avait des moments ou il y avait trop d'information, trop de changement, tout simplement *trop* pour moi et a ces moments-là j'aspirais très fort à une vie 'normale'.

Je fis l'expérience de ceci pour la première fois après avoir travaillé avec les Grands-mères pendant plusieurs mois. J'avais voyagé quasi-journellement et je me sentais submergée par la quantité d'information que je recevais et commençais à relâcher mon rythme de trois pour un, voyageant que quand je me sentais d'attaque.

Travailler dans la dimension de la réalité non-ordinaire étais fascinant, mais dur. Certains voyages faisaient remonter des mémoires et des émotions dont je ne savais que je les avais. Quand ceci se produisait, les états de conscience qui faisaient surface me prenaient pas mal de temps à digérer. D'autres voyages étaient tellement remplis d'idées et d'images non-orthodoxes que mon esprit se rebiffait devant l'étrangeté de tout ça. Des fois, j'essayais de gagner contrôle sur mes expériences en classant les leçons de Grands-mères — un effort stérile s'il en était.

Il n'y avait personne avec qui partager tout ça. Après quelques tentatives intermittentes, je me rendis compte que jusqu'à ce que j'aie véritablement compris ce que les Grands-mères m'enseignaient, quelqu'un d'autre ne pourrait pas le comprendre non plus. Même mes amis spirituels ne pourraient comprendre à moins que et jusqu'à ce que j'avais les idées claires. Mon mari ne s'intéressait pas à des expériences aussi farfelues, donc je vivais dans un monde multidimensionnel, privé où je devais quand-même avoir l'air d'une personne normale et agir comme telle.

Essayer de ralentir ce processus était comme essayer de repousser une vague dans l'océan. A chaque fois que je me sentais submergée par le travail et arrêtais de voyager, les Grands-mères apparaissaient dans ma conscience, me poussaient et m'enseignaient pendant que je suivais ma routine quotidienne. Ours apparaissait dans mes rêves. Je continuais à garder la réalité non-ordinaire à distance jusqu'au jour où je me souvins de ce que j'avais dit quand l'astrologue m'avait parlé du travail qui m'attendait ; « Si je cède devant ma peur de l'inconnu, je ne me le pardonnerais jamais. » Je ne pouvais abandonner.

Si je pouvais clairement séparer mes propres pensées des messages que je recevais d'Esprit, peut-être que je ne me sentirais pas si submergée par tout ce qui se produisait pendant un voyage. Je voulus être plus objective, ne pas être affectée aussi personnellement par ce travail.

Quand je commençai mon voyage suivant dans le monde d'en haut je ressemblai à la statue du chaman qui se tient à un aigle, dans l'aéroport de Albuquerque. Pour une raison quelconque je ne pensai même pas à voler toute seule cette fois-ci. Au lieu de cela mes bras s'étendirent vers les pieds d'Aigle, s'y agrippèrent et alors qu'il bondit en l'air, mon corps s'arqua et ma prise se serra. « Je me suis senti pas mal fatiguée ces derniers temps, » me dis-je, » ça doit être ça. »

Aigle m'amena comme ça tout le chemin pour aller chez les Grands-mères. Quand nous planions au-dessus de leur cercle il me déposa gentiment et j'entrevis une expression de compassion dans ces yeux. « Quelque chose ne doit pas aller avec moi aujourd'hui, » pensai-je, « Aigle ne me regarde jamais comme ça. »

Je m'accroupis devant elles dans une position presque fœtale et haletai, « Grands-mères, mon esprit s'est blessé, Aigle m'a montré cela. » Je dis les mots avant d'avoir pensé la pensée. Mon esprit avait été blessé. C'est cela qu'Aigle avait vu.

Je me regardai et vis qu'à nouveau j'avais une forme masculine. Cette fois-ci cependant j'étais un guerrier Indien blessé en pagne, la poitrine nue.

Les Grands-mères me regardèrent longuement et durement et dirent, « **Tu essayes d'en faire trop. Attends. Tu dois entrer dans ton esprit petit à petit.** » Je ne devais plus rien faire toute seule. « **Grands-mères,** » sanglotai-je, « Je veux vous laisser me guider, et non pas me battre et faire tant d'efforts. Je veux agir à partir de l'esprit. »

J'entendis la vérité en cela et demandai, « Quelle est la meilleure façon d'utiliser ce que vous m'avez donné? » « **Simplement, assied-toi avec ça en silence,** » dirent-elles. « **Attends. La vague suivante viendra de l'intérieur mais tu dois l'attendre. Maintenant c'est le moment pour se constituer des réserves. Alors il y aura plus à donner pour toi.** »

« LE TRAVAIL DEVRAIT ETRE SANS EFFORTS, » dirent-elles. « S'il n'est pas sans efforts, ce n'est pas nous qui travaillons, mais ton mental. » 'Le travail', réalisai-je, ne signifiait non seulement ce travail, mais *tout* travail.

« **Selon la facilité du travail tu sauras si c'est l'Esprit qui travaille à travers toi ou seulement ton mental qui fabrique. Le meilleur usage que tu peux faire de ce qu'on t'a donné est d'incarner nos leçons. C'est le plus haut, le plus profond et meilleur usage et tout le reste suivra. Ne cours après rien, mais attends.** »

« **Connais ton corps,** » dirent-elles, « **ton corps est ton compas. Aussi bien des ressentis physiques qu'émotionnels sont enregistrés dans ton corps. Il y a quelque chose d'holistique, un enracinement dans cette façon de percevoir qui est plus fiable que le mental. Tu RESSENTIRAS la vérité.** »

« **Le mental ne génère pas particulièrement de ressenti,** » dirent-elles, « **il a plutôt passé un contrat avec le doute et l'inquiétude ; il parle beaucoup et montre beaucoup d'images, mais il n'y a pas vrai ressenti là-dedans.** » En réfléchissant à leurs paroles, je vis que c'était une description juste de mon mental. « **Fais confiance au ressenti,** » dirent-elles. « **Comment te sens-tu? C'est très simple.** »

Leurs paroles sont devenues une pierre de touche, un mantra. Je trouvais qu'il était plus facile de garder les idées claires, de rester en contact avec moi-même si je me rappelais de me demander, « Comment te sens-tu? »

Après un court silence je dis, « Grands-mères, pouvez vous me dire quelque chose à propos du mal de tête que j'ai? » Me demander « Comment te sens tu? » m'avait mis en contact avec la douleur dans ma tête.

Elles restèrent silencieuses, donc je continuai, « Est-ce qu'il y a quelque chose qui m'aidera à supporter ou faire partir cette douleur? »

J'espérai qu'elles me diraient la cause de mes maux de tête, un comportement profondément enraciné ou un évènement traumatisant, quelque chose qui rendrait cette douleur chronique compréhensible. « Je suis prête à tout faire pour faire disparaitre ceci de mon corps, » dis-je. Plusieurs minutes passèrent pendant que j'attendis.

J'étais sur le point d'abandonner quand elles s'avancèrent et introduisirent leurs mains dans mon corps pour l'ouvrir. Quand je vis mon crâne, ma colonne vertébrale et l'endroit où les deux étaient attachés, je murmurai, « Il y a quelque chose qui n'a pas l'air d'un élément de mon corps. » Fascinée, je les regardai travailler et je vis que cette chose était attachée à ma colonne. Avant de pouvoir demander ce que c'était, elles dirent, « **Tu fais ce qu'il faut.** » Mon régime alimentaire était bien, je m'entretenais physiquement et je méditais. « Oui, » dis-je, « mais j'ai quand-même mal. »

« **O,** » m'écriai-je, en voyant une rangée de crochets qui me rentraient dans la chair et les os de ma colonne vertébrale. Les Grands-mères tiraient dessus, détachant ceux le long du coté droit. Une sensation de coups de poignard montait et descendait le long de mon dos. La chair à cet endroit, attrapée par ces crochets était rouge et enflammée. « Oh, Dieu merci, » pleurais-je quand elles me couvrirent le dos d'un cataplasme fumant.

« Dois-je être attaché à ces crochets? » **gémissais-je.** « **Nous ne pouvons faire davantage maintenant,** » dirent-elles, « **ce n'est pas encore l'heure de la délivrance.** » Elles essuyèrent mes larmes et me rassurèrent, « **cela viendra.** »

« Mais, Grands-mères, comment je fais pour endurer la douleur jusqu'à la délivrance? » « **Nous sommes là,** » dirent-elles alors qu'elles me berçaient dans leurs bras.

J'étais bien, enlacée dans leur étreinte et je sentais le soleil nous inonder de chaleur et de lumière et je me calmais enfin. Elles avaient dit que la délivrance viendrait et je les croyais.

En regardant mon corps, je m'aperçus qu'il avait repris sa forme d'aigle. « Hum-m-mm, » songeai-je, « quand je suis arrivée aujourd'hui j'étais mâle, blessée et cassée et maintenant je suis un aigle. Grands-mères, pourquoi étais-je un homme en arrivant? » « **Tu étais totalement yang,** » dirent-elles, « **l'énergie yang t'avais amenée à un épuisement total.** » Tous mes efforts, mon inquiétude de savoir si je faisais bien les choses, c'est ça qu'elles voulurent dire. Ils étaient les symptômes d'un yang excessif et je les avais depuis longtemps. Pas étonnant que j'avais l'air que j'avais.

Elles m'accompagnèrent jusqu'à la limite de leur cercle et pointèrent leur doigt au loin où je vis quelque chose bouger. La poussière volait et formait un nuage qui bougeait avec cette chose et comme je me rapprochai, je distinguai un animal quelconque, attaché à un piquet. Tendant sa longe à l'extrême, il souleva un nuage de poussière en galopant d'un coté à l'autre.

Je ne voulus pas trop m'approcher mais d'où je me trouvais il ressemblait à un taureau sauvage. Haletant et écumant de la gueule il fonçait d'un coté à l'autre et tirait sur la longe pendant que son dos fumait.

Il semblait à la fois terrifiant et épuisé. Chaque fois qu'il s'éloignait du piquet la longe en cuir se tendait et se serrait davantage. De toute évidence ceci avait duré déjà depuis un petit moment parce que la corde tenait à peine.

Alors que je me demandai pourquoi les Grands-mères me montraient ceci, elles dirent, « **L'énergie du yang a perdu tout contrôle de lui-même. Nous te montrons l'énergie du yang telle qu'elle est aujourd'hui.** » Le taureau qui s'élançait contre les limites de sa longe représentait le yang. Affolé, le regard fou, il passait à toute vitesse et je sautai en arrière. Les Grands-mères me firent signe de passer derrière elles et dirent, « **Le yang est totalement hors de contrôle.** »

Nous nous tenions ensemble pendant que la bête se jeta aussi loin qu'elle put, rebroussait chemin dans un bruit de tonnerre et courut à nouveau jusqu'à la limite de la corde. « Il n'y a aucune force au monde assez puissante pour contre balancer cette énergie du yang qui est hors de contrôle, » dirent-elles. « **Le yin est au plus bas et incapable de contrer le yang qui est devenu de plus en plus fou et violent. Et les êtres humains qui vivent ces temps de déséquilibre énorme en sont arrivés à croire que la vie est ainsi — remplie d'excès violents. Du au déséquilibre yin-yang et la domination du yang, votre idée de la vie est déformée, vous faisant croire que la violence est inévitable.** »

« Yin, » chantonnèrent-elles, « est attendre. Yin est tenir, » chantèrent-elles, leurs voix descendirent sur 'tenir'. « **Yin est un récipient, un récipient que nous pouvons remplir. Nous te remplirons.** » Quand je vins à elles aujourd'hui j'étais un mâle brisé, épuisé d'avoir essayé trop dur. Je marmonnai tout doucement, « c'est de cela dont j'ai besoin -- les laisser me remplir. » L'énergie folle du taureau m'avait poussée jusqu'à l'épuisement.

« **Ne pars pas toute seule maintenant,** » dirent-elles, « **essayant de faire les choses toute seule. Ca, c'est l'ancienne façon,** » elles secouèrent la tête d'un air dégouté. Et me regardant sérieusement, avec insistance, elles dirent, « **Laisse nous te remplir.** »

J'étais assise sur l'estrade dans mon corps d'aigle et je me sentais tellement mieux que quand j'avais commencé ce voyage. Maintenant je pouvais bouger ma tête et mes ailes ; j'avais déjà repris un peu de forces. Sans même me demander les Grands-mères avaient répondu à ma question sur comment faire la différence entre les messages de mon mental et les leurs. Je dois prêter attention à mes ressentis.

« Grands-mères, » dis-je, « c'est tellement bon de me sentir forte à nouveau, d'être assise, solidement plantée. Merci, » j'inclinai ma tête couverte de plumes. « Et merci à toi, Aigle, » je me tournai pour remercier mon escorte et ami.

Sur le chemin du retour vers la réalité ordinaire je réfléchissais sur ce voyage. C'était mon mental qui m'avait poussé à faire des efforts dont je voyais qu'ils étaient vains, et voir cette vanité avait miné mon énergie et ma confiance. Comme le taureau, mon mental, sans but ou direction sensée, avait lui aussi été tenu en laisse. Le yang m'avait poussé dans des courses d'efforts et dans le désespoir, blessant mon cœur qui avait seulement besoin de recevoir. Ceci était la tyrannie de l'énergie yang à l'œuvre. Je la connaissais bien. J'y avais vécu toute ma vie. Mais je ne le voulais plus.

Chapitre 9

Le Filet de Lumière

« Ceci est le filet de lumière qui tiendra la terre. »

J'étais fatiguée des excès douloureux du yang et je devais trouver une façon de m'ancrer dans l'**énergie du yin, mais comment?** Ceci était ma question pour le voyage suivant, mais quand je me trouvai devant les Grands-mères, prête à la poser, ce furent elles qui parlèrent. « **Chéris les fils et les filles comme tu chéris la Mère,** » dirent-elles, « **tous sont ses enfants. Passe cela, aux plus jeunes, aux plus âgés, aux autres qui ne l'ont pas, passe.**

Je supposai que la première phrase voulait dire que je devais aimer toutes les personnes comme j'aimais Dieu la Mère, puisque tous sont ses enfants, faisant partis de la **même famille. Mais 'Passe cela'?** Les Grands-mères ignoraient mon expression de perplexité et continuaient à parler avec autorité.

J'écoutai et regardai simplement, alors que devant moi apparaissaient deux sœurs qui étaient venues à une cérémonie 'd'empowerment' le mois dernier. Bien que je savais que ces deux-là étaient en Inde maintenant, je les voyais aussi clairement que si elles étaient assises devant moi. Bea portait une robe bleue et arborait un large sourire alors que Peggy, qui se tenait un peu derrière elle, inclinait la tête et me souriait malicieusement comme pour dire 'Je suis sûre que tu ne t'attendais pas à ça.' Un filament de lumière les connectait à moi et moi à elles. « **Ceci est le filet de lumière qui connecte toutes les femmes qui ont reçu 'l'empowerment',** » dirent les Grands-mères.

Je regardai alors qu'elles faisaient s'avancer toutes les femmes **à qui j'avais passé 'l'empowerment'. Etalé par terre devant nous il y avait un filet lumineux. Chacune se tenait sur un point du filet, positionnée à une jonction où des fils de lumière se rencontraient, formant une croix ou un X. Le filet s'étendait très loin et on aurait dit que ces femmes le tenaient et l'illuminaient.

Il y avait d'autres personnes présentes sur le Filet de Lumière, mais elles étaient plus loin et je ne pouvais voir leurs visages. Les Grands-mères dirent, « **Ensemble vous formez un filet aimant et tous sont de la même famille dans ce Filet de Lumière.** » Se redressant comme des reines qu'elles étaient, elles proclamèrent, « Ceci est le Filet qui tiendra la terre. Le Filet, répétaient-elles, qui tiendra la terre. »

C'était le même Filet de Lumière dont elles m'avaient déjà parlé. Une de leurs enseignements centraux, le Filet de Lumière fournit un moyen de se soutenir et de soutenir la terre. La lumière qui court le long de ses fils est une démonstration visuelle de l'amour ; à l'intérieur du Filet lumière et amour sont synonymes. Parce que le Filet fonctionne directement avec l'amour, quand nous nous y connectons, nous devenons des instruments pour un changement positif sur terre.

Pendant les premières années, seules des femmes se rassemblèrent pour faire le travail des Grands-mères .Mais quand les hommes commencèrent à venir à nos rencontres, les Grands-mères me donnèrent la cérémonie du Manteau de Réconfort à leur passer pour que les hommes aussi bien que les femmes puissent faire parti du Filet de Lumière et prendre part à ré-infuser l'énergie du yin dans la planète.

L'activation du Filet de Lumière en ce moment de l'histoire est essentiel puisque c'est une bande d'énergie, une métaphore pour la connexion d'amour qui tient et soutient la terre. En regardant le réseau de lignes qui s'entrecroisaient devant moi les Grands-mères dirent, « **Médite sur ce Filet de Lumière. Utilise-le pour vous soutenir les uns les autres, pour soutenir la terre et pour renforcer l'énergie du yin sur la planète.** »

« **Ne prend pas ces activités apparemment petites pour argent comptant,** » dirent-elles. «**Chaque changement dans la conscience humaine, aussi insignifiant qu'il te semble, porte en lui des implications d'une portée considérable.** »

« Grands-mères, quel cadeau vous nous faites, » dis-je. « **C'est *notre* cadeau,** » dirent-elles et je compris par l'accent qu'elles mettaient sur 'notre' qu'elles nous incluaient généreusement tous dans cette acte de donner. C'est le don que *nous nous* faisons les uns aux autres et à *ELLE* que nous incarnons tous.

Quand elles dirent '**ELLE que nous incarnons tous**', la présence de Dieu/Déesse, l'Aimé se joignit à nous. L'air vibrait alors que des vagues d'énergie m'inondaient et soudain, bien que je voyageais toujours avec les Grands-mères, je étais également avec Bea et Peggy en Inde. J'étais *partout*. La phrase des Grands-mères **'Couvre la terre'** me vint comme je me sentais une avec Gaïa, la grande mère de la terre, grossissant jusqu'à ce que, avec un corps énorme, avec des bras ou des ailes (je ne sais lesquels) sans fin, je tenais la terre serrée sur mon cœur.

La tendresse et l'amour que je ressentais étaient presque douloureux. « Je ne puis tenir cette gloire dans mon corps, Grands-mères, » sanglotais-je. « **Prend plaisir dans ce don qui t'a été fait,** » dirent-elles leur regard plein d'amour, « **Réjouis toi de cela.** » Je n'avais jamais vu un tel regard.

Je me calmai enfin et passai le reste de la journée à me prélasser dans cet amour et j'en fus si emplie que, quand le rythme du tambour changea et que je revins à la réalité ordinaire, mon corps trembla et sembla rayonner. J'étais si profondément contentée que j'étais sans voix pour le reste de la journée.

« Le travail du Filet de Lumière est fait par toi. Tout ce qui est bon et bien passe à travers ceci. »

Après quelques voyages vers le monde d'en bas je retournai pour en apprendre davantage sur le Filet de Lumière. Les Grands-mères m'avaient dit de 'le passer' mais comment?

Aujourd'hui elles avaient forme humaine et après m'avoir placée en leur milieu elles me firent tourner dans un cercle, quelques dégrés à la fois. Alors que je tournai, chaque Grand-mère me remplit d'une force, l'envoyant dans mon dos, devant et cotés jusqu'à ce que je vibre d'énergie.

« **Chaque personne est un joyau dans le Filet de Lumière,** » dirent-elles, « **et aide à faire tenir le Filet ensemble.** » A nouveau je vis les femmes à qui j'avais passé 'l'empowerment'. Elles semblaient rayonner et derrière elles se trouvaient des rangées et des rangées de gens. Je regardai et les Grands-mères dirent, « **Ce chatoiement que tu vois dans le Filet est la lumière des joyaux.** »

« **Connais la réalité de ce Filet, car en le connaissant et en étant une avec lui tu fais un bien inestimable.** » J'écoutai. « **Sans pensées, sans efforts, sans conscience que cela est en train de se passer, mais juste en étant une avec la puissance du Filet de Lumière, tu fais un bien inestimable.** »

« **Pense d'abord au Filet de Lumière et ensuite pense à toi-même comme un point de lumière chatoyant, sur le Filet. Ceci te donnera paix, joie et foi en Soi, S majuscule!** » dirent-elles.

« **Le travail du Filet de lumière est fait par toi, il est fait silencieusement. Ce n'est pas le cerveau qui contrôle cela. Ce travail est fait** par le joyau dans ton cœur, par l'*Etre* que tu es. Tout ce qui est bon et bien en découle. »

« **Tu es connectée à nous et aux autres par le Filet de Lumière,** » dirent-elles. « **Réjoui toi de cela. C'est une bénédiction spéciale de faire parti du Filet et pas un accident.** » Elles me montrèrent que je devais passer le Filet de Lumière aux autres sous forme de méditation guidée.

Emue par la générosité de ce Filet, j'étais aussi secouée par la puissance de son potentiel. Les Grands-mères n'avaient jamais parlé avec autant d'éloquence et, les yeux écarquillés et la bouche grande ouverte, je me sentais pleine de respect mêlé d'admiration.

Riant, elles se moquèrent gentiment de la façon dont je continuais à les révérer et me taquinèrent sur le fait que je me voyais toujours comme l'enfant et elles comme les adultes. Secouant la tête, comme pour dire 'Quand est-ce que tu vas dépasser tout ça?' elles m'inondèrent d'amour.

« La grande plénitude de l'univers veut un endroit où se manifester et il ne peut le faire que dans un cœur ouvert. »

Après avoir passé le Filet de Lumière à plusieurs groupes et s'être exercé à jeter le Filet à ceux autour du monde qui désirent ardemment se connecter, plusieurs femmes me demandèrent, « Est-ce que les hommes peuvent être membres du Filet de Lumière? » Je ne connaissais pas la réponse à cela, mais les Grands-mères le sauraient.

« **Il n'y aura pas beaucoup d'hommes attires par le concept de filet de Lumière,** » dirent-elles. « **S'ils le sont, ils seront les bienvenus, mais seulement des hommes qui portent déjà en eux l'équilibre entre yin et yang seront attirés par cela et il n'y en a pas beaucoup. Ce qui tient le Filet est surtout l'énergie du yin à l'intérieur des femmes. Les hommes sont les bienvenus dans le Filet,** » dirent-elles, « **mais de tels hommes seront rares.** » Les hommes, par nature, sont davantage yang alors que les femmes sont plus yin. Puisque le Filet de Lumière est une construction yin en lui-même (nourrissant, soutenant) et que les femmes contiennent en elles-mêmes plus de yin que de yang, il est plus facile pour des femmes de rentrer en contact avec le Filet de Lumière.

« **Quand vous envoyez de la lumière dans le Filet, envoyez principalement aux femmes,** » dirent les Grands-mères. « **La fonction primaire du Filet est de soutenir la structure de la terre alors que sa deuxième fonction est de sauver et de soutenir des individus.** » Elles expliquèrent, « **Puisque les femmes sont plus concernées par le Filet, y croient et agiront dessus, jetez le à elles d'abord.** »

« Le Filet de Lumière ne semble qu'une idée à la plupart des hommes. Puisqu'ils ne le comprennent pas, ils n'agiront pas dessus. **Tous les** hommes bénéficieront du Filet, ainsi que toute forme de vie, mais quand vous jetez le Filet, focalisez-vous surtout sur les femmes. » J'entendis la justesse, l'économie dans ce qu'elles disaient. Pour qu'une construction yin (le Filet de Lumière) puisse fonctionner efficacement on avait besoin d'un opérateur yin (une femme).

« Voulez-vous en dire davantage sur le Filet de Lumière, pour que je puisse l'expliquer, » demandai-je. « Fais confiance à l'idée que donner est toujours recevoir, » dirent-elles. « **Donner avec le cœur mène toujours à recevoir plus. Une autre sorte de 'donner' n'est pas donner du tout ; nous donnons seulement avec le cœur.**

« L'univers soutient un cœur ouvert. L'univers *attend* un cœur ouvert. La grande plénitude de l'univers veut un endroit où se manifester et il ne peut le faire que dans un cœur ouvert. » Elles secouèrent la tête, émerveillées. « Vous n'avez aucune idée combien de joie il y a dans les cieux quand un seul cœur s'ouvre. Instantanément la grande plénitude se précipite pour remplir ce cœur. »

Avec passion elles dirent, « **Tellement, tellement plus vous serait donné si seulement vous vous ouvriez! C'est comme amorcer une pompe. Si vous ne faites couler qu'un petit peu d'eau de votre cœur, un puits jaillissant vous remplira.** » Elles dirent en riant, « Personne ne comprend cela. » Se tenant les côtes tellement elles riaient, elles s'amusaient de la surprise qui nous attendait une fois qu'on aurait compris tout ça.

« **Votre cœur reçoit un don quand il donne par le Filet de Lumière et ce don vous vient par vos sens. Il peut venir comme la caresse du vent, l'étreinte d'un ami, le parfum des fleurs, de la mer ou des pins. Des couleurs, des vues, des sons et des gouts de toute beauté — oh, tant de dons vous sont faits. Vous n'avez pas idée,** » rirent-elles. « Prêtez attention, ces dons sont légion. »

Le flot d'informations me submergeait mais elles n'avaient pas encore terminé. « **En ce moment tu vis dans la grande plénitude,** » dirent-elles. « **Ceci est,** » elles firent une pause cherchant le mot juste, « un secret. C'est *devenu* un secret, » se corrigèrent-elles. « **Personne ne reconnait qu'en ce moment tous vivent dans la grande plénitude.** » Me regardant intensément elles me/nous pressèrent, « Ouvrez vos cœurs ! Donnez ! Envoyez de la lumière, qu'elle puisse vous revenir à profusion. »

« Ces méditations assurent que le travail que nous donnons aille dans les entrailles, dans le corps/esprit et est contenu là, devenant vérité. »

Quand je demandai quoi d'autre elles voulaient que je passe, elles dirent, « **Nous donnerons des méditations et des visualisations pour ancrer nos enseignements. Elles assureront que le travail que nous vous donnons aille dans les entrailles, dans le corps/esprit et est contenu là devenant vérité. Cette vérité sera connu profondément, non pas quelque chose qui ne fait que passer par l'esprit.** »

« Le Filet de Lumière est un exemple d'une telle méditation. Commencez à le visualiser comme in filet de pêche illuminé, ses fils tenus par l'être de chacun. Non pas par un effort conscient mais par son être même. Les femmes qui ont reçu 'l'empowerment' et les hommes qui ont reçu le Manteau de Réconfort illuminent le filet le plus. Venant d'eux il se répand à d'autres.

« Le Filet de lumière crée un changement de paradigme, un changement dans la conscience qui continuera et deviendra un changement dans la matière. La lumière qui émane de chaque personne plonge dans la terre et se répand partout. » Pendant qu'elles parlaient je le voyais arriver. Plus il y avait de gens à le tenir, plus le Filet de Lumière rayonnait. C'était exactement comme les Grands-mères avaient dit ; ses fils s'étalaient et couvraient le monde.

« **Tu sentiras les bulles d'effervescence du Filet de Lumière dans tes veines et feras l'expérience de lumière se déversant de ton cœur. La lumière qui est envoyée de ton cœur te retournera par tes yeux, tes oreilles et ta respiration.** » Pendant qu'elles parlaient, de l'énergie commençait à couler de mon cœur et en même temps il y avait une sensation de plus d'acuité dans mes yeux et mes oreilles. Ma respiration devint plus profonde.

Pendant plusieurs minutes, tout ce que j'entendis fut cette respiration profonde et alors elles dirent, « **Donner et recevoir par le Filet de Lumière est une expérience immense.** » Elles m'avaient souvent parlé d'expansion et elles m'en avaient donné un avant-gout quelques fois, mais ce que je ressentis là fut bien au-delà. Regardant au loin je vis les âmes des gens s'étendre tout autour du monde d'une façon que je n'aurais jamais pu imaginer. Je pus voir aussi ma propre expansion. Connecté et omniscient, mon corps se déploya et couvrit l'univers.

Je fus si transportée par ce que je percevais que je voulus le partager avec tous. « Les gens pourraient dessiner le Filet ou même le danser, » je pensai. « Cela le rendrait plus réel. » Immédiatement je fus submergée par des pensées et des images de gens qui écrivaient, chantaient et dansaient. « **Est-ce que ce sont les** pensées des Grands-mères ou les miennes? » je me demandai et entendis leur réponse: « **Est-ce qu'il y a une différence?** »

Secouant la tête je les vis rigoler. Puis elles me tapotèrent le dos, disant, « **Ce groupe avec qui tu travailles s'approfondira ; il gagnera en puissance.** » Elles dirent, hochant la tête judicieusement, « **Elles feront le bien à beaucoup, beaucoup de niveaux. Des niveaux dont elles n'ont pas idée. C'est ça, le potentiel du Filet de Lumière,** » et elles confirmèrent en riant que c'étaient en effet elles, les Grands-mères, qui parlaient.

« **Le Filet est ancré en chacun,** » dirent-elles, « **et le processus pour soutenir la terre a déjà commencé. Il n'est pas nécessaire de *faire* quoique ce soit. Il n'y a pas de responsabilité relié à ce travail — trouvez-y de la joie. Et ceux qui désirent participer davantage y trouveront davantage de joie.** »

« **Ceux qui font ce travail,** » dirent-elles en souriant, « **grandiront dans la joie. Ils incarneront la joie.** » Avec ou sans aide, les Grands-mères amèneraient ce changement d'énergie nécessaire sur terre. Ceux qui choisissent de prendre part à ce travail auront la joie de participer au sauvetage de notre planète.

« **Grands-mères,** » dis-je, « avant de partir je dois vous demander quelque chose. J'ai toujours peur de m'exposer avec votre message. S'il vous plaît, aidez-moi. » Elles commencèrent à discuter entre elles et puis se tournèrent vers moi.

« **Dissoudre la peur de dissoudre,** » dirent-elles, « **a à voir avec se faire sien l'expansion de son être. Une telle expansion enlève la peur automatiquement parce que la peur elle-même est contraction. La peur est l'état d'être coincé dans le petit soi.** »

Alors que je peinai à comprendre ce qu'elles avaient dit, elles se dressèrent de tout leur hauteur. « **C'est ton identification avec ton petit toi qui crée ta peur. Quand tu réaliseras cela, la peur s'en ira tout simplement. La 'dissolution' de ce petit soi craintif se produira pendant le processus d'expansion ; inversement, le processus d'expansion se produira quand le petit soi se dissout.** » Comme ma conscience s'élargira, la peur et l'inquiétude se dissiperont ; comme ma peur se dissipera, ma conscience s'élargira.

« **Les ailes s'étendent maintenant plus loin, plus haut,** » dirent-elles et je sentis que j'étais revenue dans mon corps d'aigle, mon attention fixée sur mes ailes qui commencèrent à battre, me redressant. Pendant qu'elles s'ouvrirent je remarquai qu'elles élargirent mon cœur. « **Ressent cela !** » dirent les Grands-mères, « **Incarne cela!** »

Je réalisai qu'à chaque fois que je devenais consciente de la présence de la peur je pourrais penser à ouvrir et étendre mes ailes, mon cœur. Si je fermais les yeux et me rappelais mon grand Moi, mon moi-aigle, et si, au lieu de combattre ma peur ou inquiétude je m'accrochais à ce Moi, mon petit moi se dissoudrait vite fait. Ma vieille croyance que j'**étais** ce petit moi était à la base de toutes mes peurs.

Je respirai profondément et je m'entendis dire, « Je suis l'oiseau avec les ailes radieuses! » Une créature mythique, il n'y avait pas de limite où je pouvais aller. « Je me déploie toujours plus loin, plus loin… » chantonnais-je alors que je regardais mes ailes couvrir des montagnes et des vallées.

En extase, je montai jusqu'à ce que le rythme du tambour change. Ceci ramena mes pieds sur terre et me tenant devant les Grands-mères, je m'inclinai profondément, me tournai vers Aigle et commençai ma descente. Le sentiment d'expansion, d'être ce grand Moi continuait longtemps après être retournée à la réalité ordinaire et cela me prit des jours pour atterrir littéralement.

La méditation du le Filet de Lumière ancre le travail des Grands-mères sur terre. J'ai dû faire le voyage vers elles plusieurs fois pour le comprendre suffisamment pour le passer, mais enfin j'ai rassemblé celles qui avaient reçu 'l'empowerment' et je l'ai partagé avec elles. A partir de ce moment là elles ont formé un groupe ; se rencontrant régulièrement pour mettre en pratique tout enseignement que les Grands-mères donnaient. Avec le temps ce noyau s'est agrandi des onze premiers qui ont reçu 'l'empowerment' des Grands-mères à plus d'une centaine.

Note: Plusieurs années plus tard, des milliers de femmes et de nombreux hommes ont reçu le don de 'l'empowerment' et du Manteau de Réconfort des Grands-mères et il y a maintenant des groupes de Grands-mères partout dans le monde.

Le groupe à Laguna Beach est constitué de femmes de tous âges; la plus jeune a une vingtaine d'années alors que la plus âgée est octogénaire. La plupart des femmes et des hommes en sont au milieu de leur vie. Bien que beaucoup de femmes ont reçu 'l'empowerment' des Grands-mères et un nombre plus petit d'hommes le Manteau de Réconfort, la plupart est éparpillée autour du monde. Mais ceux qui habitent tout près sont devenus une partie régulière du travail des Grands-m**ères. Après la cérémonie de** 'l'empowerment' certains sont passés par des changements spectaculaires alors que d'autres ont fait l'expérience des changements plus subtils, souvent plus profonds. Cela a été une joie profonde pour moi d'être témoin de leur évolution.

Les Grands-mères disent, « **Le travail de groupe ancre notre ensei-**

gnement pour chacun sur terre, faisant pénétrer l'énergie du yin plus profondément dans la planète. » Le travail de ce groupe a bénéficié non seulement à eux-mêmes, mais à tous.

Rapidement après avoir reçu 'l'empowerment' des gens commençaient à me parler de changements dans leur vie. Mary, par exemple, venait d'avoir quarante ans, quand elle vint à sa première réunion des Grands-mères. Pendant cinq ans, elle avait essayé de tomber enceinte et partagea avec nous son désir d'enfant aussi bien que son désespoir de ne pas y arriver. Un mois plus tard, pendant que je faisais des annonces pour notre prochaine rencontre, elle m'appela pour me dire qu'elle était enceinte. « Je n'ai jamais cru aux miracles, mais les Grands-mères en ont fait un cette fois-ci. » dit-elle d'un ton triomphal. Huit mois plus tard elle accoucha d'un petit garçon.

Mary a eu son bébé, Carolyn s'engagea dans sa première relation saine avec un homme et Lori a trouvé la carrière qui lui convenait. Michael, un scientifique brillant, a pris conscience qu'il avait un cœur aussi bien qu'un cerveau et commença à travailler sur une invention qui bénéficiera à toute l'humanité. Il y avait tant de 'success stories', chacune suivant une cérémonie d'empowerment' de près.

Des histoires comme celles-ci peuvent sembler simplistes mais la vérité était que, après avoir reçu 'l'empowerment' des Grands-mères nous avons *vraiment* changé ». Nous l'avons vu en nous-mêmes, dans les autres et à chaque fois que nous nous rassemblions nous étions ravis de partager notre joie. Des miracles se produisaient et à toute allure. Mais peu importe comment le 'miracle' arriva, le fil conducteur dans chacun était une plus grande confiance en Soi. Très tôt les Grands-mères avaient dit, « **Chaque personne n'est pas juste un petit être/Soi limité, mais fait partie de quelque chose de beaucoup plus grand.** » Ce « **Soi** » était quelque chose que nous commencions à connaître.

Connie, une femme qui s'exprimait avec douceur et qui avait un esprit créatif, a bien remarqué cette augmentation de confiance en Soi. Peintre accomplie, elle avait une tendance à s'excuser de son travail avant d'avoir reçu 'l'empowerment' des Grands-mères. A notre première rencontre elle parlait tellement bas que je pouvais à peine la comprendre. Mais après six mois avec les Grands-mères elle nous dit 'je suis meilleure que jamais dans mon travail'.

« Ma perception de mon art est différente et ma perception de la vie est aussi différente. Depuis que les Grands-mères sont entrées dans ma vie je réagis plus positivement à tout ; bien que les problèmes que j'ai dans ma vie sont restés pratiquement les mêmes, moi, *je suis différente.* » En la voyant, on ne pouvait qu'être d'accord. Les Grands-mères avaient promis que, en s'ouvrant à l'énergie de yin, notre vie deviendrait plus facile. C'est ce qui semblait se passer.

Lucille raconte cette histoire sur comment les Grands-mères ont agi sur elle. « Rapidement après avoir reçu 'l'empowerment' et avant de bien les connaitre, je commençai à me sentir déprimée. Puisque j'étais rarement dans cet état, c'était très inhabituel, surtout parce qu'il n'y avait rien dans ma vie susceptible d'être à l'origine. Je n'arrêtai pas de passer en revue tout ce qui s'était passé dans ma vie, mais je n'arrivai pas à trouver d'où venait ce sentiment de lourdeur. »

« Après avoir trainé cette dépression pendant quelques jours, je marchais le long de la plage et je me suis juste assise sur le sable et j'ai appelé les Grands-mères. Je me souviens avoir dit, « Je ne sais pas si vous existez vraiment ou pas, mais si vous écoutez, enlevez moi ça ! » Je m'en fichais de savoir d'où venait cette dépression ; je voulais juste qu'elle s'en aille. Dès que je posais la question je me sentais différente. C'était un sentiment physique que j'avais, de cette dépression ayant disparu et cela s'est passé presque immédiatement. Ca fait maintenant deux ans et elle n'est jamais revenue. »

Ann dit, « Tout de suite après la naissance de notre bébé mon mari a perdu son travail et soudain nous avions de gros problèmes financiers. C'était le jour où Sandra m'a parlé des Grands-mères et c'est pourquoi je suis venu. »

Tout de suite après la cérémonie de 'l'empowerment' j'ai commencé à communiquer avec les Grands-mères. Je me sentais bizarre de demander quelque chose de matériel dans un évènement aussi spirituel et je n'étais pas sûre si c'était la chose à faire, mais parce que ma famille avait désespérément besoin d'aide, je l'ai demandé quand-même.

« Je suis rentrée totalement apaisée de cette réunion et le lendemain mon mari et moi avions eu des nouvelles idées, tombant du ciel, pour une brochure pour son entreprise. Nous l'avons mis en forme et dès que nous l'avions envoyé, l'argent a commencé à rentrer. Notre situation financière a changé, du tout au tout en deux ou trois semaines. Bien que je ne saurais jamais exactement pourquoi notre chance a si rapidement changé, les seules à qui je peux l'attribuer ce sont les Grands-mères. »

Chaque personne a rapidement développé sa propre relation avec les Grands-mères. Rich sent toutes les Grands-mères autour de lui dans son bureau, surtout quand il travaille avec un patient. Pour certains, une Grand-mère particulière pouvait apparaitre régulièrement. Stéphanie, par exemple, a une Grand-mère noire qui est toujours avec elle alors que la Grand-mère de Helga a l'air d'un Amérindien. Stéphanie n'est pas noire et Helga n'est pas une Indienne- c'est juste comme ça. Certains sentent la présence de deux ou trois Grands-mères autour d'eux, alors que d'autres ressentent le groupe en entier ; pour certains la présence des Grands-mères est évidente, alors que pour d'autres elle est vague. Elles *sont présente*s en tous les cas. Là-dessus, nous sommes tous d'accord.

Partager de telles expériences profondes a apporté un sentiment de proximité au groupe. Après notre méditation, j'insiste pour que nous restions silencieux et que nous gardions notre attention dirigée vers l'intérieur, mais la plupart n'y arrive pas. La joie qui monte en eux est irrépressible. Il est dur pour eux de quitter ces réunions et ils vont déjeuner en bande, prolongeant leur sentiment de bien-être autant que possible. Mon mari m'a demandé une fois pourquoi les gens revenaient toujours à ces réunions. Quand j'ai posé la question au groupe, ils dirent, « Cela me comble, » « C'est comme l'église, mais en mieux, » « C'est l'amour, » « Les Grands-mères m'ont changé. »

Bien que l'importance de la connexion des personnes à travers le Filet de Lumière ne puisse être exagérée, peut-être est elle le plus clairement illustrée par l'histoire de Shirley. Shirley, un membre de notre 'noyau dur', venait juste de rentrer de l'hôpital quand je l'ai appelé un matin. Bien qu'elle fut encore faible et se remettait d'une hypothermie, elle voulut me raconter ce qui lui était arrivé.

Elle avait amené son fils de dix ans et un ami camper pendant quelques jours de beau temps et quand ils sont arrivés au camping, elle avait remarqué des gens qui flottaient sur la rivière à coté du camping. Donc dès qu'ils sont sortis de la voiture, ils ont attrapé leurs chambres à air et ont sauté dans l'eau.

Tous les trois se laissèrent dériver tranquillement sur la rivière, rigolant et bondissant sur des petits rapides, mais la plupart du temps simplement flottant sur le courant jusqu'à ce qu'ils arrivent à un arbre qui avait été submergé par l'inondation printanière. Un arbre submergé est un objet dangereux dans une rivière, un fait que Shirley ne connaissait pas, et bien que les garçons l'avaient dépassé, avant qu'elle ne réalise ce qui lui arrive, le courant aspira sa bouée.

La force qui la poussa sous l'eau la coinça contre les branches de l'arbre pendant ce qui lui sembla une éternité. Quand enfin elle trouva une ouverture entre les branches, la pression de l'eau contre l'arbre la tint bloquée là. Elle avait la tête hors de l'eau et elle pouvait respirer, mais elle ne pouvait pas bouger.

Quand il découvrit que sa mère avait disparu, son fils sortit de l'eau et quand il vit sa tête surgir de l'eau il courut le long de la berge pour la sauver. Craignant que lui aussi se fasse aspirer, elle cria aux garçons d'aller chercher de l'aide sur la route. Entre temps elle essaya de garder la tête hors de l'eau et attendit.

L'eau était de la neige fondue et bien qu'ils furent en plein été, elle était glaciale, si froid que, quand elle ne put libérer ses jambes, elle se dit qu'elle pourrait ne pas s'en sortir. Le choc a dû engourdir son esprit aussi bien que son corps parce que quand elle essaya de méditer ou de prier elle ne put se concentrer suffisamment pour faire l'un ou l'autre. Mais elle put penser au groupe avec lequel elle avait travaillé depuis des mois. « C'est ça qui m'a soutenu, » dit-elle. « Je pensai à ma connexion avec vous tous à travers le Filet de Lumière. »

« Tout ce temps que j'**étais dans l'eau**, une présence rassurante était là avec moi. Cela éliminait toute crainte que j'aurais eue normalement. A ce moment là j'étais surprise d'être aussi calme. C'était simple. Je ne pouvais me concentrer sur rien d'autre. La seule chose à laquelle je pouvais penser, c'était ce groupe et le Filet de Lumière. C'était tout. Puis c'est toi qui m'es venue à l'esprit, je me sentais connectée et après ça je me suis simplement abandonnée à tout ce qui pourrait arriver. » Elle attendit dans l'eau glaciale, sachant qu'elle pouvait mourir, pourtant elle n'eut pas peur, jusqu'à ce que des sauveteurs la sortent de la rivière.

Je pleurais quand elle me racontait ce qui lui était arrivé, des larmes de gratitude envers les Grands-mères qui nous avaient donné cet outil miraculeux. Sa connexion avec le Filet de Lumière avait fait disparaitre sa peur; elle lui avait donné une paix dans un moment de difficulté extrême. Je partage l'histoire de Shirley parce qu'elle montre à la fois la puissance du Filet de Lumière et le lien intense qu'il crée entre ceux qui l'utilisent.

CHAPITRE 10

Il est temps pour yin et yang de bouger

« *Ces temps-ci la vision de l'humanité est obscurcie. Beaucoup vivent dans la peur.* »

Bien que je connaisse avec une certitude absolue la vérité de tout ce que les Grands-mères disaient, je continuai à me créer des difficultés toute seule. Très vite après les rapports du groupe 'noyau', je plongeai à nouveau dans le doute. « Je suis heureuse que ces femmes fassent l'expérience du pouvoir et de la paix des Grands-mères, » me dis-je, « mais elles ne sont que peu nombreuses. » Mon mental minimisait maintenant la valeur du travail que j'avais fait.

Ces relapses dans le doute devinrent de plus en plus fréquentes. Alors que je n'avais aucune raison d'avoir des sentiments négatifs à propos du travail des Grands-mères, je les avais quand-même. Pourquoi? Je me remuai les méninges pour trouver la cause, mais ne la trouvai point.

Je décidai de présenter le problème aux Grands-mères, mais en montant, je réalisai que c'était le saint homme que je voulais vraiment voir. « Il est avec moi depuis longtemps, » dis-je, « comme un père, en mieux. »

Dès que cette pensée me vint, je regardai autour de moi et il était là. Mais au lieu de me souhaiter la bienvenue, il semblait me jeter un regard noir et avant que je ne puisse dire un mot il saisit ma main et me tira vers le bord de la falaise. Pointant son doigt au loin il dit, « **Regarde !** »

Je regardai mais je ne vis pas grand-chose, juste une masse obscure. Avec des nuages gris au dessus de ma tête, une terre plongée dans le noir s'étendait devant moi. La fumée et les nuages qui flottaient dans l'air obscurcissaient tout. « Ceci, » dit-il, « est **l'obscurité qui couvre la terre et menace de la couvrir encore davantage. Et ceci,** » il le pointa de son doigt, « **est l'obscurité qui menace de te couvrir toi !** » Il me lança un regard effrayant de sévérité et dit, « **Tu es en train de perdre ton but de vu.** »

« Quoi? » il n'en voulut dire davantage. « S'il vous plait, non ! » m'écriai-je, terrifi **COUPEZ TOUT CELA!** » quand un couteau fondit sur moi d'au dessus ma tête et une masse sombre tombait du coté gauche de mon corps et une autre à droite. Une pile de noirceur avait été attachée à moi au centre de ma poitrine !

Le saint homme avait fait une entaille dans mon sternum, juste dans la peau, et retirait cette masse — gauche et droite. « Oh mon Dieu, » je gémis, « je n'aurais jamais cru une chose comme ça. Je pensais avoir fait quelque chose de mal, c'est pourquoi je suis venue aujourd'hui. Je pensais que j'étais moi-même la cause de mon découragement, pensais que c'était une mauvaise attitude, mon quelque chose... »

« **Non, non,** » dit-il, me montrant que ce que j'avais considéré comme 'mon' découragement était en réalité cette masse sombre. Je tremblais pendant que je regardais, n'ayant jamais cru une telle horreur possible. Calmement il redressait et renforçait ma colonne vertébrale. « **Dois avoir du cran*,** » dit-il. « **Trop de doute.** »

*NDLT: en anglais 'backbone' veut à la fois dire 'colonne vertébrale' et 'force de caractère'.

« **Il est difficile de maintenir la foi sans tomber dans le doute ces temps-ci.** La masse grisâtre que j'avais vue confirmait cela. Le découragement et le doute que j'avais ressenti n'étaient pas personnels. En pensant à cette chose noire qui avait été attachée à ma poitrine je me remettais à trembler.

Je le regardai enlever les restes de mon dos et vis que cela ressemblait à un lourd manteau. « C'est pour ça qu'il a été très dur de toucher les gens avec ce message, » dis-je. « J'ai été alourdie. » Puis je réalisai que ceux que j'avais espéré toucher avaient eux aussi été alourdis. *Tout le monde était couvert de ce truc grisâtre.*

Il m'enleva d'autres couches de mon dos et je sentis un grand soulagement. dit-il et quand je regardai mon corps, je brillais en effet. De la lumière, devenant de plus en plus éclatant, se dtés. dit-il.

Une clarté et un chatoiement vibrant traversaient ma peau et sortaient de moi jusqu'à ce que je rayonne et vibre. Pendant que je prenais grand plaisir à tout ça, la réunion à laquelle je devais assister ce soir là me vint à l'esprit. « **Va ce soir et sois une lumière,** » dit-il. « **Où que tu ailles, tu portes maintenant cette lumière.** »

« **Ces temps-ci la vision de l'humanité est obscurcie et beaucoup vivent dans la peur. La lumière en eux est en fait très grande,** » dit-il, « **mais la lumière qu'on voit émaner d'eux est petite.** »

« **Ne te tourne pas vers d'autres,** » dit-il, parlant à travers moi à tout le monde. Puisque la plupart des gens ne sont pas conscients de leur propre lumière, ils ne seraient pas conscients de la mienne. C'est pourquoi nous ne pouvons pas nous regarder les uns les autres pour confirmation. Nous devons nous tourner vers la lumière en nous, pas vers l'obscurité qui assombrit le monde autour de nous. « **Regarde vers le Divin. Qu'est-ce que tu as jamais gagné à te retenir?** » il me poussait à plus de courage. « **Quel bien est jamais venu de se cacher dans le noir?** »

« **Avance-Toi dans la Lumière Maintenant ! Ne soit pas l'enfant qui pleurniche pour me voir, qui pleurniche pour que je lui donne mon approbation. Avance-toi dans la lumière et *reconnais*-la ! Reconnais la verticalité de cette force,** » dit-il, me montrant comment le fait de faire appel à cette lumière me faisait me redresser de toute ma taille. Me tenant droite, mon corps palpitait.

La force de la lumière me remplit et je me redressai et m'alignai avec elle. « Ceci est ma nature, » pensai-je, « c'est la nature de chacun. » « Comment pouvons nous savoir que nous sommes 'atunés'/ accordés, que nous vivons selon la guidance divine? » demandai-je. « **Marche la tête haute,** » dit-il. « **Quand tu marches la tête haute le Divin est en toi. L'alignement de ta colonne t'amènera le Divin, toujours. Sois grande étant debout, sois grande étant assise, SOIS la lumière que tu es et à chaque fois que tu doutes redresse toi.** »

Soudain Aigle se tenait derrière moi —ses ailes étaient mes ailes, son port le mien. « **Tu monteras très haut,** » dit le saint homme. « **C'est ta nature de faire cela. Tu n'as plus à ramper.** » dit-il en m'admonestant. « **Ce n'est pas ce que tu es. Vole haut.** »

Maintenant les Grands-mères apparaissaient. dirent-elles et quand je m'avançai, une force me parcourut. Mes pieds et jambes étaient plantés dans la terre, j'étais si solide et enracinée que je n'aurais pu bouger même si je l'avais voulu.

Quand le voyage fut fini et que je retournai à la réalité ordinaire une pensée me vint qui semblait si importante que je l'ai notée. Une communication finale des Grands-mères, envoyée pour mettre les choses en perspective. « **Tu n'es pas spéciale,** » dirent-elles, « **pas plus que n'importe qui est spécial. Mais tu dois être puissante et revendiquer ta grandeur puisque ce travail l'exige.** »

Cela m'a pris un moment pour intégrer ce voyage. Comme les autres, j'ai dû faire face au doute, mais cette fois le doute faisait partie d'un état cosmique. Cette fois l'obscurité n'avait pas été personnelle, à l'inverse de ce que j'avais trouvé pendant d'autres voyages.

Plus tard, en discutant avec Mahri, un membre du groupe noyau qui était sur le chemin spirituel depuis longtemps, j'abordai le sujet de la peur. « Le doute est une forme de peur, » dit-elle. « J'ai appris que, quelque soit son apparence, la peur est toujours l'égo. C'est à cela que tu as à faire. C'est en fait le petit soi qui a peur. »

L'égo essaie de se préserver; il cherche à contrôler avec la peur et le doute. Ce qui se trouve sous ta peur de t'exposer ou non avec le message des Grands-mères, il y a le même truc. L'égo dit que tu n'es 'pas digne' un jour et 'assez sensationnelle' le jour suivant. Tu te trouve tellement occupée à t'inquiéter sur le fait d'être digne ou à avoir peur d'être trop suffisante que tu ne peux pas te concentrer sur ce que tu es en train de faire. Un truc assez sournois, cet égo. »

« Le manque de confiance montre le besoin de verticalité »

Quelques jours plus tard, inspire par mon expérience avec le saint homme et par les paroles de Mahri, je fis le voyage vers le monde d'en bas cherchant de la force. « Je t'aime, Ours, dis-je en lui donnant un câlin en guise de bonjour et pendant qu'on s'embrassait je pensa:Ours me porta sur son dos. Il marchait pesamment à travers la forêt dense vers une clairière où le soleil brillait. Là se trouvait un grand mat. Se tournant vers moi, il dit: «**Le manque de confiance montre le besoin de verticalité ; la confiance se tient comme ce mat.** »

Des gens de toutes origines se rassemblèrent autour de nous et en se tenant par la main et dansant vers le mat, puis s'en éloignant, ils en appelèrent à la force du vertical. Je me joignis à eux, consciente que cette danse faisait passer cette force du mat en nous.

« Ours, » dis-je, « Je désire être purifiée pour faire le travail des Grands-mères, pour le faire avec un motif pur et sanctifié — purifiée du l'égoïsme et purifiée de la peur. » dit-il comme je dansai à nouveau avec toutes les tribus autour du mat.

Formant un cercle qui tournait dans un cercle plus grand, nous chantions pendant que trois danseurs mâles qui ressemblaient à d'anciens Incas tournoyaient dans l'espace entre les cercles. Leurs mouvements étaient exécutés près du sol mais imitaient le vol et tous les danseurs les imitaient tant soit peu. J'en fus.

Dans mon esprit je vis ce rituel comme il avait été pratiqué dans des époques anciennes, dans le Nord de l'Europe aussi bien qu'en Amérique. En porteur de force, il apporta de la puissance aux individus et aux nations qu'ils représentaient. Pendant que nous dansions, des rubans de pluie descendaient avec grâce, bénissant et nourrissant ceux qui étaient engagés dans ce travail. A nouveau, j'étais une parmi beaucoup.

« **Ce travail n'est pas spécial,** » dit Ours, « **ne sois pas impression-**

née par ça. **Ce n'est pas spécial ; c'est tout simplement quelque chose que tu as à faire.** » Me rappelant que chacun d'entre nous a un travail à faire, il dit, « **Adopte une attitude tout à fait terre à terre envers ce travail. Du respect, mais pas de crainte. La crainte n'a pas sa place ; il nourrit l'égo**— le tien et celui des autres. **C'est simple. C'est le temps de l'action, un temps pour appeler les gens à être frères et sœurs,** » dit-il et ajouta en me souriant, « **Si tu les appelles, ils viendront.** »

« **Donne plus 'd'empowerments',** » dit-il. « **N'attend pas d'être parfaite. N'attend pas d'être parfaite pour faire quoique ce soit. Simplement fais, fais !** » « D'accord, Ours, » dis-je en hochant la tête. Il avait raison. Si j'attendais d'être parfaite, rien ne se ferait.

Chapitre 11

Réarranger yin et yang

« *Le travail que l'on t'a donné est de déplacer l'énergie de ce que vous appelez yin pour qu'elle pousse contre le yang ... le réarrange.* »

Comme la peur de m'aventurer plus loin avec les Grands-mères diminuait, je voulus en savoir plus sur le déséquilibre de yin et yang en moi et en toute chose. Pour une raison que j'ignore je fus attirée dans le monde d'en bas pour cela.

Je me laissai tomber dans mon ouverture dans la terre et plongeai dans ce qui semblait des kilomètres et des kilomètres d'obscurité avant de tomber dans la rivière. Je montai ensuite dans le canoë et pagayai jusqu'à ce que je vis le feuillage épais qui marquait ma destination. Ours attendit de l'autre coté de ces feuilles et, me prenant sur son dos, dit, **« Nous devons voyager loin. »**

Je serrai mes bras et mes jambes autour de lui pendant qu'il leva le nez pour renifler l'air avant de se lancer en avant. Le sol était pierreux, mais il monta le chemin qui serpentait vers le sommet avec peu d'effort et rapidement, nous quittions l'ombre de la montagne et courrions dans le soleil brûlant.

Ours ne se fatiguait pas. La chaleur n'avait pas l'air de l'affecter comme elle l'aurait fait sur terre ; il ne haletait même pas. Je sentais le soleil sur mes bras et mon dos, mais c'était pourtant agréable. Moi qui étais plutôt sujette aux coups de soleil, je me sentais à l'aise sous ce ciel brûlant. Des vagues de chaleur montaient des rochers qui bordaient notre chemin mais je ne transpirais même pas.

Ours nous hissa sur la colline et nous passâmes de l'autre coté dans un pays verdoyant où une rivière faisait des méandres. Je sentais une odeur d'herbe verte et une brise venait me caresser, mais nous ne nous arrêtâmes pas là. Ours grimpa sur les rochers, encore plus haut.

Soudain une voix dit, « **Fertile et infertile, verdoyant et aride. Se sont des opposés — mais nécessaires.** » La cadence était celle des Grands-mères, mais quand je regardai autour de moi je ne les vis pas. Mais quand je me laissai glisser du dos d'Ours et mes pieds touchèrent le sol, Ours disparut. Même la montagne avait disparu à ce point et je me trouvai sur un wagon plateforme qui avançait à toute vitesse; j'étais une passagère d'un train qui fonçait à travers des paysages changeants. Des arbres, des montagnes et des gorges passent si rapidement que je pouvais à peine les voir.

Des forêts de conifères s'étendaient à perte de vue. A peine avais je senti l'odeur de pin que les forêts avaient déjà disparu et le train passait par des montagnes encore plus hautes, dont les pics rocheux dépassaient la ligne des arbres. Mais avant de pouvoir bien regarder ce paysage nous rentrions dans une plaine fertile où des troupeaux d'animaux paissaient.

Je voulus m'arrêter et les regarder mais nous voyagions à une telle vitesse que je ne pus que les entrevoir avant de me trouver dans un désert où rien ne poussait, où de la terre sableuse semblait s'étendre à l'infini. Ensuite nous fonçâmes à travers une autre vallée et par dessus une autre montagne.

« Qu'est-ce que c'est? » dis-je, pouvant à peine contrôler mon irritation. Les contrastes défilant devant mes yeux ne purent être plus spectaculaires, pourtant il n'y avait le temps de se concentrer sur aucun. Ce train bougeait trop vite.

A nouveau la voix dit, « **Fertile et infertile, verdoyant et aride. Ce sont des opposés—mais nécessaires.** » « C'est ce que je vois — des opposes. » dis-je. Haut et bas, humide et sec, chaud et froid. Cette plongée de la luxuriance dans le désert et d'un piton rocheux dans une verte vallée m'avait stupéfaite. Les contrastes avaient bouleversé mes sens.

Quand la voix reprit, j'étais sûre que c'était celle des Grands-mères. « **Tout est dans le changement et le flux,** » dirent-elles. « **Ce qui semble fertile porte en lui la semence de son propre mouvement vers l'aridité. Ce qui semble aride contient la semence d'une grande fécondité. Nous dansons ensemble dans un mouvement entrelacé.** » Après une pause elles ajoutèrent, « **Ce qui semble mal porte en lui la semence du bien.** » C'était un langage élégant, presque de la poésie, mais je me demandai, « Qu'est-ce que ça veut dire? » « Yin et yang sont fluides, » dirent-elles. « Ils ont seulement l'air d'être des opposés. »

« Le travail que l'on t'a donné est de déplacer l'énergie de ce que vous appelez yin pour qu'elle pousse contre le yang --le *réarrange*. » Ceci me donna un choc. Comment est-ce que yin et yang, les éléments de base de l'univers, pourraient bouger?

Lisant dans mes pensées, elles dirent, « **Il n'y a pas de danger pour la terre ou pour vous maintenant. Aucun ne sera détruit par cataclysme comme beaucoup le craignent. Il y a un nouveau mouvement qui apporte la vie.** »

« **Beaucoup de détresse et de souffrance ont à voir avec la stagnation d'énergie; l'énergie est retenue dans des petites mares d'eau stagnante.** » Elles attirèrent mon attention sur des rondins qui flottaient dans l'écume d'un courant sans issu et je vis la réflexion des Grands-mères dans l'eau morte.

Je levai les yeux et fus absorbée par leurs regards pleins de compassions alors qu'elles étudièrent l'eau. « **Quand il n'y a pas de mouvement, pas de vie, pas de changement dans la croissance,** » dirent-elles, « **il y a de la stagnation et à partir de cela –destruction, dépravation et le mal. Donc, tu es une sagefemme qui aide à donner naissance à ce nouveau dont l'heure est venue. Ceci est une progression et un développement naturel. Il est temps!** » s'écrièrent-elles, jetant leur tête en arrière d'un air triomphant. « *Ceci* **est une bonne nouvelle.** »

« **Comment est-ce que ce que vous dites est en lien avec ma santé?** » demandai-je, me rappelant mes soucis persistants à propos de mon corps. « **Tu fais partie de la planète,** » dirent-elles. « **La stagnation et des états d'immobilité doivent être enlevés à toi aussi. Ton travail n'est pas séparé du travail planétaire. Ce que l'on veut dire,** » ajoutèrent-elles, ouvrant grand les bras, « **c'est que tu vas très bien ! Ton karma individuel est en train d'être brulé, le karma de tout le monde est entrain d'être brulé.** » Elles dirent en souriant, « **Fais le de bonne grâce.** »

« **Tu fais partie d'un processus et peu importe ce qui est fait, ce processus qui a démarré continuera. Tu peux en faire partie. Tu peux avoir la joie de faire cette expérience avec nous et aider pour que les autres ressentent également cette joie,** *mais le processus aura lieu quoique tu fasses.* **Bien qu'il n'y ait rien que tu dois FAIRE, pour ta propre joie, fais-le ! Sache cependant que le destin de personne dépend de tes actions. Tu as de la chance en effet de faire ce travail si tu choisis de le faire, car cela te donnera beauté et joie.** » « **Je choisis,** » dis-je, « **je choisis !** »

Soudain Ours, un cerf et plusieurs autres animaux commencèrent à danser autour de moi. C'était ce même mouvement entrant et sortant qui extirpait la vieille énergie. Pendant qu'ils dansaient les Grands-mères parlaient. « **Comme l'eau d'une rivière ou d'un courant bouge, ainsi la vie doit éviter la stagnation, la maladie et le mal. La fraîcheur, la nouveauté et la clarté viennent avec le mouvement,** » dirent-elles.

« Ce changement entre le yin et le yang apportera de la fraicheur à une mare stagnante et enlèvera l'eau fétide. »

« **Prends plaisir dans cette libération,** » dirent-elles, « **prends joie dans la libération de la terre — grande joie!** » Les animaux se jetaient dans la danse avec abandon, si heureux qu'on m'avait donné la chance de jouer une part dans ce travail et le jouerai avec volonté. Pendant que je regardai, j'entendis: « **Les horreurs dans le monde sont simplement l'ancien qui se brise ; la stagnation se détache. Yin et Yang se forment l'un l'autre en se rencontrant l'un l'autre, chacun poussant contre l'autre dans son élan naturel.** »

Quelque chose bougeait ; la clarté et l'obscurité se déplaçaient. Je fixai mes yeux sur les formes changeantes et vis ... que les Grands-mères avaient raison ! La forme du yin et yang changeait en effet. Ce n'était pas le même symbole incurvé en forme de larme auquel j'étais habitué ; elle se changeait en d'autres formes.

« **Les humains pensent au yin et yang que comme ils sont dessinés dans leur position de repos,** » dirent les Grands-mères, « **Quand les énergies atteignent l'homéostasie pendant certaines périodes. C'est la forme à laquelle vous êtes habitués, votre image du yin et yang. Mais quand la vie commence à bouger cette énergie, à la pousser et à la faire tourner, elle prend beaucoup de formes.** » Elles ajoutèrent, « **Yin et yang sont toujours de volume égal.** »

Quand elles prononcèrent la dernière phrase je les regardais avec intensité. « Si yin et yang sont de volume égale, » pensai-je, « comment peut-il y avoir un problème d'excès de yang dans le monde? » Sans paroles elles répondirent. Le volume de yin et yang reste le même, mais la façon dont chaque énergie manifeste sa puissance, fortement ou faiblement, peut changer selon les moments. Yin, qui s'est trouvé dans un état diminué et dormant pendant des siècles, est en train de se réveiller. Ce yin qui se réveille change, non pas en volume mais en puissance.

Plus tard je me demandai ce qu'elles avaient voulu dire quand elles affirmèrent, « Yin et yang *semblent* seulement être des opposés. » En y réfléchissant, il me vint qu'elles voulaient dire que yin et yang semblent seulement être des '*opposés fixes*'. Bien sur que ce sont des opposés, mais fluides, *pas fixes*.

« *Le Divin est venu sous la forme des Grands-mères parce que ce travail à tout à voir avec le principe féminin, le yin.* »

En plus de tout apprendre sur le changement entre yin et yang, je voulus comprendre le principe féminin en lui-même. Je savais que les

Grands-mères faisaient partie de cette énergie, mais je voulus en savoir plus sur le grand féminin, le yin.

Quand j'atteignis leur vallée dans le monde d'en haut, au lieu d'atterrir, je continuai à voler. Mes ailes ne semblaient pas m'obéir aujourd'hui et me faisaient monter plus haut. « Je veux connaitre la Grande Mère, » répétai-je alors que je montai.

J'étais passée par plusieurs niveaux du monde d'en haut et je me demandai pourquoi je continuai à monter quand je regardai de coté et vis Aigle. « Aigle, je suis si contente de te voir, » dis-je. « Je m'inquiétais de savoir si je n'étais pas allée trop loin. »

Il me fit signe de monter sur son dos, donc je passai mes jambes et serrai mes mains autour de son cou et nous montâmes encore plus haut. Enfin nous atterrâmes et quand je descendis, je remarquai que le sol était blanc ici, comme couvert de neige. Au loin des formes neigeuses qui ressemblèrent aux Falaises de Douvres firent saillie sur l'horizon.

C'était un endroit très différent, pas comme la terre ni comme aucun niveau de la réalité non-ordinaire que j'avais vu. Je le ressentis comme sacré. Dès que j'avais admis cela, une figure féminine avec des longs cheveux noirs approcha. Ici dans cet espace blanc, elle porta une robe de couleur claire et elle avait autour d'elle une aura de sainteté. Je me tournai pour mieux la regarder et je vis qu'elle rayonnait ! Son visage, sa robe, tout d'elle rayonnait. « Ceci, » murmurais-je « est la Grande Mère. » Je la regardai avec un respect mêlé de crainte et elle répondit, « **Les gens ne comprennent pas le principe féminin.** »

Je hochai la **tête et elle dit, « Le Divin est venu sous la forme des Grands-mères parce que ce travail concerne le principe féminin, le yin. Il est approprié que ce soient des femmes, les Grands-mères, qui apportent cet enseignement. Si l'enseignement pour cette époque concernait le fait d'être un guerrier, »** elle rit, **« un guerrier serait venu. »**

« Il est temps pour le monde de revenir vers le nourrissement, l'amour et le réconfort de la Mère. Conquête et agression sont allées aussi loin qu'elles puissent aller sans détruire toute vie, » dit-elle. « L'énergie doit maintenant se tourner vers ce qui soutient la vie — vers une compassion, une compréhension plus grande, vers l'acquisition de sagesse plutôt que l'accumulation de connaissance. »

« L'énergie de vie doit bouger, » dit-elle. « Il doit y avoir de nouveaux objectifs maintenant: des objectifs qui soutiennent la vie, qui améliorent la vie, qui approfondissent l'expérience d'être humain. Pour que les jours que l'on vit soient des *bonnes* journées, des journées précieuses, que l'on attend même avec impatience. » Faisant un geste vers l'extérieur, elle dit, « **Attendues avec impatience parce que l'on se sent aimé.** » Elle s'écria en étendant ses bras dans un geste d'expansion, « **Parce que l'on *est* amour !** »

« **Compréhension, don, et approfondissement de la compassion qui devient sagesse sont des qualités de la Mère. Ce sont des qualités du yin,** » sourit-elle. « **Elles viennent quand on reçoit ce que le Divin donne à tout moment.** »

« **Quand l'esprit est occupé à poursuivre des choses à l'extérieur, ce qui est yang, il ne peut y avoir réception. Il y a alors trop d'occupation, trop de 'faire' et 'acquérir'** ». En riant elle dit, « **La vie est plus facile que cela et sera plus facile quand le yin arrivera. Il y aura un équilibre alors et chacun sentira cet équilibre dans son cœur, son esprit et son corps. Vivre deviendra un plaisir alors et non pas un supplice ou un défi !** » Son visage s'éclaircit quand elle dit: « **Oh, il y aura toujours des défis. Ca fait partie du plaisir, mais de façon équilibré.** »

Me regardant avec compassion, elle était beauté au delà de beauté ; je pouvais à peine la regarder. Puis, des larmes coulèrent le long de mon visage et m'aveuglèrent et firent que je ne la voyais plus. Mais je pouvais toujours l'entendre. « **La vie n'est pas une guerre,** » proclama-t-elle, « **la vie n'est pas un mouvement contre quoique ce soit. Ce n'est pas ça la vie. *Ca* c'est l'énergie du yang- au bout du rouleau. Le yang est fatigué maintenant, fatigué,** » dit-elle, « **et tendu.** »

Hochant la tête tristement elle dit: « **Vous vous voyez avec vos détresses et problèmes, tensions et angoisses.** » Elle leva la tête, me regarda droit dans les yeux et dit, « **Nous voyons *tout* !** » Maintenant ,les Grands-mères se tenaient à ses cotés et, parlant d'une voix, dirent, « **nous voyons le corps énergétique de chaque forme de vie. Tous ceux-ci sont tendus et tirés à l'extrême par les efforts, la crainte et l'évitement. Cela doit s'arrêter.** »

Le regard au loin, elle et les Grands-mères dirent, « **Il y a une grande beauté en chaque jour, il y a une grande beauté en chaque être, mais depuis *si longtemps* cette beauté a manqué aux humains. Ceci se termine maintenant.** » dirent-elles en redressant leurs épaules. « **Ce travail aidera à mettre fin à cela.** »

« **Ecris avec ton cœur,** » dirent -elles en chœur, « **ton cœur sait. Nous parlons à travers ton cœur, nous vivons dans ton cœur et nous entendons tes questions inexprimées sur *qui* nous sommes.** » Ceci me fit sursauter; je ne pensais pas qu'elles savaient combien de fois j'avais mis en doute leur capacité à maitriser une tâche d'une telle magnitude. Corriger le déséquilibre sur terre m'avait semblé un travail bien trop grand pour un groupe de vieilles femmes. Les Grands-mères et la Grande Mère me fixèrent avec insistance.

« **Nous ne sommes pas séparées de Dieu,** » dirent-elles, « **nous sommes un avec Dieu. Dieu,** » expliquèrent-elles, « **prend différentes formes à différents moments pour donner des leçons et faire les dons du moment.** »

« **Nous sommes venues maintenant.** » Les Grands-mères parlèrent pendant que la Grande Mère hocha la tête. « **Et notre leçon pour ce moment est la restauration du principe féminin dans un équilibre correct et respectueux avec le principe masculin. Nous infusons de la vie et de l'énergie dans le yin, qui est devenu insuffisant et qui se remplit maintenant. Et nous prenons la forme qui sera compris pour faire ce travail. Nous venons,** » dirent-elles, « **comme les Grands-mères, comme le Grand Conseil des Grands-mères.** »

La Grande Mère dans sa robe pâle me toucha l'épaule et je m'inclinai, mais elle me releva et nous nous regardâmes. « **Nous nous rencontrons dans un niveau plus élevé du monde d'en haut aujourd'hui,** » dit-elle, « **parce qu'ici nous sommes loin de le terre où il n'y a pas de compréhension ou appréciation pour l'aspect féminin de Dieu. Ce travail,** » elle fit un geste vers les Grands-mères, « **apporte cette conscience à la terre sous forme de rubans de lumière.** » Pour me rassurer, elle dit, « **Ceci se passe exactement comme il se doit.** »

Les Grands-mères se rassemblèrent autour de nous et quand elles se furent rapprochées, elles commencèrent à me faire belle. Une tint un miroir et je m'aperçus dans leurs bras, pendant qu'elles me caressèrent le visage et s'occupèrent de moi. J'avais l'air plus jeune.

C'était étrange, mais merveilleux et alors que je sentais la beauté grandir en moi, elles dirent, « **Il viendra beaucoup de groupes de discussion de ce livre et beaucoup d'enseignements. Le livre,** » elles illustrèrent avec un geste de la main, « **est un rayon de lumière qui traverse les couches dures de la terre, s'enfonce et se répand à partir de là. Les enseignements et autre travail qui en suivront seront grands.** »

Le rythme du tambour changea. Je me retournai pour partir, tout mon corps frissonnait, plein d'émotion. J'étais si tremblante quand j'entrepris mon retour, qu'Aigle vola près de moi, me surveillant de près.

« *L'acte d'adorer crée une séparation entre l'adorateur et l'adoré.* »

A cause de mon éducation religieuse, j'avais imaginé que la Grande Mère ressemblerait à la Vierge Marie et bien que cette Mère ne lui ressemble pas, elle provoquait la même sensation en moi. J'apprenais qu'il y avait beaucoup de formes pour la Grande Mère, différentes formes pour différentes cultures. C'était quelque chose dont je savais peu et cela restait un grand mystère pour moi.

Peu après ce voyage je retournai vers le monde d'en haut, simplement pour être avec les Grands-mères. Portant leur forme humaine, elles me dirent bonjour et m'embrassèrent, puis se retirèrent et, avec des sourires pleins de mystère, me regardèrent. Je les admirais et je sentais leur amour pour moi quand, du coin de l'œil, j'aperçus du mouvement. Un personnage énorme s'approcha.

Drapée de rouges et bleus chatoyants, une femme qui semblait rayonner de la lumière marchait lentement vers nous. C'était la Grande Mère qui cette fois-ci apparaissait comme la Reine du Ciel.

Elle portrait une couronne et ressemblait *exactement* à l'image que j'avais de la Très Sainte Mère. Comme elle s'approcha, je tombai **à genou et pendant que mes yeux fixaient le rayonnement autour d'elle, ses bras s'élevèrent et prirent la couronne. A mon horreur**, elle la plaça sur ma tête. Rapidement je la repoussai vers elle, mais elle dit, « **Non !** » en la refusant. « **Je ne veux pas de ton adoration.** » Je la regardai, bouche bée.

« **Tu dois penser à devenir un avec moi,** » dit-elle. « **Si tu fais ça, je peux commencer à travailler à travers toi. Invite-moi,** » dit-elle, « **invite toute forme du divin que tu vénère dans ta vie. L'acte d'adoration,** » expliqua-t-elle, « **crée une séparation entre l'adorateur et l'adoré. Il limite la possibilité pour le Divin d'entrer dans les vies humaines et d'y agir.** »

« **Tu dois reconnaître ta propre nature divine. Ceci est devenu une nécessité maintenant.** » Avec autorité elle dit, « *Tu ne peux plus te permettre l'illusion que tu es séparée de Dieu.* **En commençant une relation avec Dieu de cette nouvelle façon, tu aideras à sauver ta planète.** »

Je ne pouvais plus me considérer comme un être humain insignifiant. Je devais arrêter de vivre comme si j'étais seulement mon petit moi et rentrer dans mon grand Moi. C'est quelque chose que nous devons tous faire. Alors que ces pensées me venaient, Elle souriait et hochait la tête.

Pendant mon retour de la réalité non-ordinaire, je réfléchissais à tout ça. « La puissance sans limite de la Divinité veut travailler en, et à travers moi, en et à travers chacun de nous, » me dis-je. Je m'engageais à arrêter de me tenir séparée de Dieu, à arrêter mes implorations habituelles et à me tourner vers le silence intérieur à la place. *Fusionner avec la Présence,* c'est cela que la Grande Mère demandait.

« Nous donnons, nous aidons, offrons et tenons. Nous créons un contenant sûr pour toute la famille des vivants. »

Plusieurs fois on m'a demandé, « Pourquoi les Grands-mères? Si c'est l'énergie du yin dont on a besoin sur terre, pourquoi ce n'est pas la Mère qui est venue? Pourquoi les Grands-mères? » Cette question ne m'avait jamais gênée, parce que depuis le début, j'avais adoré ces vieilles femmes sages, donc pour trouver la réponse à « Pourquoi les Grands-mères? » je dus voyager.

Dès que je leur posai la question, elles rirent et m'enveloppèrent dans un châle. Fait dans une laine douce, la couleur de la terre, il encadrait mon visage, couvrait mon dos et se croisait sur ma poitrine. J'avais l'air d'une grand-mère Mexicaine enveloppée dans son rebozo.

C'était drôlement intéressant. Dès que les Grands-mères m'enveloppèrent, je *devins* une grand-mère traditionnelle, et habillée ainsi, je vis la vie d'un angle différent. Ce que je remarquai était que j'étais davantage une observatrice qu'une participante.

Me trouvant au centre d'une place de marché pleine de monde, regardant l'activité autour de moi, je me sentais quelque peu distante. Les gens marchandaient et passaient rapidement à coté de moi. Des hommes se promenaient, des femmes partageaient leurs histoires et par terre, les enfants jouaient. Presque personne ne me remarquait et je regardais tout simplement. Bien que j'avais de l'intérêt pour chacun sur la place et de la compassion, ma conscience se trouvait quelque peu éloignée.

Pendant que je m'interrogeais, les Grands-mères parlèrent. « **C'est difficile de se fâcher avec une grand-mère,** » dirent-elles, « **c'est difficile d'avoir seulement des attentes d'une grand-mère.** » Doucement elles ajoutèrent, « **Une grand-mère est un peu éloignée du drame de la vie quotidienne.** »

« **La position de la grand-mère n'est pas une position de lutte,** » dirent-elles. « **Il se peut qu'elle ait des sentiments sexuels, mais elle n'est pas soumise au désir. Il n'y a pas d'énergie de conquête ou de bataille autour d'une grand-mère, comme il est souvent le cas autour d'une femme plus jeune. Une grand-mère n'ambitionne rien. Elle n'exige pas d'être au centre de l'attention mais se tient en retrait, nourrit et soutient la famille.** » Elles parlèrent non pas d'une grand-mère individuelle, mais de la grand-mère archétypale. « **Oui,** » dirent-elles et pointant sur elles-mêmes, elles ajoutèrent, « *Nous* **faisons cela.** »

« *Nous* **donnons,** *nous* **aidons, offrons et tenons.** *Nous* **créons un contenant sûr pour toute la famille des vivants. La famille est en sécurité** *parce que nous sommes là,* **parce que nous tenons et soutenons tous et tout.** »

« Cette qualité particulière de celle qu'on appelle grand-mère est quelque chose que tout le monde comprend, » dirent-elles. « **Les Grands-mères cherchent la continuité de la famille, elles favorisent ce qui est bon dans la vie ; elles cherchent à soutenir.** » Oui, pensai-je, ce sont les anciens, les grands-mères et les grands-pères qui conservent la sagesse pour la famille humaine. « C'est pourquoi vous êtes venues comme le Grand Conseil des Grands-mères, n'est-ce pas ? » demandai-je.

« **Ceci est notre mission,** » dirent-elles. « **Comme les grands-mères nous tenons tous les pères, toutes les mères et les enfants de la famille des vivants. Ils sont nos fils, nos filles et nos petits-enfants.** »

« **Nous désirons le plus grand bien pour tous. Cette qualité du don altruiste est ce dont on a le plus besoin sur la terre en ce moment.** *C'est pourquoi le Grand Conseil des Grands-mères est venu* **; pour aimer les pères, pour aimer les mères, pour aimer les enfants, pour les aimer tous.** »

Je pleurais alors que je les écoutais. « Oui, elles sont exactement ce dont le monde a besoin aujourd'hui, » dis-je. Et enveloppée dans mon rebozo, je dis au revoir à ces Grands-mères aimantes et généreuses avec une seule pensée en tête — je voulais être comme elles.

« **Nous serons une forme du Divin facilement accessible pour les gens. Nous sommes réconfortantes et accueillantes ; nous sommes une présence nourrissante.** »

Ce sont ces qualités des Grands-mères qui ont fait revivre des gens spirituellement, qui assouvissent une faim de Dieu ancienne.

Lorna, un membre du groupe -noyau, n'avait jamais cru qu'elle puisse avoir une relation personnelle avec Dieu jusqu'à ce qu'elle reçoive 'l'empowerment' des Grands-mères. Elle, une octogénaire élégante, disait, « J'ai lutté et cherché Dieu pendant au moins cinquante de mes quatre-vingts ans. » Elevée comme chrétienne, elle avait épousé un homme juif et bien qu'elle avait fait un effort sérieux pour embrasser la foi chrétienne, puis le Judaïsme, elle dit, « Je ne sais pas pourquoi, mais je ne sentais tout simplement rien à l'intérieur. J'ai essayé, mais la religion était sèche pour moi — elle me laissait un goût de cendres dans la bouche. »

Une fois reçu 'l'empowerment' par les Grands-mères, elle revenait sans cesse, ramenant à chaque fois une nouvelle amie pour partager l'expérience. Son regard s'adoucit quand elle nous dit, « Je ne croyais pas que cela pouvait arriver, mais maintenant j'ai une relation très **étroite avec Dieu. J'ai finalement eu ce que j'avais cherché toute ma vie**, mais n'avais jamais trouvé. »

Sarah, que j'ai rencontrée il y a bien des années dans une classe de méditation très structurée, a une histoire similaire. Parlant de cette époque, elle dit, « Je suivais mes professeurs de méditation alors, me conformant à leur discipline stricte jusqu'à ce que je n'en puisse plus. J'ai toujours œuvré dur pour ma vie spirituelle, et cela demandait tellement d'efforts, qu'après un certain temps, je n'avais plus le cœur à ça. Finalement, j'ai arrêté quand je me suis rendu compte que je ne me sentais pas plus proche de Dieu que quand j'avais commencé. J'ai pratiquement abandonné la recherche de Dieu alors. » **dit-elle.** « **J'avais essayé de tout mon cœur**, mais rien ne s'était passé pour moi. Je me disais que Dieu était pour d'autres, mais pas pour moi. »

J'avais perdu contact avec Sarah et je ne savais pas à quel point elle avait souffert de désespoir, donc quand je la voyais rayonner après 'l'empowerment' des Grands-mères je ne réalisais pas combien cet évènement comptait pour elle. Elle est devenu membre du groupe-noyau, venait à chaque réunion et partageait volontiers les effets en cours de 'l'empowerment' des Grands-mères. Et à cause de sa discipline spirituelle, elle pratiquait leurs méditations religieusement et avait toujours quelque chose d'intéressant à partager.

Un jour, elle me regarda avec ses yeux sombres et dit, « Je ne pourrais jamais te remercier assez pour m'avoir rendu Dieu. J'avais perdu tout espoir de jamais avoir une relation comme celle-ci mais depuis les Grands-mères, j'ai retrouvé Dieu. »

Chapitre 12

L'Etoffe de l'Existence

« Les différences entre les gens ne sont que des différences en apparence. C'est le manteau qui est réel. »

Les Grands-mères m'avaient fait vivre tant d'expériences que j'avais maintenant une bonne compréhension du principe féminin. Yin n'était plus juste un mot pour moi ; je l'avais éprouvé dans mon corps. Mais comment pouvais-je transmettre cette expérience aux autres? C'était la question centrale pour le voyage suivant.

Aigle vola à coté de moi et quand nous arrivâmes à la vallée des Grands-mères, j'imitai son atterrissage, ailes grandes ouvertes et les pieds vers le bas. J'étais un aigle à tête blanche avec un visage féroce et un bec courbé alors que je m'inclinai devant les Grands-mères. « Oh Mesdames, » dis-je, « je veux savoir comment aider les autres à comprendre le principe féminin. » Elles étaient contentes que je sois de retour chez elles et également avec ma question.

Je regardai et attendis, mes ailes repliées comme des mains en prière pendant qu'elles s'occupèrent de mes épaules. Elles me fabriquaient un manteau avec un col en éventail qui allait de ma clavicule jusqu'au-dessus ma tête. Il était dans le style élisabéthain, sauf qu'il montait bien plus haut et n'était pas en tissu, mais fait de lumière.

Quand je revins sur la question comment aider les autres à comprendre le principe féminin, je ressentis un tiraillement vers le haut. Quelque chose remonta à travers ce col plié et en même temps cela descendit par ma colonne vertébrale. Ceci créa une tension qui me faisait tenir droite ; ma colonne s'allongea et elle chauffa en même temps. Le centre de mon dos fut maintenant en flammes ; j'aurais brûlé mes doigts si je l'avais touchée.

Puisque je ne compris rien à ce qui se passait, je reposai la question. **« Tu ne peux t'aider sans aider les autres, »** dirent les Grands-mères et je compris qu'en me 'redressant' et en me rendant plus forte, elles en aideraient d'autres. « Je crois que vous m'avez déjà dit cela, » dis-je. « **Et on te le redira.** »

Le manteau était immense. Sans couture et d'un bleu profond, il semblait faire partie du ciel nocturne, la couverture de la terre. « Tous sont tenus dans ce manteau, » dirent-elles. « Les différences que tu vois entre les hommes ne sont que des différences apparentes **qui se manifestent au niveau de la vie sur terre.** » Et me jetant un coup d'œil elles dirent, « C'est le manteau qui est réel. »

Elles m'indiquèrent des petites bosses sous le manteau et les regardais bouger un peu partout, chaque bosse disparaissant puis apparaissant ailleurs sous l'étoffe. « Ces bosses créent beaucoup d'activité, » dis-je, « mais ça ne représente pas grand' chose. Les Grands-mères hochèrent la tête.

C'était merveilleux d'être couverte par ce 'manteau-de-tout', comme elles l'appelèrent. Léger, mais réconfortant, il était bleu-nuit et couvert d'étoiles. En étudiant les plis qui m'entouraient, je vis comme les étoiles brillaient et reconnus ce que je regardai. « Oh, » dis-je, « Le manteau est le ciel nocturne et chaque être est une étoile dans ce ciel ! » Les Grands-mères arborèrent un large sourire.

« Donc c'est ça qu'elles veulent dire quand elles affirment, '**Tous sont tenus dans ce manteau**,' » pensai-je et puis l'immensité de ce concept me frappa. Comment pourrais-je enseigner quelque chose d'aussi grandiose? Dès que ma question se forma, j'entendis les Grands-mères dire, « **Laisse les en faire l'expérience.** » Je devais enseigner ceci comme une méditation. « **Oui,** » dirent-elles. « **Laisse chacun s'étendre dans le ciel nocturne, être enveloppé dans la couleur de ce ciel, sentir la brise ici, voir et sentir la lumière des étoiles.** »

« *Ceci* est la réalité, » dirent-elles. « Ce que vous appelez '**réalité' n'est pas réel du tout.** » Indiquant le manteau qui couvrait la terre, elles dirent, « Ce que vous appelez 'réel' ne sont que des **petites bosses sous le manteau, des petits allers et venues sous ses plis.** »

« C'est le tissu en **une seule pièce du manteau qui est réel. Ceci est l'étoffe qui couvre tout** » et croisant leurs bras devant leur poitrine, elles dirent, « **ceci est le tissu de tout, L'Etoffe de l'Existence, L'Etoffe de l'Existence,** » répétaient-elles. « **Ceux qui comprennent cet enseignement seront remplis de joie et d'un sentiment de reconnaissance.** » Elles ajoutèrent de façon énigmatique, « **Beaucoup ne comprendront pas, et pourtant beaucoup comprendront.** »

« Tout n'est pas pour tout le monde dans ce travail, » expliquèrent-elles, « mais il y a quelque chose pour tous. » « Que c'est merveilleux, Grands-mères, que toutes ces leçons n'ont pas besoin de convenir à tous pour que l'Etoffe de L'Existence bénéficie à chaque personne. » Depuis quelque temps, je m'inquiétais de savoir combien de mes expériences avec les Grands-mères devait être inclues dans le livre, et ce qu'elles venaient de dire clarifiait cela. « Mets-y tout, » me dis-je, » « et laisse les gens prendre ce qu'ils peuvent utiliser. »

En relevant la tête, j'étais surprise de voir Ours avec nous. J'étais ravie de le voir ici dans le mode d'en haut et je m'écriai, « Oh Ours, tu m'as tant manqué ! » Son amour se déversait sur moi; je sentais qu'il était aussi content de me voir que moi de le voir, lui.

Les Grands-mères nous regardèrent nous embrasser et dirent en souriant, « **Nous nous manifestons joyeusement comme un….. 'fil' particulier de l'Etoffe de l'Existence,** » elles rirent quand, après avoir cherché un moment, elles trouvèrent en 'fil' le mot qui leur semblait juste. « **Dans la joie nous manifestons notre 'fil' particulier,** » dirent-elles, « **frotte contre les autres, tisse avec eux et touche les. Et en faisant ceci, l'amour dans l'Etoffe de l'Existence est augmenté des milliers de fois.** »

« **Quand nous nous reconnaissons comme Ours et toi viennent de le faire, la joie infuse l'Etoffe de l'Existence. C'est pourquoi tout le monde aime les histoires d'amour. Cela nous rend heureux de voir un acte d'amour, de voir un geste ou un regard de tendresse parce que nous le *ressentons*. Nous le *ressentons* dans l'Etoffe de l'Existence.** »

« **Laisse-toi être revêtue de l'Etoffe de l'Existence et sache que chacun est ainsi vêtu. *Chacun*.** » Elles firent un geste vers la planète- terre et dirent, « **Certains, bien sûr, seront fascinés par les petites bosses qui bougent sous ce tissu, ces petites bosses qui vont et viennent.** » Haussant leurs épaules come pour dire,: ' on y peut rien, ' elles dirent, « **Pense à l'Etoffe de l'Existence comme le ciel nocturne, à toi-même debout dans un espace ouvert, entourée d'en haut, d'en bas, de devant et derrière, et des cotés par le ciel. Puis imagine que cette Etoffe de l'Existence touche ta peau et respire-la.** » Elles soupirent d'aise et dirent, « **Elle touche tout.** »

Je fis comme indiqué, pensai au ciel nocturne et le respirai. Il y avait un tel sentiment de paix et, comme je continuai de respirer, je me sentis grossir de façon exponentielle. « Oh oui, Grands-mères. » m'écriai-je, m'élevant en pleine euphorie.

Maintenant je fus une avec le ciel nocturne, le respirant tout en me trouvant dedans, immergée dans un état d'attente. Je me reposai, totalement heureuse et puis, dans cet endroit de paix, je repensai à la question avec laquelle j'étais venue. Comment pouvais-je communiquer l'essence du yin aux autres?

Instantanément le haut col du manteau se redressa au dessus de ma tête et une traction verticale monta et descendit le long de mon dos. Cette traction m'étira et ma conscience se retourna vers ma colonne vertébrale. Je regardai la force qui me tira vers le haut lever le manteau également. Quand nous montâmes, je vis le manteau s'étaler en grand. Je fus ouverte au ciel.

Je scrutai mon corps d'une certaine distance. Moi, l'observateur, fut toujours moi-même , mais ce 'moi' était maintenant en deux endroits, d'une façon ou d'une autre. Ce 'moi' qui était étendue était comme une fleur avec le haut en forme de cône, ouverte comme une clochette. Je regardai l'énergie des cieux se déverser dans cette fleur, couler le long de mon dos et poitrine, m'inonder et m'entourer et je vis mon corps se gonfler plein de joie et d'espoir.

Mais comme ma conscience se fonda avec la fleur que j'étais, graduellement je ressentis moins cette sensation d'être enracinée et je commençai à avoir la tête qui me tourna. La traction dans mon dos m'avait étirée au maximum et bien que le fait d'être connectée à la terre par ma 'tige' m'aida à m'ancrer, je fus à peine capable de contenir l'énergie dilatante qui m'inonda. « **Doucement,** » dirent les Grands-mères, « **laisse nous faire le travail.** »

Je ne m'étais pas rendu compte que je m'étais concentrée de toutes mes forces. C'est pourquoi je me sentais étourdie. Je faillis rire de moi-même pour avoir 'essayé' une fois de plus, mais la tête me tourna tellement, qu'au lieu de cela, je me mis rapidement dans un état de réceptivité et dis: « Ouverte, je suis ouverte. » Me concentrant sur ma respiration pendant que je pensai à m'ouvrir, j'étais étendue, mes paumes retournées vers le ciel à mes cotés.

Mon esprit se calma, mais mon dos était toujours enflammé. Je pus à peine supporter la chaleur et me tortillai alors que je fus couchée là. Les Grands-mères dirent: « Il y a longtemps des morceaux de gravier se sont coincés sous l'Etoffe de l'Existence à **l'intérieur de toi.** » Un état de conscience ancien causait cette sensation de brûlure ; la douleur avait été stockée dans cet endroit pendant longtemps et remontait maintenant à la surface.

« **La douleur, c'est ça,** » dirent-elles. « Il fut un temps où tu étais tellement fascinée par les circonstances et évènements négatifs de ta vie que tu étais devenue incapable de les lâcher. » Je regardai à l'intérieur de moi-même et eus le souffle coupé quand j'y vis des pierres brûlantes empilées les unes sur les autres.

Des vagues de chaleur se dégageaient des pierres et je me mis à avoir des quintes de toux. Je ne pus m'arrêter. Les Grands-mères se penchèrent sur moi et commencèrent patiemment à séparer les pierres, enlevant la pile des pierres brûlantes du coté droit de mon corps. Je toussai pendant tout le temps qu'elles travaillèrent.

« **Porter ces pierres n'est pas seulement douloureux,** » dirent-elles, « **mais ces poids d'il y a longtemps créent la distraction par la douleur qui t'empêche d'avancer.** »

Avec l'aide du Saint-Homme, elles me couchèrent face contre une table et il me coupa dans l'épaule droite pour y enlever quelque chose. Après avoir enlevé cette chose, il recousit ma peau et, tenant mon épaule délicatement entre ses mains, il chantonna:

« **lentement, lentement, lentement.** » De l'amour coula comme un baume liquide de ses mains en moi et quand il eut fini, j'étais faible et épuisée, mais au moins il n'y avait plus cette brûlure dans mon dos.

Les Grands-mères regardèrent tout ça, pleines de compassion et elles me rappelèrent gentiment que cette douleur était pour me rappeler pourquoi je dois travailler comme je le fais. Je dois apprendre un peu d'elles et toujours faire suivre les leçons par la guérison.

« **Cela doit se faire dans le bon rythme,** » dirent-elles. « S'il vous plait, apprenez-moi ce rythme, » dis-je et le mot qui me vint en faisant ma demande fut 'Grâce'. *Le bon rythme est plein de grâce.* « Comme le vol d'un oiseau, **tout en grâce,** » dirent-elles. « Chaque chose en son temps. » Penchant la tête, elles sourirent, « Le bon rythme n'est jamais précipité. Il n'y a pas de précipitation dans la nature. Les plantes poussent, » chantonnèrent-elles, « la vie se développe au rythme des saisons. »

Ce qu'elles dirent prit un certain rythme et j'en fus comme hypnotisée, mais ensuite elles firent une pause et semblèrent réfléchir à quelque chose. « Oh, une plante qui est forcée à pousser vite, » elles éclatèrent, « n'est pas saine, ne vit pas longtemps, ne se porte pas bien. »

« *Ce n'est pas bien du tout !* » dirent-elles avec horreur. « C'est du poison, c'est le Mal! Des hormones et des produits chimiques pour faire pousser les plantes et les animaux plus vite. Mal, » dirent-elles, leurs visages sombres.

« La grâce, » elles réfléchirent sur le mot. « Chacun selon sa propre nature, » dirent-elles et ajoutèrent, « **pousser les êtres humains — c'est mal.** »

Le mot 'grâce' a la connotation d'un rythme naturel en accord avec le flux de la vie. « Oui, » dit le Saint-Homme, « rien de mal peut arriver si l'on respecte le flux de la vie. »

« *Tu es plus que tu n'aies jamais imaginé. Tu es comme le ciel nocturne.* »

Après ce voyage, je me sentais comme si je venais de me faire opérer. Pendant le restant de la semaine, je me sentais si épuisée que je me couchais en plein milieu de la journée. Mais, le fait d'avoir enlevé ces pierres de mon corps faisait une grande différence. J'étais plus calme et paisible.

Après cinq jours de repos, je fus prête à y retourner. Je comprenais maintenant comment méditer sur l'Etoffe de l'Existence pouvait donner aux femmes une compréhension du pouvoir du yin. C'était en tout cas ce qui s'était produit pour moi. Mais, j'avais besoin d'une méditation guidée pour que je puisse le passer.

Avant que je ne puisse le demander, les Grands-mères dirent, « Pense à toi-même comme le ciel nocturne et rentre dans son bleu indigo. **Il y a des étoiles et il y a des lunes là. Il y a un rayonnement partout *et Toi, Tu Englobe Tout Ca.*** » Ceci, pensais-je, doit être la méditation.

Elles sourirent et dirent, « **Entre dans le ciel indigo. Maintenant entoure le tout et vibre avec la vie. Les étoiles et la lune pulsent en toi comme le battement de ton cœur physique pulse à l'intérieur de ton corps.**

« **Si tu ne vivais pas aussi bien à l'intérieur qu'à l'extérieur, tu ne pourrais avoir conscience de la sensation de vie en toi.** » J'y réfléchis et elles dirent, « Si tu n'étais que ton corps, si tu n'étais que ton souffle, ou seulement tes pensées, tu ne pourrais en reconnaitre aucun. Mais puisque tu es beaucoup plus que chacun de ces éléments tu peux en devenir consciente à chaque fois que tu diriges **ta conscience là.** »

Elles parlaient du 'spectateur', l'âme, cette partie de nous qui observe. Hochant la tête elles dirent, « Tu es plus que tu n'aies jamais imaginé. Tu es le ciel nocturne. Vaste. » Souriantes, elles ajoutèrent, « Tu es plus que cela mais le ciel nocturne est une idée facile à saisir. » Elles avaient raison. Me voyant comme le ciel nocturne me donnait de la concentration ; il était plus facile de penser au ciel que de penser que j'étais entièrement sans forme ; l'image n'était pas aussi bouleversante.

« Respire dans ce bleu, » dirent-elles. « **Tu peux faire cela quand tu regardes le ciel nocturne ou tu peux simplement penser à ce ciel.** » Elles me tapotèrent pour me rassurer ; « Cette méditation t'emmènera au-delà de tout sens de limitation et de petitesse, au-**delà de toute division de 'mien, moi, toi' ou 'tien'. Ce sont des concepts minuscules,** » elles semblèrent les rejeter- « **même pas des piqures d'épingle. *Tu* es grande !** " » dirent-elles. « **Tu es la couverture du ciel nocturne d'un bleu profond qui s'étale sur tout. Dilue-toi en lui.** » dirent-elles. « **Deviens ton souffle, deviens ce bleu profond.** »

« **Cette méditation guérira inquiétude et nervosité. Elle guérira**

le corps et détendra le stress sur des niveaux à la fois grossiers que subtiles parce qu'elle contient la vérité de qui tu es. » Elles dirent avec sérieux, « **Certains seront troublés par cette méditation et d'autres seront même effrayés.** »

Secouant résolument la tête, elles dirent: « Ce n'est pas important si on fait la méditation ou pas. C'est pour ceux qui sont prêts pour cette expérience d'expansion. Rend la disponible pour eux. Le manteau du ciel nocturne couvre tout. » Et repliant leurs ailes sur leur poitrine elles dirent: « Tu es cela. »

Deux semaines plus tard je rassemblai le groupe-noyau pour méditer sur l'Etoffe de l'Existence. La méditation fut un grand succès, et quand la réunion fut finie, nous partageâmes le sentiment d'expansion qu'on avait ressenti. Pour beaucoup ceci s'avéra être l'exercice le plus riche jusqu'à-là. Chacun avait senti la nature expansive et d'un grand soutien du yin dans leur corps. Maria dit que l'Etoffe de l'Existence lui donnait une plus grande compréhension de ce qu'était Dieu alors que Connie dit que maintenant elle connaissait le sens de l'expression ' nous sommes tous un'. Moi aussi, je ressentis cette unité. J'étais plus douce, avec plus d'expansion- surtout dans mon cœur.

« Une création toute chétive ne peut contenir la force. »

Bien que mon dos ne fût plus jamais aussi chaud que quand les grands-mères enlevèrent les pierres, j'avais toujours mal. Mais j'avais appris ma leçon et maintenant je fis suivre chaque leçon des Grandsmères par un voyage pour guérir. Je n'avais plus besoin de la formule trois pour un mais j'avais besoin d'aller dans le monde d'en bas pour guérir aussi souvent que d'aller dans le monde d'en haut. Si pour une raison quelconque j'oubliai cela, la douleur dans mon dos me le rappela.

Me tenant prête sur le bord me mon trou à plonger dans le monde d'en bas, je priai pour la guérison par les animaux- esprits pleins de compassion. Ensuite je plongeai dans l'obscurité, tombai dans le canoë familier et pagayai jusqu'à ce que j'échouai sur le sable. Je me frayai un chemin à travers le feuillage épais et faillis rentrer dans Ours qui était là à m'attendre.

Je m'effondrai contre son corps costaud et en m'appuyant contre lui je remarquai la fragilité de mon corps comparé à la stabilité et la force dans le sien. Il y avait en moi une intensité tremblante que je ne sentis pas en lui. « **Je suis ton totem,** » dit-il, « **prend ma force. Ma force est ta force.** »

Je ne compris pas cet altruisme et cette générosité; cette façon de donner était quelque chose que je n'avais jamais expérimenté. « Ce n'est pas altruiste, » dit-il, lisant dans mes pensées ; **c'est au-delà.** » Voyant mon incompréhension, il ajouta, « C'est que nous sommes tous un. »

Je réalisai que ce n'était pas que des paroles pour lui ; il savait ce que ' tous sont un' voulait dire. C'est le grand 'don' (potlatch) dont les Amérindiens parlent, le don altruiste du bien et des biens pour le bienfait de tous. « Oui, Ours, » dis-je. « Je comprends et je serais ravie de prendre ta force. »

« **Marcher à quatre pattes a de la force,** » dit-il. « **Marcher sur deux jambes est dur pour le corps. Ce n'est pas naturel.** » Sous ses mots j'entendis: « **La conscience animale, la conscience du corps, a besoin d'être renforcée en toi.** » Intentionnellement je m'appuyai contre sa poitrine. Sa force entra en moi à travers mon dos, parcourut tout mon corps et une stabilité profonde, une force et un sens d'un profond enracinement me remplit.

« Je l'accepte, je l'absorbe, » dis-je, pendant que j'accueillis ce remède réconfortant, mais, en réponse il rugit: « **Il ne s'agit pas ici de se défaire de la douleur ! Il s'agit ici,** » grogna-t-il, se dressant sur ses pattes d'arrière, « **de reconnaitre cette force, de t'en remplir !** »

« Une création toute chétive ne peut contenir la force, » grogna-t-il. « L'humanité est devenu trop chétive par trop de mental et pas assez de cœur — le savoir instinctif. Trop de déférence envers le mental. Stupide !** » tonna-t-il. « **La sagesse et la force viennent du cœur.** »

Je buvais ses paroles. « **Viens ici chaque jour pour te soigner,** » dit-il. Mes yeux s'écarquillèrent (chaque jour!), mais il dit, « **juste pendant un petit moment. La vibration du corps changera.** »

Il massa ma colonne au niveau du sacrum pendant que le soleil chauffait sur l'arrière de mes jambes et c'était si bon. J'avais mon derrière en l'air comme un chien qui s'étire et il me regarda et dit: « Tu as oublié ce que tu es. » J'avais oublié que j'avais un corps ; je n'avais pas honoré mon corps, je n'en avais pas pris soin, comme je devais.

J'avais passé tant de temps dans ma tête, que j'avais désespérément besoin d'une connaissance du cœur instinctive dont il parlait. « J'ai besoin d'être dans mon corps, » dis-je. « Prend plaisir à être dans ton corps, » Ours gloussa. « Tu **es** ici. Il y a une finalité à ce corps. »

Je m'assis par terre, consciente de combien il fut bon d'avoir la terre sous moi, qui stabilise et soutient. De nouveau, je lui demandai ce qu'il pouvait être fait à propos des douleurs dans mon dos et mes jambes, puis je me couchai et ferma les yeux.

Immédiatement, quelque chose bougea et je me trouvai à m'enfoncer dans la terre, si profondément que lorsque j'ouvris les yeux, ils étaient au niveau du sol. « Je ne suis pas tout à fait sous terre, je peux toujours voir et respirer, » je me rassurai. « C'est juste bizarre — bizarre mais pas inconfortable. » Me touchant pour me rassurer, Ours dit, « **Beaucoup d'angoisses et de dépressions viennent du fait de ne pas être suffisamment dans le corps. Trop de coupures depuis trop longtemps,** » grogna-t-il. « **Beaucoup de générations à avoir été coupées de la terre. Pas juste !** » grogna-t-il, tapant du pied.

J'étais couchée dans la terre et me reposai. Pourquoi pas? » demandai-je. « C'est la réalité non-ordinaire, donc tout est possible, » et après un moment, je remarquai qu'il fut bon d'être enfoncé dans la terre. « Oui, » dis-je, « la terre tient et porte tout. Et je ne suis pas séparée d'elle — pas séparée du tout. »

Mon nez dépassant du sol, j'écoutai les arbres autour de moi. Se murmurant et chantant, ils m'encourageaient à me reposer. Eux aussi étaient enfoncés dans la terre et s'abreuvaient en elle par leurs racines. « **Toi aussi tu peux,** » dirent-ils et me chantèrent une berceuse. « Je me sens si connectée, » murmurai-je aux arbres. « Dans cet endroit il n'y a de séparation de rien. » Et dans cette position ridicule, et pourtant confortable maintenant, je m'endormis.

« Il n'y a pas de vie dans la croyance ; la vie n'est que dans l'expérience. »

Je voyageai dans le monde d'en-bas pendant quatre journées à suivre, comme Ours avait indiqué et après la quatrième visite je me sentis tellement mieux, que mon esprit se tournait de ma douleur physique vers quelque chose que le chaman m'avait dit un jour. « Tu souffres du grand vide, » avait elle dit. J'irai voir les Grands-mères pour trouver ce que ça voulait dire.

Quand je leur posai la question de ce 'grand vide' elles scrutèrent mon visage, puis prirent mes mains dans les leurs et les caressèrent. « **C'était quelque chose qu'autrefois tu craignais,** » dirent-elles.

« Grands-mères, le chaman m'a dit de venir vous voir et de vous poser la question du grand vide, » dis-je et dès que ces paroles sortirent de ma bouche, j'avais mal au cœur. J'étais submergée par un sentiment de faiblesse, la nausée et la peur.

« **C'était une douleur que tu éprouvais, notre fille,** » dirent-elles. « C'est un état du passé et il y a encore des restes. »

La peur me glaça alors que je me tins devant elles. « Grands-mères, » suppliai- je, « s'il vous plaît, aidez-moi à passer à travers ce grand vide, sinon à l'accepter. Je ne veux pas vivre avec cette peur. »

Elles me transportèrent vers mon siège dans le conseil et je remarquai en regardant autour de moi que, en étant assises ensemble comme ça, les Grands-mères et moi formions un édifice. Notre énergie monta de l'estrade, convergea et se joignit loin au dessus de nous. Parce que nous étions assises en demi-cercle la forme d'énergie que nous créions était conique, avec une pointe étroite en haut. Pendant que je fus assise là, ce cône commença à se déverser en moi et remplit mon corps.

« **La peur du grand vide était comme un poison en toi,** » dirent-elles, « **les restes de ce poison sont toujours avec toi.** » Pendant qu'elles parlèrent, la peur s'engouffra en moi et me fit trembler. « S'il vous plait, prenez-la », je m'inclinai et leur offris ma peur.

« **La peur du vide, du fait qu'il n'y ait *rien*,** » dirent-elles, « **faisait que les gens s'accrochaient désespérément, - à leurs rôles, aux autres, aux possessions, à tout.** » « C'est ce que je veux lâcher. **Nous savons,** » répondirent-elles.

Maintenait je fus assise en position de lotus avec mes mains ouvertes, alors que je dégageai des vapeurs qui formèrent des nuages de fumée verdâtre et grise au dessus de ma tête. Cette substance vaporeuse était de la peur, cette sorte de peur qui rend les gens si malheureux qu'ils s'accrocheront à n'importe quoi.

La substance qui se dégageait de moi était si forte, qu'elle allait bien au delà de la peur ordinaire d'être seul. Ceci était la peur du *néant* ; la peur que, si nous ne remplissions pas nos vie, si NOUS ne les remplissions pas, il n'y aurait que vide. « **Cette peur,** » dirent les Grands-mères, « **vient d'une orientation vers le 'faire' du yang au lieu du 'recevoir' du yin.** » Je pus voir cette 'orientation vers le faire' superposer ma forme, créant des bords coupants qui sortaient de mon corps à divers angles.

« Pffff, » m'entendis-je dire, alors que je sentis un serrement du coté gauche qui m'étouffait. Il y avait de l'énergie enfermée là, je sentis comment c'était tendu et je me rendis compte que j'avais même eu peur de la décision que mon mari devait bientôt prendre pour sa carrière. C'était un problème récent, un souci relativement petit, mais il était aussi connecté à ce sentiment d'enfermement. « **Ridiculement peureuse,** » dirent les Grands-mères, « **ridiculement peureuse.** »

Des agrafes trouèrent mon coté gauche et s'accrochèrent dans mon épaule et dos, fixant la peur. Mais maintenant, elles se desserraient. Les Grands-mères se tenaient derrière, et au dessus mon coté gauche et, passant un grand aimant, appelèrent les agrafes, les commandèrent et tirèrent sur elles. Je les regardai se détacher une à une et s'envoler vers l'aimant.

« **Juste d'anciennes façons de s'accrocher** » dirent-elles, manipulant l'aimant. Secouant la tête, elles firent des grimaces pour me faire comprendre que ce n'était pas un travail difficile. La peur était prête à bouger et se détachait facilement.

« **Tu n'as pas besoin de t'accrocher à quoi que ce soit maintenant,** » dirent- elles, « **tu vas au-delà de la survie ; tu as laissé la survie derrière toi.** » Je sentais mon coté gauche élargi, ouvert.

Le grand vide avait été stocké dans le quart arrière gauche de mon corps. Le chaman avait dû le voir là. « **Une croyance,** » dirent les Grands-mères, « **une croyance dans l'esprit de beaucoup, en quoi, du aux circonstances, toi aussi tu as cru avant.** » Et elles ajoutèrent en souriant, « **Mais pas vraie.** »

A partir de maintenant, je dois être alerte à cette vieille croyance que la vie est vide. Je me forçais de la reconnaitre à chaque fois qu'elle se manifestait et de ne plus m'en cacher pour que je puisse la voir pour ce qu'elle était –seulement une croyance.

Pendant que je pris cette résolution, je vis que cette croyance avait une forme. Elle avait l'air d'un désert- elle était aride sableuse et sans vie. « **Le désert de la croyance,** » dirent les Grands-mères et elles ajoutèrent, « **il n'y a pas de vie dans la croyance ; la vie n'est que dans l'expérience. De plus, quand le grand vide n'est pas craint, il est PLEIN !** » Elles me regardèrent dans les yeux et chuchotèrent, « **C'est en fait la grande plénitude —remplie d'esprit, remplie d'amour.** »

Je ne pouvais plus les entendre et, bien que je voyais leurs lèvres bouger et leurs gestes, leurs voix étaient devenues faibles. Je criai quand je sentis à nouveau la peur essayer de s'infiltrer en moi. Quelle étrange sensation que de prendre conscience de cette peur qui se tenait prête à surgir, alors que je me tenais près des Grands-mères.

Après une longue pause, je reformulai ma question, « Grands-mères, le grand vide, y-a-t-il autre chose? » « Sois avec nous, » dirent-elles et je ressentis davantage de tremblements dans ma poitrine. Avant que la peur ne prenne à nouveau possession de moi, leurs grandes ailes me frôlèrent devant et derrière. Puis elles me couvrirent de leurs ailes et me couchèrent par terre. « Les Grands-mères sont un cocon, » dis-je en les regardant, « et je suis … je suis dans le cocon. » « Qui existe dans la plénitude de cet état de la vie qui consiste à être vide/rempli, » dirent-elles. « Ouf! » m'écriai-je, quand j'expulsai de l'air et le restant de peur de mon corps, et juste à ce moment là le rythme du tambour changea.

« **Reste dans le cocon,** » dirent-elles, « reste dans le cocon. » « Je le ferais, Grands-mères, je le ferais, » promis-je en commençant ma descente. Et puis je glissai vers la terre à l'intérieur de mon cocon.

Chapitre 13

Notre 'empowerment' donne de la stabilité à notre message

« *Celles qui reçoivent notre 'empowerment' incarneront notre message pour les autres.* »

Le grand vide faisait remonter des vagues peurs et des sensations sinistres qui n'étaient pas attachées à des souvenirs ou des évènements particuliers. Je faisais des cauchemars, mais bizarrement, les peurs qui faisaient surface ne me semblaient pas m'appartenir spécialement. Peut-être qu'ils avaient leurs origines dans d'autres vies ou dans la conscience générale de l'humanité. Je ne savais pas, mais une transformation était en train de se produire et j'avais beaucoup de choses à intégrer dans mon cocon.

Je ne fus pas la seule à être affectée par ce travail. Celles qui étaient avec moi dans le groupe-noyau commencèrent également à ancrer l'énergie du yin. Les méditations de l'Etoffe de l'Existence, le Broc et la Tasse et le Filet de Lumière avaient un effet sur elles. Elles m'apparaissaient plus fortes et plus douces en même temps.

Ce travail m'avait tellement aidé que je voulus le rendre disponible pour tous. Cependant j'étais confuse à propos de mon rôle dans la transmission de 'l'empowerment' des Grands-mères. Comment allais-je toucher tous ceux qui le voulaient? Peut-être qu'il y avait un moyen d'écrire sur 'l'empowerment', ce qui permettrait aux gens de le recevoir directement par le livre.

Quand je posais la question aux Grands-mères, elles me regardèrent d'un air sérieux et une me semblait particulièrement attentive pendant qu'elle m'observait. « Ecris **sur** 'l'empowerment', » dit-elle, « **écris** *sur* **le rituel, mais lire ce que c'est n'est pas la même chose que de le recevoir. Tout le monde n'a pas besoin de recevoir 'l'empowerment',** » dit-elle, « **mais toutes celles qui le veulent le recevront.** »

« **Quand tu écriras sur 'l'empowerment', les lecteurs auront une** description, une impression. C'est tout. Mais bien que 'l'empowerment' ne puisse passer par le mot écrit, notre message peut. » Voyant que je les écoutais avec intensité, les Grands-mères dirent, « Tu seras occupée à donner des 'empowerments'. **Ceux-ci t'aideront à ancrer le message.** »

Elles ne répondirent pas totalement à ma question, mais ce qu'elles disaient était important. « OK, Grands-mères, « dis-je, « votre 'empowerment' est différent de votre message, est-ce correct? » « L'un détient un peu sur l'autre, » dirent-elles. « Tu donneras beaucoup de 'empowerments' et celles qui le recevront, **incarneront le message pour d'autres. Beaucoup de celles qui le reçoivent ne le sauront pas, mais elles sont des points de connexion pour le travail.** »

« **Chère fille,** » dirent-elles, « **ne t'inquiète pas.** » Elles m'avaient vu me froncer les sourcils. « Tu donneras les 'empowerments' **et il y en aura assez à le recevoir. C'est notre** *message* **qui est important. C'est notre** *message* **qui est important.** »

« **Certaines accepteront notre message et en feront de grandes choses ; 'l'empowerment' donne de la stabilité à notre message.** » Me regardant de haut en bas, elles me dirent, « **C'est parce que tu as 'l'empowerment' que tu peux parler de notre message. Donc porte le là où il est demandé, partout où il est bien reçu. Nous te ferons savoir où aller.** »

« **Il n'y a plus rien à en dire,** » dirent-elles. « **L'empowerment' ne peut être transmis par l'écrit, mais notre message si. Ecris notre message et nous t'aiderons.** »

« Seulement un nombre restreint de personnes ont besoin de recevoir 'l'empowerment' et le manteau du réconfort pour stabiliser le travail,» dis-je. « Cela crée une fondation pour que tous puissent avoir accès au travail. Puis, de votre message de nouvelles idées viendront qui bénéficieront à l'humanité. C'est bien ça? » demandai-je. « **Oui,** » douze têtes acquiescèrent. « Donc, » dis-je, « le travail crée un réseau, une fondation sur lequel on peut construire. »

Formant un cercle, nous dansions ensemble ces figures entrantes et sortantes. « **Ce mouvement renforce le filet de Lumière,** » dirent-elles et je pensai, « C'est quelque chose que le groupe-noyau peut faire, danser comme ça pour renforcer le Filet de Lumière. »

Dansant comme cela avec les Grands-mères, je réfléchissais au groupe-noyau, qui à cette époque était entièrement constitué de femmes. « Comme c'est typique des femmes de donner de façon altruiste, » pensai-je, « le don altruiste est une des qualités des femmes la plus belle. C'est pourquoi le groupe noyau s'est rassemblé — pour donner. »

« C'est ce que chaque personne qui a reçu 'l'empowerment' des Grands-mères fait, qu'ils le sachent ou non — faire d'eux-mêmes un point de connexion pour leur travail, faisant partie de quelque chose de plus grand qu'eux — pour le bien de tous. Ils construisent une fondation que d'autres peuvent utiliser et y ajouter. Sont-ce mes idées, » me demandai-je, » ou sont ce les Grands-mères? » Ces pensées continuèrent à me passer par l'esprit pendant que nous dansions, rentrant et sortant, rentrant et sortant.

« **Toutes celles qui ont reçu notre 'empowerment' doivent être remerciées pour le travail qu'elles font,** » dirent les Grands-mères, « **peut-être à leur insu. Ils ancrent cet enseignement.** » Elles voulaient que j'écrive une lettre en leur nom remerciant chacun pour leur participation dans ce travail.

Pendant qu'elles parlaient, j'entrevis la fondation qui se construisait par les 'empowerments' des Grands-mères. Ca ne ressemblait pas vraiment à ce que normalement je décrirais comme une fondation. Ce n'était pas fait en ciment, elle était faite en terre, une terre fertile d'où chaque chose vivante pourrait jaillir. Des femmes et des hommes qui étaient maintenant connectés entre eux par le Filet de Lumière construisaient cette fondation. Ils étaient en train de la construire. Je la voyais se faire quand je regardai à mes pieds et former un riche tapis d'herbe.

Regardant cette fondation de près, elle me fit penser à une terre que j'avais vue étant petite, une riche terre arable du Midwest. « **Un endroit solide et stable où pousser,** » dirent les Grands-mères, « **et ce n'est pas trop tôt.** » Je les regardai, inquiète, et elles dirent, « **Tout est parfait, c'est le temps de Dieu.** »

A nouveau, elles me rappelèrent que le changement qu'elles étaient venues initier se produit sans effort ; il arrive le moment où une femme accepte la coiffe ou quand un homme accepte le manteau de réconfort et s'ouvre pour recevoir du Divin. « C'est typiquement Dieu, » me dis-je, « pour imaginer quelque chose d'aussi simple et beau que cela. Maintenant que nous arrivons à la fin du Kali Yuga, cette période qui se réfère à l'Age de Destruction dans les écritures Védiques, les Grands-mères posent le tissu où le nouveau peut pousser. »

« **Quel don ces gens font,** » dirent les Grands-mères, « **chacun attiré par Dieu à notre 'empowerment' à cause de leur héritage, leur genre de corps, personnalité, aspect physique, aptitudes, dons et faiblesses. A cause de leur spécificité, chacun ancre des qualités particulières. Elle ou il peut ainsi être le point de contact pour d'autres qui résonnent à la même chose. Donc, toutes sortes de gens ont reçu et recevront notre 'empowerment'.** »

« Ce n'est pas important qu'ils soient d'un certain genre — spirituels par exemple. » Pour la première cérémonie, elles m'avaient dit de sélectionner des personnes spirituelles. Mais après, les gens semblaient simplement se présenter pour l'évènement. Beaucoup de ceux qui arrivaient m'étaient inconnus et je me rendis rapidement compte que je ne contrôlai pas qui venait.

« Laisse Dieu choisir qui vient pour un 'empowerment', Chacun est un lien pour d'autres comme eux. C'est comme cela que d'autres sont touchés. » Ceci expliquait pourquoi toutes sortes de femmes et d'hommes étaient venus.

« Une personne pourrait te paraître nocive, te paraître froide, ou effacée ou je ne sais quoi, » dirent-elles. « Mais chaque type de personne doit recevoir cet 'empowerment' pour que tout ceux qui vibrent à la même fréquence qu'eux, reçoivent le message à travers eux. »

De façon abrupte, elles m'ordonnèrent de ' jeter les filets'. Le Filet de Lumière doit être mis à la disposition de tous. « Oh oui, » dis-je, « nous le ferons. » Depuis la première fois que le groupe-noyau a reçu le Filet de Lumière, nous l'avons étendu à tous chaque fois que nous nous rencontrions.

« Tu feras encore beaucoup de voyages sur nos enseignements, » dirent-elles, « pour donner chair à ce que nous avons à dire et pour l'amplifier. » Elles firent une pause et le rythme du tambour changea. « Grands-mères, merci, » dis-je, si remplie de respect pour elles que je m'inclinai automatiquement et elles me bénirent avec leurs mains.

Quelques jours plus tard, je leur demandai d'écrire, à travers moi, la lettre à ceux qui avaient reçu 'l'empowerment'. Elles écrivirent: « **Chacun de vous qui avez reçu 'l'empowerment' fait partie d'un mouvement qui a commencé et peu importe ce que vous faites, ce mouvement continuera. Si vous le choisissez, vous pouvez prendre part à ce travail activement. Vous pouvez avoir la joie de faire cette route avec nous et aider les autres à avoir cette joie aussi. Ou vous pouvez choisir de ne pas participer. Mais quelque soit votre choix, le processus a commencé et continuera.** »

« **Il n'y a rien que vous devez 'faire' pour participer à la ré-infusion de l'énergie du yin dans la terre. Cela se produit automatiquement quand une femme reçoit la coiffe et un homme reçoit le manteau de réconfort. Mais pour ceux qui cherchent un engagement actif avec nous, faites ce qui vous est donné. Si une opportunité se présente à vous, prenez-la. Assister les autres, nous aider à aider les autres vous** donnera du plaisir. Sachez cependant que le destin de personne ne dépend de vos actions. Cela est déjà décidé. »

« Nous donnerons la coiffe au cœur sincère, à celles qui sont prêtes à la recevoir. »

Les Grands-mères m'avaient donné une compréhension de la différence entre leur message et 'l'empowerment', mais je me demandai toujours si les gens pourraient recevoir 'l'empowerment' directement d'elles.

Dès le début de ce voyage, je me sentais surexcitée et nerveuse, mais je ne savais pas pourquoi. Aigle me souriait de son sourire féroce et drôle à la fois quand je l'approchai et quand je criai, « Oh Aigle, Aigle ! » il commença à rire. Ma nervosité se voyait apparemment.

Nous montâmes, mais on n'était pas allé loin quand je l'entendis dire, « Laisse moi conduire ! » Comme un disque rayé, je n'avais pas arrêté de demander, « Est-ce nous passons de niveau maintenant? Est-ce que nous passons de niveau? » Je faisais vraiment le passager qui n'arrête pas de dire au conducteur quoi faire. Pourquoi étais-je si nerveuse?

Patiemment les Grands-mères me regardèrent quand je dis: « Grands-mères, c'est vraiment important. Qu'est-ce que vous voulez que je dise sur le fait de donner et de recevoir 'l'empowerment'? Il m'est impossible de donner 'l'empowerment à tout le monde et je ne veux pas que quelqu'un se sente lésé. »

Finalement je pris conscience de leur silence et arrêtai de parler quand je me souvins que ce n'était pas à moi de décider qui recevait 'l'empowerment' ou comment.

« C'est *notre* 'empowerment', » dirent-elles. **« *Nous* le donnons. Nous attirons à nous ceux qui cherchent et qui sont prêts pour cela et nous venons à ceux là. » Rassemblez- vous, demandez et recevez. Nous donnons aux chercheurs sincères ce qu'ils cherchent. Nous donnerons la coiffe au cœur sincère, à celles qui sont prêtes à la recevoir. »**

Je me sentais si soulagée. N'importe qui pourrait leur demander ce don directement. C'était le sens des responsabilités que je ressentais à propos de leur 'empowerment' qui m'avait rendue si nerveuse. Un fardeau, qui n'avait jamais été le mien, tombait de mes épaules.

« Bien qu'une cérémonie nous honore et rend l'expérience plus forte pour vous, aucune cérémonie est nécessaire pour recevoir 'l'empowerment'. « C'est le cœur sincère qui cherche à servir l'humanité qui nous attire. » Elles répétèrent, « **C'est le cœur sincère qui nous attire. »

« La cérémonie vous aide à reconnaitre ce que vous avez reçu en arrêtant l'incessant bavardage du mental. C'est pour cela que recevoir la coiffe ou le manteau de réconfort d'une façon cérémonielle permet à ce don de pénétrer plus profondément dans la psyché, plus profondément dans l'esprit et le corps. Mais nous le disons encore une fois, c'est le cœur sincère qui nous appelle vers celui à qui nous répondront. Ceux qui désirent partager cette expérience ensemble peuvent concevoir une cérémonie mais il n'y a pas qu'une façon de le faire. Tous sont les bienvenus à recevoir ce don que nous faisons — si le désir vient du cœur. »

« **Nous répondrons aux désirs dans les cœurs des hommes et des femmes, mais nous ne donnons pas aux hommes la même chose que nous donnons aux femmes. Nous donnons aux hommes ce dont ils ont besoin. Nous sommes heureuses de donner. Heureuses,** » dirent-elles, alors qu'elles se balançaient de droite à gauche, faisant bruisser leurs jupes comme des danseuses mexicaines.

« **C'est tout ce qu'il y a à dire sur 'l'empowerment'. C'est très simple. Nous venons, nous rassemblons le groupe, nous savons qui est prêt et quand ils sont prêts...** » Soudain, elles devenaient floues et indistinctes, et de loin je les entendais dire, « **Nous vous bénissons, nous vous bénissons tous.** »

Chapitre 14

La puissance du féminin profond

« *Aimez toute vie.* »

En plein milieu de ce travail avec les Grands-mères, mon mari et moi durent faire piquer deux de nos animaux domestiques. Sadie, notre golden retriever avait été avec nous pendant quatorze ans et Willie, notre chat roux, pendant trois ans. Willie étais venu chez nous quand il était déjà vieux, avec des douleurs dans les hanches et le dos, donc, nous savions que nous ne l'aurions pas longtemps. Mais, prendre cette décision finale était quand-même un arrachement.

Pendant que nous réfléchissions à notre décision, Sadie, presque seize ans, approchait également de la fin de sa vie. Ses jambes ne la portaient plus et nous devions la soutenir à chaque fois qu'elle faisait ses besoins. Avec son épaisse fourrure, il devenait impossible de la garder propre. Elle avait fait partie de nos vies depuis tellement longtemps, que prendre cette décision fut insoutenable. Après, même si on savait qu'on avait pris la bonne décision, Roger et moi avons eu du chagrin pendant des jours.

Je fus hantée par les images des derniers instants de Sadie. Quand je me rappelais son expression confiante, mon cœur me faisait mal et je ne pus m'arrêter de pleurer. Elle me manquait tant, que je ne pus me concentrer sur le travail des Grands-mères et de temps en temps je doutais de moi, me demandant si j'avais pris la bonne décision. Je venais juste de perdre ma meilleure amie et j'avais grand besoin d'être avec les esprits animaux. Finalement, je décidai de voyager dans le monde d'en bas pour être avec Ours. Peut-être que mon chagrin pourrait être transformé en quelque chose de bien.

En m'approchant de l'ouverture dans la terre, les larmes inondèrent mon visage et une chaleur se répandit dans ma poitrine. Mon cœur était en feu. « Aidez-moi ! » criai-je, en plongeant.

En levant la tête, je vis Ours devant moi, plein d'attente. « Quelle est la leçon la plus importante que je peux tirer des décès de Sadie et Willie? » demandai-je.

Il se tourna et me fit signe de le suivre, mais en le suivant je pensai: « Mon dos m'a fait tellement souffrir dernièrement, je ne sais pas si je peux marcher sans boiter. » Comme c'était étrange d'avoir ce genre de pensées dans la réalité non-ordinaire ! Mais Ours, qui perçoit tout, me souleva, et pleine de reconnaissance, je l'entourai de mes bras et jambes et me couchai sur son dos. « C'est si bon d'avoir mes mains dans ta fourrure, » chuchotai-je et je réalisai qu'à cause de lui, j'avais maintenant une affection immodérée pour les ours. Je ne pouvais plus visiter des zoos et les voir en cage. Tout ça à cause de lui.

Alors que je me reposai dans sa fourrure chaude, je sentis mon amour pour lui grandir jusqu'à ce que je puisse à peine le contenir. Il me jeta un rapide coup d'œil par-dessus son épaule et dit: « **Aime toute vie.** » C'était un rappel, un avertissement de ne pas faire de *sa* forme quelque chose de trop spéciale, mais d'aimer toute vie. Je me rendis compte que sa remarque faisait référence à mon attachement à Sadie et Willie.

Ours traversa une rivière vers un conseil d'animaux. Sur la rive se tenait un élan avec de grands bois, un zèbre, une girafe, un crocodile, une variété de singes et beaucoup d'autres. Je demandai aux animaux la chose la plus importante à apprendre en ce moment, et ensuite, nous nous regardions avec attention.

Je les regardai dans leurs yeux intelligents et je m'inquiétai que peut-être ils me condamnaient pour avoir fait Sadie et Willie s'endormir, mais dès que cette pensée me traversa, ils m'attirèrent au milieu d'eux. D'une manière ou d'une autre, je pus observer cette scène aussi bien qu'y participer, à la fois voir les singes et les sentir poser leurs mains sur mes épaules alors que le crocodile s'endormit, sa tête sur mes pieds.

Les animaux se serrèrent contre moi et communiquèrent leur solidarité avec moi. Je ne compris pas tout ce qui se passait, mais c'était merveilleux d'être incluse parmi eux - ils étaient des amis pour moi et moi pour eux. Notre communion me toucha, mais je fus toujours inquiète. « Et les poissons? » me demandai-je, parce que je mangeai toujours du poisson. Mais dès que cette pensée me vint, les poissons commencèrent à nager vers la rive et se rassemblèrent tout près d'où nous étions. Les animaux et moi, nous asseyions sur le bord de la rivière et les regardèrent faire des allers-retours devant nous. Nous étions véritablement une famille en nous rassemblant comme cela.

Quand Ours et moi avions traversé la rivière, j'avais eu peur que les animaux me jugeraient, mais maintenant je savais qu'ils comprenaient, compatissaient et étaient un avec moi. Reconnaissante pour leur compassion, je leur demandai: « Quelle est la leçon la plus importante à tirer de la mort de Sadie et Willie? »

Les grands singes me tinrent la main pendant que les autres se rapprochèrent. Je sentis la chaleur de leurs corps et respirai leur odeur merveilleux et quand je levai la tête, je vis des aigles, faucons, hérons et cigognes perchés dans les arbres autour de nous.

La sensation d'être un avec eux se renforça quand ils dirent, « **Ne regarde pas la séparation. Regarde notre unisson.** » J'écoutai et il me vint l'idée que j'*avais* été une avec Sadie dans la décision de la faire piquer ; c'avait été *elle* qui m'avait guidée avec son amour à faire ce qui devait être fait. Les larmes coulèrent le long de mon visage quand je me remémorais les jours menant à sa mort. J'avais prié sans arrêt pour pouvoir l'amener chez le vétérinaire et essayé d'écouter mon cœur, jusqu'à ce que finalement, je pris mon courage à deux mains, pour faire ce que j'avais à faire. Nous avions été ensemble dans cette décision.

Du coin de l'œil, je vis Willie - son épaisse fourrure rousse et sa tête ronde. A l'aise maintenant avec les animaux sauvages, il se frotta contre moi, me faisant savoir qu'il était heureux, reconnaissant que j'avais mis fin à sa souffrance. J'étais une avec Sadie, une avec Willie, avec eux tous. Ma poitrine s'emplit d'émotion, quand j'entendis à l'intérieur de moi: «**Les animaux sont avec moi et moi avec eux.**»

« **Dans notre amour nous nous offrons les uns aux autres,** » dirent-ils, me rappelant à nouveau ce que les Amérindiens appellent le 'don', la nature généreuse du règne animal. Je ne perdis pas une miette de ma proximité avec eux et pendant que je sentis qu'ils me bénissaient, mon esprit commença à résonner avec le tambour. Son rythme puissant fit disparaître tout sens de séparation entre nous qui aurait pu subsister et quand enfin il s'arrêta puis changea de rythme et que je remontai le tunnel vers la réalité ordinaire, je fus davantage en paix.

« Il est bon d'avoir de la peine, cela te donne plus de profondeur et te rend une avec la terre. »

Je retournai deux jours plus tard, toujours triste et toujours fatiguée. C'est peut-être parce que j'étais si fatiguée, mais quand je commençai ma descente par le tunnel, je pris mon temps et l'observai vraiment. Je remarquai que les parois étaient striées, un tube vaginal, soulignant la féminité de la Terre Mère.

Ours se pencha de toute la hauteur de sa position debout, me souleva sur ses épaules et me porta, me tapotant gentiment pendant que nous marchions, comme il l'aurait fait avec un enfant. Contente d'être tenu comme le bébé que j'étais, je soupirai. « **Tu est fatiguée,** » dit-il, « **repose-toi,** » et je m'endormis sur son épaule.

Il me coucha dans l'herbe à coté d'un ruisseau et me couvrit de feuilles; mes bras formaient des ailes avec des feuilles en guise de plumes. Mettant plus de feuilles sur mon corps, il s'occupait de moi avec soin, surtout mon visage et ma tête qui souffrait terriblement. Quand il m'eut totalement couverte, il souleva mon dos un peu et fit un monticule de terre et de feuilles sous moi. Il voulut me couvrir, m'envelopper dans les éléments de terre.

« **La perte de Sadie est un temps de transformation et de transmutation,** » dit-il, « **un moment spécial.** » A cause de notre longue relation, mon chagrin pour Sadie était plus grand que pour Willie, donc il parlait plus particulièrement d'elle. « **Ceci amène un changement sacré,** » dit-il, « **un temps pour s'enfoncer dans la terre. L'attraction de la terre est bonne,** » dit-il et je sentis cette attraction ; la terre appelait, m'attirant à elle. « **Abandonnes-toi,** » dit-il, « **ne vas pas dans le mental. Le-e-e-entement,** » mima-t-il, « **enfonce-toi et reçois.** »

« **Avoir du chagrin est bien,** » dit-il, « **cela te rend plus profonde et t'unit à la terre.** » Je suivis ses directives, me reposai dans et sur la terre, et quand enfin, j'ouvris les yeux, les animaux avaient formé un cercle autour de nous. Il y avait de la révérence dans ce rassemblement, un sens d'union profonde. « **Aucun animal te fera du mal,** » dirent-ils et je savais que c'était vrai.

Je voulais me prosterner devant leur amour, m'agenouiller devant cette fraternité/sororité généreuse et avant que je ne puisse me demander d'où venait cette pensée, je m'étais couchée face contre terre. Quand les animaux me relevèrent, je sus que nous étions famille dans le meilleur sens du terme. Il y a un nom pour cette relation ; ils me l'ont chuchoté dans l'oreille — un nom ancien — mais je n'ai pas pu le retenir. Peu importe. Nous étions UN, secrètement UN — c'est ce que ce mot voulait dire.

Une guérison était en train de se produire dans mon sang qui me ralentissait et m'ancrait. J'aurais besoin de la force de ma nature fondamentale si je devais faire le travail des Grands-mères ; s'ancrer et ralentir sentaient justes.

« **Tu dois prendre ta place dans la terre,** » dirent les animaux. « **Même maintenant, même dans ce temps étrange de l'histoire, tu dois prendre ta place. Revendique la terre. Fais appel, fais appel à la terre.** »

Je fis comme ils dirent, pendant qu'ils s'assirent avec moi dans une patience infinie, dans un amour attentionné, pendant que la force de la terre entrait en moi et fit son effet. Tout bougea et se déposa en moi jusqu'à ce que je réalise que *j'étais* le terre, *j'étais* cette pierre et cette terre rouge. Je savais que c'était réel, mais l'idée était si nouvelle pour moi que, submergée, je commençai à m'endormir quand quelque chose bougea et me fit sursauter. Ours dit: « **Ce n'est rien. Ce que tu vis est une dissolution, un démembrement.** » Mes molécules devenaient la terre, devenaient le sol sur lequel j'étais couchée.

De quelque part au dessus du sol, je me regardai, mais bizarrement j'avais maintenant des cheveux noirs, j'étais jeune, mon corps était d'un brun foncé. C'était étrange parce que j'étais consciente que j'avais deux formes en **même temps; ayant toujours** ma forme habituelle, j'étais aussi une jeune femme noire. Ce moi souple et plus jeune, était assise en tailleur au milieu des animaux, nue hormis une jupe. Mes bras commencèrent à faire des mouvements de danse au rythme du tambour et puis ils commencèrent à tourner comme les bras de Shiva. J'étais Nataraja, le Seigneur de la danse.

Puis je me levai, et levant une jambe, puis l'autre, et sentis la terre, solide et d'un grand soutien, sous les plantes de mes pieds. Quand j'ouvris mon bras droit, son mouvement créa un salut à mon unité avec les animaux. Ce bras tourna dans l'autre sens. Le bras gauche répéta ce mouvement et puis je m'assis, le dos droit, avec les paumes tournées vers le haut pour recevoir.

« **Notre Mère la Terre réclame ce qui est à Elle,** » dit une voix et je répondis: « Je suis à Elle. Nous sommes tous à Elle. » En levant les yeux, je vis Ours en train de danser autour de moi et avec lui, il y avait un loup qui approcha, renifla et puis me regarda dans les yeux. Une voix dit: « **Chien sacré** », son regard devint plus pénétrant et puis il vint plus près et me laissa le toucher. J'entourai son cou de mes bras et quand je le regardai dans les yeux je vis que je n'avais rien à craindre de lui. Il était un don ; on m'avait fait ce don de Loup. Dans un silence amical, nous étions assis ensemble, Loup à ma gauche et Ours à ma droite. Peau contre peau.

« J'ai besoin de ce monde sauvage, » dis-je et un 'oui' enthousiaste m'échappa. « Combien ai-je désiré ceci », soupirai-je et mon cœur me fit mal. « **Il est là** », les animaux s'écrièrent et je les regardai et dis: « Oui, c'est ça, le monde que j'ai ardemment désiré. »

« S'aimer les uns les autres comme Jésus nous a dit de faire, c'est le seul acte, la seule action. »

Le jour suivant je décidai de voyager vers les Grands-mères et suivis Aigle tout du long, mes ailes battant dans son sillage. Quand nous arrivâmes dans la vallée où elles se tenaient, leurs ailes s'élargirent pour me souhaiter la bienvenue. « Quelle est votre volonté pour moi, Grands-mères ? » demandai-je, en marchant vers elles.

Levant les yeux au ciel comme pour dire, « Et qu'est-ce que tu voulais ? » elles me secouèrent, me rappelant d'être plus précise dans mes questions. « **J'ai besoin d'être davantage guidée concernant votre enseignement,** » dis-je. « **Je me suis égarée avec ces décès et si je suis toujours perdue je veux qu'on me remette sur le bon chemin.** »

Hochant la tête, elles me redressèrent, m'alignèrent avec elles. « **Les morts de Sadie et Willie t'ont amené dans un alignement fort avec les esprits animaux,** » dirent-elles. « **Les animaux sont présents avec toi et ils te soutiennent plus que jamais. Tout ceci était bien, tout était bien.** » Donc, malgré mes appréhensions, j'étais sur le bon chemin.

Quand je jetai un regard sur le coté, je vis des golden retrievers courir. Sadie était là ! Il y avait d'autres chiens et chats et Willie aussi y était ! Je fus si ébranlée par leur apparition soudaine, que je commençai à pleurer.

« **Que nos animaux domestiques sont importants,** » dirent les Grands-mères, « Ils nous relient à la terre, nourrissent et tranquillisent nos cœurs. » Il y avait aussi des chevaux, des reptiles, poissons et toutes sortes de plantes. « **Nourris quelque chose, qu'elle te nourrisse aussi,** » dirent les Grands-mères. « **L'amour et le soin donné à un être vivant est adoration. De tels actes réclament le caractère sacré de la terre.** »

« **Prendre soin de plantes et d'animaux sont des façons simples de connecter avec le caractère sacré de la terre. Ces choses là peuvent être faites tous les jours où que tu sois. De tels actes réaniment l'énergie du sacré, la rendent à la vie.** » Elles firent une pause pour me laisser assimiler ce qu'elles avaient dit et puis s'écrièrent : « **Réveillez la connexion sacrée !** »

« **Partout où il y a nourrissement d'un des règnes de vie, il y a un lieu sacré. Beaucoup de bien vient de ces lieux sacrés — un bocal à poissons, des fougères, des plantes en pot. Chacun nourrit le caractère sacré de la terre qui a été étouffé depuis si longtemps. Fais cela,** » dirent-elles, « **avec révérence ; c'est un peu de la source de vie que tu tiens entre tes mains. Avec cette idée en tête, tu feras beaucoup de bien. C'est cela,** » dirent-elles, « **qui tient le monde ensemble, qui tourne le chemin vers l'amour et la lumière. Dis cela,** » dirent-elles.

« **Regarde la vie *telle qu'elle se montre*,** » dirent-elles. « **Regarde chaque arbre *tel qu'il existe* et rend lui grâce et communique avec lui** d'une façon pleine d'amour. » elles me montrèrent du doigt et dirent, « Tu as tellement pleuré la mort des arbres, la mort de la terre et des animaux. *Maintenant* mets l'emphase sur la présence sacrée de ceux qui restent. Chaque plante, si petit qu'elle soit, est sacrée. Chaque violette est sacrée. »

« Reconnais la présence de la vie divine *partout*. Elle est présente. » Elles secouèrent la tête avec regret. « Beaucoup de mal a été fait, oui, mais la vie divine est toujours présente. Aime-la et le bien sera multiplié par cet amour. »

« Il n'y a pas d'acte d'amour qui soit petit. Un sourire à un enfant, un sourire à un étranger —ce sont de grandes choses. Il n'y a pas d'ordre dans les miracles, » citèrent-elles de 'Un cours en miracles'. Aucun acte de bonté n'est plus grand ou plus petit qu'un autre. « L'acte le plus grand est le cœur aimant en action. Reconnais cela. Ces actes sont partout autour de toi. »

« Accueille l'amour en chaque cœur, » dirent-elles, « et ne te laisse pas dérouter par la précipitation, l'inquiétude ou la colère que tu pourrais voir dans l'autre. Ce ne sont que des manifestations extérieures d'un déséquilibre temporaire. » Gentiment elles dirent, « Il y a de l'amour en chacun. Accueille cela. »

« De tels actes renforcent le Filet de Lumière et L'Amour partout sur la terre, partout dans l'univers. » Elles firent une pause, « Il n'y a pas de grands actes. Nous voulons dire qu'il n'y ait pas d'actes plus grands que ceux-là. L'expression du cœur aimant *est le grand acte*. Nourris cette grandeur en toi à chaque instant et à ton propre être si cher, exprime cet amour. »

« S'aimer les uns les autres, comme Jésus nous a dit de faire, est le seul acte, la seule action. Tout le reste est réaction. *Ceci est l'action,* » elles répétèrent, « *s'aimer les uns les autres* ! Aimez chaque plante, aimez la brise, aimez le sourire sur les visages des autres, aimez le fardeau qu'elle porte sur son dos. Aimer, aimer, » dirent-elles, « ceci est la grande acceptation, la grande étreinte de la Mère. Aimer dans la vie, aimer en donnant naissance, aimer dans la mort. Accepter et donner de l'amour. Une grande compréhension vient de ceci, mais d'abord il doit y avoir la volonté d'aimer, quoi qu'il en soit. »

Quand il fut l'heure de les quitter, il m'était particulièrement difficile de m'arracher à elles. Comprenant ma réticence, elles me pressèrent les mains pour me bénir et je sus sans le moindre doute que je remporterais leur présence avec moi. Elles m'avaient parlé du caractère sacré de la vie, d'aimer ce qui *est*, de ne pas demeurer dans le chagrin de ce qui n'est pas. C'est ce que je voulais faire.

Chapitre 15

Le rôle des hommes

« *Les femmes n'ont jamais eu quelque chose à elles. Ceci vous appartient.* »

Pendant plusieurs mois des femmes m'avaient demandé: « Et les hommes? Quel part prendront-ils dans ce travail? Mais quand finalement je portai cette question devant les Grands-mères, elles ne me dirent rien, mais se tournèrent les unes vers les autres et en rirent allègrement.

Je remarquai qu'elles portaient des robes de soie dans différents tons de rose et alors qu'elles étaient assises ensemble, certaines étaient couchées sur des canapés. Elles ne m'étaient jamais apparues comme ça. Elles avaient l'air de stars du cinéma et des femmes du monde des années 1930 ! La scène me rappelait une vieille couverture de Vogue, avec les Grands-mères comme l'essence de la féminité et de la sophistication. Finalement, je détournai les yeux et me regardai. Moi aussi, je portai une belle robe d'un rose poudré.

Les Grands-mères gloussaient ensemble et, comme des jeunes femmes, éclatèrent de rire à l'occasion. L'une d'elles avec des cheveux bruns bouclés, était particulièrement vive —elle me rappelait ma mère quand elle était jeune. Mais je fus déterminée de poser ma question, de ne pas me laisser distraire par leur apparence, donc je posai à nouveau la question sur le rôle des hommes dans ce travail. Et dès que les mots sortirent de ma bouche, je vis une forme à coté des Grands-mères, plus droite et plus rigide qu'elles. Pas du tout détendue ou fluide, cette forme était rectangulaire — plutôt comme une colonne massive. Pendant que j'attendis et regardai, les Grands-mères dirent: « **Seulement quelques hommes auront un rôle dans ce travail.** »

« **Beaucoup d'hommes auront de la sympathie pour notre travail et le comprendront,** » dirent-elles. « **Certains le rejetteront, mais il y aura aussi des femmes qui le rejetteront.** » Elles me regardèrent comme pour dire, « Eh bien, à quoi t'attendais-tu ? » « **Quelques hommes auront le rôle de travailler avec l'énergie du yin,** » dirent-elles, « **certains le font déjà. A ces hommes-là nous donneront volontiers le Manteau de Réconfort.** »

« Grands-mères, est-ce qu'on peut donner 'l'empowerment' aux hommes ? » demandai-je. Les femmes s'inquiètent que les hommes soient écartés ; elles ne veulent pas être sexistes. » Puisque je ne sus quoi ajouter, j'arrêtai de parler et quand le levai de nouveau mes yeux vers elles, à ma surprise je vis un grand arbre. Je vis ses branches et racines s'étaler loin et me demandai pourquoi les Grands-mères me montrèrent ceci.

Je me dis qu'elles m'en parleraient quand elles seraient prêtes, je retournai à ma question, « Est-ce qu'il y a quelque chose que vous voulez me dire sur le rôle des hommes dans votre travail ? » « **Ce travail a tout à voir avec recevoir, avec être réceptive,** » dirent-elles. « **Tous ont besoin de recevoir, hommes et femmes, plantes et animaux. Les maitres Amérindiens savent cela, les hommes qui enseignent le Bouddhisme, la pensée orientale et la méditation le savent et ces hommes aideront les autres.** «

« **Les hommes n'ont pas besoin de notre 'empowerment',** » dirent-elles, « **ils ont besoin du manteau de réconfort. L'énergie masculine est d'une autre nature. L'énergie masculine est aussi valable, elle est très bien, mais elle est d'une autre nature. Ce sont les femmes qui n'ont pas connu leur énergie. Notre 'empowerment' n'aiderait pas les hommes.** »

Pendant qu'elles parlaient, je pensai à mon fils, pour une quelconque raison et puis je le vis dans une clairière, dans une forêt. L'énergie des Grands-mères, comme un vent fort, pliait les arbres en balayant la forêt mais, quand elle arrivait à la clairière, elle contournait mon fils. Je la vis ricocher sur son corps et continuer son voyage.

« Pourquoi cette énergie ne l'a pas touché ? » me demandai-je. « **La puissance de l'énergie masculine est très différente de ce que nous offrons,** » dirent-elles. « **Nous réconfortons et donnons de la stabilité aux hommes, mais la puissance masculine n'est pas concernée par ce travail ; il y a un autre travail à faire pour les hommes — un travail important, mais pas ce travail.** »

« **Les énergies masculines et féminines doivent être respectées pour leurs différences. Elles sont conçues pour être différentes. C'est leur dessein. Toutes ne sont pas pareilles, ni doivent l'être,** » dirent-elles. « **Ce travail est *particulier*. Bien que ce soit surtout pour les femmes, *tous en bénéficieront*.** »

« **Beaucoup ont le désir d'égaliser, d'avoir, comme vous dites, des règles du jeu équitables. Mais ce n'est *pas* ce genre de travail. L'énergie** du yin pénètre profondément ; elle est pour les femmes et les pénètre profondément. Il ne s'agit pas dans ce travail de créer une arène faussement démocratique, il s'agit d'incarner le yin— *profondément*. »

« Y-a-t-il autre chose que vous voulez que je passe aux autres? » demandai-je en regardant leurs visages. « **Notre 'empowerment' rend les femmes plus profondément, véritablement féminines,** » dirent-elles, « **et cela ne conviendrait pas pour les hommes.** » Elles éclatèrent de rire à cette pensée et je les rejoignis.

« Derrière ta question se cache un malentendu. C'est le concept yang de 'pouvoir sur' et pouvoir 'pour que' qui se trouve derrière ta question. Yin n'est pas comme ça. Yin est le pouvoir du féminin profond. Il est doux et dur en même temps. C'est difficile à décrire. »

Je les regardai telles qu'elles étaient assises devant moi, si gracieuses et belles, et dis: « C'est pour ça que vous êtes habillées comme ça aujourd'hui — magnifiques, féminines et fluides ! » Elles hochèrent la tête, « **Oui.** » « Et c'est pour ça que vous m'avez montré cette forme, celle qui ressemble à une colonne équarrie. C'était l'énergie mâle, n'est-ce pas? C'est pour ça qu'il avait l'air tellement différent de vous. »

Souriantes, elles commencèrent à s'occuper de moi, lissant ma robe et mes cheveux. Elles étaient d'élégantes mères- poules, si fières de leur poulette. Puis, elles se levèrent de leurs sièges et se mirent à danser, d'abord les unes avec les autres et puis avec cette forme érigée, rectangulaire de yang.

Leur énergie était tout en courbes et fluide ; comme de l'eau coulante, elle s'enroulait sur et autour l'énergie du yang. Faisant des cercles, elle paraissait se replier sur elle-même tout en entourant la forme rigide du yang. En mouvement continu, les Grands-mères avançaient et reculaient, créant des figures et des rythmes différents. « Grands-mères, » dis-je, « je vois maintenant quelle erreur ce serait de donner cette énergie du yin aux hommes. »

L'énergie masculine est davantage stable que fluide. Je le regardai avancer et vis qu'il était plus statique dans ses mouvements, plus concentré. Elle avait une qualité de force ; yang était plus épais et compact. Il bougeait moins souvent le yin, mais quand il le faisait, il bougeait rapidement et avec dynamisme. Yin gonflait et coulait dans toutes les directions simultanément, mais yang n'allait que dans un seul sens à la fois, poussant vers le haut/vers le bas ou en avant/en arrière. Une seule direction à la fois.

Le mouvement de yang suivait sa forme rectangulaire ; l'énergie coulait sur sa longueur. Les Grands-mères me montrèrent le rectangle couché sur le coté et je vis son énergie courir sur le sol. Quand elles le mirent debout, l'énergie se déplaçait vers le haut ou le bas.

« Quelle énorme différence il y a entre yin et yang, » dis-je. Cela semblerait inconvenant d'infuser l'énergie yin dans les hommes. Ils deviendraient désorientés et ils ne sauraient ni qui, ni quoi ils étaient. » En me souriant elles dirent, « **Yin appartient au féminin profond.** »

Les femmes se posent des questions sur les hommes et 'l'empowerment' parce que nous ne comprenons pas la différence entre ces énergies. « Grands-mères, » dis-je, « aidez-moi à comprendre cela pour que je puisse aidez les autres aussi. » « **Les femmes n'ont jamais eu quelque chose à elles, mais ceci est bien à vous. Il ne peut en être autrement.** »

En riant, elles dirent: « **Ne vous inquiétez pas des hommes maintenant. D'abord assumez et maitrisez yin ; absorbez le, vivez avec et apprenez ce que c'est.** » Elles sourirent et dirent: « **Puis, voyez l'effet que cette énergie a sur les hommes ; regardez comme ça les aide. Une fois que vous vous êtes appropriées cette énergie et que vous l'avez ancrée, tous recevront du réconfort de par votre seule présence.** »

Nous nous tenions les mains et à nouveau je fus prise par un sentiment d'admiration devant notre beauté. « Est-ce qu'il y a autre chose à comprendre pour passer ceci? » demandai-je. « **Nous pensons que tu as très bien compris,** » dirent-elles alors que le rythme du tambour changea.

Quand je commençai ma descente du monde d'en haut, je dis, « Le travail de 'l'empowerment' n'est pas pour les hommes. Il approfondit le féminin et ce n'est pas aux hommes d'être profondément féminin. Ils doivent être profondément masculins. Mais, ce travail leur donne une appréciation du féminin. » Je voulais en savoir plus.

Après ce voyage, je me suis surprise à regarder mon mari et fils avec des yeux nouveaux. J'étais curieuse. Je voulais comprendre l'énergie yang et pour ce faire, je savais que je devais dépasser les stéréotypes du 'comportement mâle'. Ce que les Grands-mères avaient dit semblait s'appliquer particulièrement à mon mari. Dans la plupart des situations, il bouge *en effet* dans un seul sens et bouge avec une grande force. Je n'avais jamais compris cette tendance en lui et l'avait quelquefois pris pour un besoin de 'contrôler'. Maintenant, je le voyais comme rien de plus que la nature du yang qui s'affirme.

« Ceci est l'énergie male. Dur et acéré comme l'intellect est incisif ou comme une arme est acérée. »

La fois d'après que je retournai chez les Grands-mères, elles avaient leur forme d'aigles royals avec leurs plumes noires et blanches bien contrastées. Je les saluai et leur demandai une plus grande compréhension de la différence entre yin et yang. Quand elles ne bougèrent ni parlèrent, mais me regardèrent fixement avec leurs expressions d'aigles féroces, elles me firent prendre conscience de la nature sérieuse de ma question. Les couleurs fortement contrastées de leurs plumes me dit également qu'elles l'avaient anticipé. « **Oui,** » dirent-elles. « **Blanc et noir. Yin et yang sont représentés comme ça.** »

Une d'elles indiqua quelque chose, et avec sa main/aile elle montra des objets hérissés au loin, qui sortaient du sol. Ils ressemblaient à des montagnes en carton — trop pointues pour être vraies.

« **Ceci est l'énergie mâle,** » dirent les Grands-mères. « **Dur et acéré comme l'intellect est incisif, comme une arme est acérée. Elle est vigoureuse, dynamique….agressive. Ceci est puissance dont on a besoin pour construire, pour changer, pour le combat et la guerre.** »

Les Grands-mères me montrèrent une plaine découverte. Je vis des hommes se rassembler là, et je remarquai, qu'en se rejoignant, ils se bagarraient, rigolaient, et se bourraient de coups en s'amusant. Certains erraient sans but, d'autres soulevaient des objets lourds, se montraient leurs prouesses ou se mesuraient de toutes les façons possibles et imaginables. Quelques uns se tenaient tranquilles.

Je vis des guerriers et des conquérants, certains portaient des costumes, d'autres des armures. Des hommes obtenaient des objets ou de l'argent ; d'autres construisaient des choses, pendant que quelques uns s'attaquaient aux animaux ou à des gens. Et, aussi étrange que ça puisse paraître, toutes ces activités, même celles qui étaient hostiles, étaient exécutées d'une manière neutre, presque comme un jeu. L'énergie yang avait quelque chose de gamin, de jeune et en ça regardant, je m'entendis dire: « Ceci est l'énergie qui gouverne le monde. »

Dès que ces mots sortaient de ma bouche la scène changea et devant moi, se trouvait une forêt. Des bosquets de séquoias et de pins couvraient les vallées et les collines, soulignant les montagnes qui s'étendaient au loin. « Oh, » m'écriai-je quand les Grands-mères me montrèrent comment l'énergie du yang voulait couper ces forêts et je voyais les arbres commencer à tomber.

« **Yang veut construire, creuser, et acquérir ; c'est sa nature. Il ne donne pas de valeurs aux arbres pour ce qu'ils sont, mais les voit comme des ressources à être utilisées pour autre chose. Yang pose toujours la question: A quoi ça peux servir?** » Les forêts représentent des constructions futures, bois et richesses.

« Yin est différent, » dirent les Grands-mères. « **Yin est la terre *sous*** et *dans* la forêt, il est la richesse d'où jaillit la forêt. Yin ne construit pas des choses, il les fait pousser. C'est un endroit fertile où tout pousse. Yin ne *fait* pas, parce que ce n'est pas dans sa nature. »

« L'infusion de yin sur la planète doit commencer avec les femmes, » dirent-elles. « Après tout, ce sont les femmes qui font grandir un enfant et le portent dans leurs corps. C'est un travail de patience ; c'est le yin. Il n'y a pas besoin de *faire* avec l'énergie du yin parce que la plupart des choses poussent sans intervention. » Une fois que la graine est plantée, la croissance se fait toute seule.

« **Yang est bien pour le changement; on en a besoin pour *créer* le changement. Il produit le changement et pousse l'énergie dans une nouvelle direction.** » Ceci expliquait les 'montagnes' hérissées que les Grands-mères m'avaient montré au début de ce voyage. Elles n'avaient pas poussé naturellement ; au lieu de cela yang avait dirigé l'énergie dans une direction différente et à mes yeux une direction bizarre. « **Il y a de l'excitation et de l'énergie nerveuse dans le yang — une énergie élevée.** » dirent les Grands-mères.

« **Yin est plus détendu, yin est- est,** » dirent-elles et je sentis cette qualité de 'est-itude' alors que mon corps gonflait, s'étendait très loin et englobait tout. Quelque fut ce 'je' à ce moment-là, il fut énorme et trouva sa base profondément dans la terre. « **Yin contient et est fertile, yin continue sans fin.** » Un sentiment d'aise et de connexion me remplit, une paix qui ne finirait jamais.

« **Yang a une tendance à surgir brusquement,** » dirent-elles, « **son énergie est active,** » et à l'intérieur de moi, j'entendis et sentis "Bzzz, blitz et zip." Quel choc après l'afflux régulier de yin. Ces deux n'auraient pas pu être plus différents.

Pendant que l'énergie stridente du yang augmenta à l'intérieur, je me dis, « C'est comme ça que ça devrait être, nous avons besoin des deux énergies pour un monde plus riche. » Mais le yang continua à grandir et je ne me sentis plus aussi philosophe. Les Grands-mères me donnaient un goût du yang tel qu'il est aujourd'hui — fou et incontrôlable. « Ca bouillonne ! » m'entendis-je crier, « Ca vient si vite. » Mon corps tremblait, convulsait presque avec cette énergie folle ; je pus à peine supporter la tension en moi. Terrifiée, je criai, « Il n'y a pas de répit avec ça ! Grands-mères, à l'aide! »

Une fois encore la paix du yin descendit et alors que mon corps s'arrêta de trembler, je pleurai de soulagement. « **Yang a besoin de yin pour la paix,** » dirent-elles. « **Il a besoin d'un endroit pour se reposer. Et yin a besoin de yang quand il veut du changement.** »

Yang ne pouvait se contrôler. Il était aussi désemparé que moi, je l'avais été. Je n'aurais jamais été capable de trouver un équilibre sans l'intervention du yin. Je vis les Grands-mères sourire, contentes que je comprenais. « **Le monde a été yang pendant tellement longtemps qu'il a besoin d'être yin pendant un moment. Tout est fatigué et a besoin du repos du yin.** »

« Ceux qui sont prisonniers du yang comme je viens de l'être ne se rendent pas compte à quel point ils sont épuisés, » dis-je. « Ils vivent dans une frénésie d'activités, courant partout — d'homme à femme, de projet en projet. Pas de repos, pas de paix. »

Les Grands-mères me regardèrent avec patience et bien que je savais qu'elles le savaient, c'était certainement le reste de l'énergie yang en moi qui me faisait parler et parler. « Il n'y a pas le mouvement d'action vers le repos, comme la marée, le mouvement d'atteindre vers se retirer, ou d'aller vers attendre. La période naturelle de repos dans la vie est maintenant vue avec *ressentiment* ! » dis-je sur un ton dramatique. « Les gens ne veulent pas se reposer. Ils veulent davantage d'*aller*, plus d'*atteindre*, plus de *lutter* ! » Je vis leurs sourires pleines de patience et une fois ma démonstration d'un yang excessif terminée, on en a toutes ri de bon cœur.

« *Yang sans yin pour le contenir ou s'appuyer dessus rend les hommes durs et coupés de tout.* »

Qu'est-ce que les Grands-mères avaient voulu dire avec « **Les femmes souffrent d'impotence alors que les hommes souffrent de tyrannie et de privation** » ou est-ce que c'était 'dépravation'? Elles avaient dit cela il y a plus d'un an et bien que je n'étais pas sûre lequel des deux elles avaient voulu dire, je n'avais jamais posé la question.

Revêtues de robes de bal avec des jupes très, très amples, elles me regardèrent avec un doux sourire de compréhension, alors que les bijoux qu'elles portaient dans leurs cheveux reflétaient la lumière. Je fus à nouveau captivée par leur beauté, mais je fus également déterminée de ne pas me laisser distraire par cela. « Grands-mères, » dis-je, « vous m'avez dit que, dû au déséquilibre entre yin et yang l'homme souffre de tyrannie et je n'étais pas sûre si vous aviez dit 'privation' ou 'dépravation'. Lequel des deux était-ce ?»

« **C'est de privation qu'ils souffrent,** » dirent-elles. « **Les hommes ne sont pas pleins, mais vides et creux. C'est un état douloureux pour eux,** » elles secouèrent la tête, pleines de compassion, « **et ils essayent de remplir ce vide. Certains cherchent des femmes pour le remplir, d'autres cherchent des activités et d'autres encore cherchent l'alcool ou de la drogue.** »

« **Quand la vie est équilibrée les hommes sont pleins de yang et à** un moindre dégrée de yin. Les hommes sont également soutenus par yin, » dirent-elles et elles expliquèrent, « **yang se repose dans, s'appuie sur et est soutenu par yin tout comme yin est soutenu par yang.** Mais quand le soutien extérieur aussi bien que le soutien intérieur de yin est absent, les hommes sont laissés vides. Yang sans yin pour le contenir ou s'appuyer dessus rend les hommes durs et coupés de tout. » Elles secouèrent la tête et dirent, « **Les hommes sont coupés de leurs sentiments, des femmes et d'eux-mêmes.** »

« Ne perds pas ton temps à essayer de comprendre pourquoi les hommes et les femmes sont ce qu'ils sont aujourd'hui. Si tu essaies de comprendre tout ça tout ce que tu verras est une distorsion de la relation entre mâle et femelle. Tordue et embrouillée, » dirent-elles, pleines de dégout. « **Pourquoi étudier cela? Corrigez cet état — ne l'étudiez pas, ne le déplorez pas.** »

« Quand une femme s'emplit de l'énergie yin, elle affecte toute vie autour d'elle. *Tout* bénéficie d'une femme qui contient cette énergie. Quand tu t'emplis de cette énergie, tu te sentiras bien et tu verras l'effet que tu as sur ceux qui partagent ta vie. *Tout*, les hommes, les animaux et les pierres résonneront avec toi, te répondront. Toute vie a besoin de cette énergie d'amour, de soins et de soutien. » Me fixant du regard elles dirent, « *Tu* **en a besoin !** »

« Laisse-toi faire l'expérience d'être emplie; demande à ce que l'énergie de yin t'emplisse. Vouloir ceci pour toi-même n'est pas un acte égoïste. Cet acte te bénit et bénit toute vie. Ceci est la grâce. »

« S'ouvrir au yin est la chose la plus importante qu'une femme puisse faire. » Elles dirent avec sérieux, « **Les hommes ne peuvent le faire ; ils ne peuvent s'aider à recevoir cette énergie dont ils ont si désespérément besoin. Mais quand vous vous ouvrez au principe féminin, les hommes seront automatiquement soulagés.** » Me regardant dans les yeux, elles dirent, « **Pour le bien de tout ce qui vit, nous te pressons de faire cela.** »

« Oui, » dis-je, me dédiant à nouveau à ce travail, aux Grands-mères qui m'entouraient. Elles vinrent vers moi et je sentis la chaleur de leur peau et le toucher soyeux de leurs robes, pendant qu'elles me couvrirent de roses et de mauves. J'étais enveloppée, au chaud, en sécurité et heureuse. Une telle paix. Et elles étaient heureuses aussi; je pouvais sentir la vibration de leur bonheur en moi. « M-m-m-m » entendis-je sans arrêt.

Heureuse et me sentant complète, je me tournai pour leur dire au revoir, mais elles parlèrent à nouveau. « **Certains pourraient penser que notre message revient sur une vue des femmes dépassée et limitée,** » dirent-elles, alors qu'une image de femmes soumises et d'hommes en colère me passait par l'esprit. « **Ce n'est pas vrai,** » dirent les Grands-mères, secouant la tête. « **Yin remplit la femme de puissance. Il ne lui impose pas de limite.** »

« **Les femmes aussi bien que les hommes portent l'énergie du yang, donc si une femme est attirée par l'utilisation du yang dans le monde de quelque manière que ce soit, elle le fera. Chaque personne est différente et certaines femmes portent plus de yang en elles que d'autres, comme certains hommes portent plus de yin.** »

« **Il y aura des femmes qui seront leaders dans chaque domaine de la vie. Yin leur donnera les fondations pour cela ; il donnera des fondations à tous et à tout. Après s'être emplie de yin, une femme deviendra plus efficace dans le monde.** »

Elles firent un pas en arrière et me montrèrent ce qui se passe quand yin et yang sont en déséquilibre. Je vis d'abord l'énergie masculine telle qu'elle est aujourd'hui, partielle, tellement en déséquilibre que cela faisait marcher les hommes de travers. Ces hommes étaient prêts à tomber. Quand ils reçurent l'énergie équilibrante de yin ,leur forme se complétait. Je remarquai que c'était différent pour chaque homme ; certains se complétaient plus sur le côté précédemment vide alors que d'autres se complétaient à partir de la taille vers le bas. L'effet cependant, fut le même ; ils devinrent équilibrés.

Le processus était différent pour les femmes. Je vis l'énergie du yin entrer par le milieu du crâne d'une femme, s'étendre vers le bas et les cotés et finalement se terminer en pointe à ses pieds. En entrant dans son corps, l'énergie prit la forme d'une épée de lumière.

Ensuite les Grands-mères me montrèrent à quoi l'énergie du yang soutenu par le yin ressemblait. Bien que légèrement arrondi au bout, le yang fonçait toujours vers l'extérieur, bien que le yang en équilibre avec le yin avait l'air plus naturel — comme un doigt pointant quelque chose, un pénis en érection ou une goutte sur le point de se séparer d'une masse d'eau. « **Yang, contenu et renforcé par le yin, tendra toujours la main pour soutenir la vie,** » dirent-elles.

Les Grands-mères et moi, nous nous tenions épaule contre épaule et, s'appuyant les unes sur les autres, partagions notre bonheur devant ces formes équilibrées du masculin et du féminin. Elles se tournèrent vers moi en souriant et me montrèrent à moi-même. Je regardai dans le miroir qu'elles me tendaient et je vis que je portai une robe comme elles et il y avait des bijoux dans mes cheveux aussi.

« Le déséquilibre yin/yang a créé de la dépression et une colère sous-jacente chez les femmes, colère et désespoir chez les hommes. »

Le jour suivant, je retournai. « Qu'est-ce que cet excès d'importance donné à l'énergie yang a fait aux hommes? » demandai-je. « **Cela les a rendu fragiles,** » dirent les Grands-mères, « **cela les a tendu et les a éloigné du centre de leur être. Cela les a rendus durs avec eux-mêmes et avec les autres, rapides à agir et rapides à perdre leur équilibre intérieurs.** »

« **L'excès d'importance donné au yang les a rendu trop dépendant des femmes dans leur vie. C'est là qu'ils obtiennent leur subsistance ; les femmes sont les seules vers qui ils peuvent se tourner pour soutien et amour.** » Avec des regards pleins de pitié, elles dirent, « **Le fait de compter sur des femmes pour une 'nourriture intérieure' a rendu les hommes amers envers les femmes.** » De nouveau, elles croisèrent les bras pour souligner leurs propos.

« **Les hommes veulent pouvoir compter sur eux-mêmes, mais parce que ils sont tellement tendus, ils ne peuvent se soutenir et compter sur eux-mêmes émotionnellement.** » Elles me montrèrent une corde très tendue, montant vers le ciel. Je vis des hommes qui luttaient pour tenir debout, essayant d'imiter la corde, mais la tension était trop forte pour eux, occasionnant tant de stress que beaucoup d'entre eux tombèrent.

« **Les hommes sont frustrés,** » dirent les Grands-mères. « **Ils ne se sentent pas bien et s'expriment souvent par la violence, par des addictions, par l'abus des femmes, des enfants et de la société. A cause de la sévérité du déséquilibre yin/yang les hommes partent en vrille.** » Elles dirent avec tristesse, « **Les hommes attendent l'équilibre yin/yang plus désespérément que les femmes. Ce déséquilibre a créé de la dépression et de la colère chez les femmes et colère et désespoir chez les hommes.** » Se dressant de toute leur hauteur elles s'écrièrent, « **Assez !** »

Sur le chemin de retour vers la réalité ordinaire, mon cœur me fit mal et ma gorge fut serrée. J'avais mal pour les deux sexes, mais maintenant, surtout pour les hommes.

« Il y a aujourd'hui beaucoup de colère entre hommes et femmes. »

Je retournai plusieurs jours après et demandai: « **Est-ce qu'il y a encore quelque chose que vous voulez dire sur le yin et le yang?** » « **Il y a beaucoup de colère entre hommes et femmes,** » dirent-elles, « **une incompréhension mutuelle, une incompréhension de soi. Il y a beaucoup de ressentiment — la bataille des sexes,** » dirent-elles.

« Quand les femmes demandent ' Et les hommes? ' elles craignent que la puissance féminine ne sera pas suffisante pour équilibrer et corriger les excès de l'énergie du yang. »

Pendant qu'elles parlaient, je remarquai que je devins de plus en plus large, comme un réservoir qui se remplit. « **Ceci est le réservoir du yin,** » dirent-elles. Ce réservoir était le résultat de leur 'empowerment'; cela me permit de me remplir de yin et de l'emmagasiner.

J'inspirai et je gonflai encore davantage et quand j'expirai lentement elles dirent: « **'L'empowerment' met les femmes dans une position verticale.** » Je me tins devant elles, étonnée à quel point 'l'empowerment' m'avait rendu grande et emplie. J'étais tellement plus que je n'avais été.

« Les femmes ont l'impression qu'elles ne font pas le poids devant les hommes quand il s'agit d'agression, de dureté et de cet instinct de possession de l'énergie yang, » dis-je. « Grands-mères, s'il vous plait, parlez-moi de ça. »

Elles ne dirent rien, mais se tournèrent pour regarder un arbre, qui poussait là et qu'elles m'avaient déjà montré. « Oh, » dis-je, « Je vois ce que c'est! » Quand nous regardons un arbre nous ne voyons que l'arbre extérieur—ses branches et son tronc. Nous ne voyons pas l'arbre intérieur —ses racines et son système d'alimentation. Mais, sans ce système et son enracinement, il n'y aurait pas d'arbre vivant. Vu en son entier, l'arbre est une démonstration de l'équilibre entre yin et yang.

« **Les femmes n'agiront pas contre les hommes,** » dirent les Grands-mères, prononçant les mots avec soin pour que j'entende comment cette idée était ridicule. « **Les femmes ont peur que, quand elles s'emplissent de yin, elles agiront contre les hommes ; que yin et yang se tiennent en opposition l'un envers l'autre,** » elles secouèrent la tête, incrédules. « **Certains sont même arrivés à penser la relation entre yin et yang comme une lutte de pouvoir.** »

« Non, non. Comme les femmes deviennent plus fortes, l'arbre est plus fort. Les racines de l'arbre sont capables d'absorber plus, donc l'arbre lui-même est plus grand. L'arbre entier est plus sain. Des femmes fortes, pas des femmes agressives, mais fortes, comme l'arbre est fort. Et de là, » dirent-elles, « **un monde fort, une société forte.** »

« Vous voyez des choses en opposition les unes avec les autres, » dirent-elles. « Les humains sont habitués à penser en terme de ou-ou. Ca, c'est yang » s'écrièrent-elles, « ca, c'est yang. Ce n'est pas *toute* la vérité. »

« **C'est très difficile pour vous de comprendre cela,** » dirent-elles, observant ma difficulté à comprendre leurs paroles. « **Ressens la vérité** de cela en toi. Sens tes propres racines, sens ta connexion profonde avec la terre. »

« Maintenant pense à l'arbre devant toi, et deviens un avec lui. » Je suivis leurs instructions et ma respiration ralentit et devint plus profonde. J'arrivai dans un état d'union avec l'arbre et je pus sentir ses racines, ses branches et le réseau d'alimentation courir à travers moi. J'étais massive, enracinée, impossible à bouger. « **Faites cela à la prochaine rencontre,** » dirent-elles. « **Explorez les racines de votre arbre.** »

Une avec l'arbre, je me reposai et quand je levai les yeux, je vis notre Mère la Terre. Avec grâce, elle sautillait entre les branches de l'arbre, sous les racines et elle montait tout droit par le tronc.... La dernière chose dont je me souviens avant de m'endormir, fut la traine de sa robe, alors qu'elle monta dans l'arbre, comme dans un conte de fées.

Je me réveillai quand les Grands-mères dirent: « **Il faut établir des racines.** » Les racines de l'arbre s'étendirent dans toutes les directions, créant un réseau de soutien. « Ceci est une autre façon de voir le Filet de Lumière, » pensai-je quand je vis comment les racines tissaient une toile à travers la terre, reliant tout. « **Ces racines sont des gens dans leur pouvoir,** » dirent les grands-mères. « Les **racines et les gens se touchent et soutiennent la terre.** » Enracinée que je fus, je sentis aussi bien que j'entendis ce qu'elles disaient.

« Assez parlé des hommes, » dirent-elles, croisant les bras. « **Les hommes et les femmes font cet exercice avec l'Arbre. Cela les ouvrira pour recevoir de la Grande Mère ; cela les aidera à s'ouvrir à l'énergie du yin à l'intérieur d'eux-mêmes. Cet exercice est pour tous.** »

L'exercice avec l'arbre me fit penser à un exercice dans LA VIE OUVERTE. Briser les liens du passé, par Phyllis Krystal. Dans son livre l'arbre est un symbole pour la sécurité et la connexion entre ciel et terre. En me souvenant de ça, je sentis à nouveau les racines de l'arbre et pris conscience de ma connexion avec lui et avec le tout. « **Toi en particulier, tu dois sentir cela,** » dirent les Grands-mères. « **Tu dois être reliée à la terre et ancrée.** » Je savais ce qu'elles voulaient dire. J'avais demeuré trop longtemps dans ma tête. J'avais besoin de sentir mes racines

Pendant mon retour vers la réalité ordinaire, je fis une révision. « Le travail qui se fait à l'intérieur de l'arbre est yin, sans lequel chaque arbre dans le monde mourrait. Nous devons nourrir nos arbres, surtout l'intérieur de notre arbre, parce que ces racines sont comme le Filet de Lumière. Elles nous relient et soutiennent la terre. »

CHAPITRE 16
L'Arbre de Vie

« *Cet endroit, le jardin, la maison et environs gagnent en force.* »

Après le voyage sur l'Arbre, je ne suis pas retournée voir les Grands-mères pendant presque deux semaines. Pour je ne sais quelle raison, je me trouvai à nouveau remplie d'anxiété et de dépression, me sentant à cran et isolée. Cela devint tellement inconfortable, qu'à la fin, je supportai à peine d'être dans ma propre peau. « Qu'est-ce que cette affreuse sensation ? » demandai-je. « Qu'est-ce qui ne va pas avec moi ? »

Au début de mon voyage, je n'eus pas d'énergie propre et je fus capable de faire la transition vers la réalité non-ordinaire uniquement par la grâce. Mais, Aigle m'attendit au premier niveau du monde d'en haut et je me sentis si faible, qu'au lieu de voler moi-même, je me couchai sur son dos. A cause de l'état dans lequel je me trouvai, tout était vague et nuageux, mais quand enfin, je regardai par dessus son épaule, je vis les Grands-mères nous attendre dans la vallée en dessous.

« Oh, Grands-mères, aidez-moi ! » priai-je, tombant devant elles. Leurs ailes réconfortantes m'entourèrent, et une fois de plus, elles créèrent un cocon et le bercèrent avec moi dedans, me scrutant avec leurs yeux d'aigle.

« S'il vous plaît, regardez tout, Grands-mères, » dis-je pendant qu'elles m'inspectèrent. « Dans les deux dernières semaines je suis devenue tellement déprimée que je n'ai pas pu voyager du tout. Je ne sais pourquoi, et mon esprit est tout simplement rempli de lui-même. » En disant cela je remarquai que le saint homme était là aussi, se tenant derrière elles.

Elles m'enfermèrent dans leur cercle et l'une d'elles tendit la main et extrayait quelque chose de ma taille. Je la vis retirer une chose noire, comme un insecte, dont les pinces barbues m'avaient poignardée. Cette chose rampante avait créé ma dépression ; elle avait rendu tout en moi douloureux et rien en moi n'était comme il faut à cause d'elle.

Leurs yeux perçants me parcoururent devant et derrière. « Oh oui, » dis-je, car je voulais qu'elles voient tout. Quand elles retirèrent quelque chose d'autre de mon estomac, j'entendis quelque chose comme « pow ! » quand l'air sortit brusquement de mes poumons et une autre chose noire sortit de moi, comme dans une explosion. Là, je commençai à trembler ; mon corps froid, comme en état de choc et, pendant une minute ou plus, le seul son que je puisse entendre, fut ma propre respiration saccadée. Puis, ma respiration devint plus calme et je m'entendis dire: « Les Grands-mères m'insufflent de la force. »

Derrière moi se dressait l'arbre massif qu'elles m'avaient montré auparavant, celui dont les racines s'étendaient si loin et si profondément. Pour je ne sais quelle raison je dis: « Grands-mères, aidez l'arbre aussi. »

Elles ne répondirent pas, mais au lieu de cela, leurs mains plongèrent dans mon corps à travers ma colonne vertébrale et je sanglotai, quand à nouveau elles pénétrèrent mon corps et en retirèrent d'autres choses. Je les vis jeter des objets sombres en l'air et je commençai à vraiment pleurer, plus par choc que par douleur.

Ces trucs, la cause de mon malheur, avaient été si bien cachés ; je n'avais pas su qu'ils étaient là. Ma formation de thérapeute m'avait appris à penser que la douleur de problèmes d'enfance non-résolus est ce qui cause la plupart des dépressions et angoisses. Mais, les choses noires que les Grands-mères me retirèrent dépassaient largement cette explication. Je ne comprenais rien à ces choses ; c'était primitif, primordial.

Elles agitèrent leurs mains au dessus de mon dos pour refermer me colonne et, bien que je fus encore faible, je pus m'asseoir, quoique tout juste. « **Ca suffit pour le moment,** » dirent-elles pendant qu'elles me soutenaient dans le dos. « **Tu n'a pas besoin de comprendre tout ce que l'on fait ou ce que l'on fera dans l'avenir,** » dirent-elles. Je n'avais pas à me préoccuper des pourquoi et comment des ces méchantes choses noires. « **Ca suffit pour le moment, c'est juste des déchets du passé.** » Je compris par là, que ces choses noires que j'avais vu, avaient leur origine dans des vies d'il y a très, très longtemps.

« **Tu dois être fortifiée. Ton aura, tes os, tes vertèbres, ta digestion et respiration. Laisse la force du jardin te guérir et te remplir. Cela te fortifiera.** » Je leur étais si reconnaissante pour avoir ôté ces trucs affreux, mais quand j'essayai de me lever pour les remercier mes genoux flanchèrent. Il me faudrait du temps pour me remettre du travail qu'elles avaient fait.

« **Tu es notre réceptacle, nous t'aiderons,** » dirent-elles et me montrèrent assise sur un banc dans mon jardin. « **Cet endroit, le jardin, la maison et les environs, gagnent en force. Laisse-le te remplir, te garder et te soutenir. Communie avec .Va dans le jardin et unis-toi à lui.** »

Je pensai savoir combien de valeur j'attachai à ma maison, mais d'après ce qu'elles disaient, il était important d'une façon que je n'avais jamais considéré. De nouveau, je vis l'aigle qui avait atterri dans le jardin. Le vortex ou centre énergétique des Grands-mères se trouvait aligné avec le centre énergétique de ma maison directement au dessus. « **Prend conscience de cet alignement,** » dirent-elles, « **et à chaque fois que tu rentres chez toi, mets toi dans le vortex.** »

Quand je pensai aux gens qui viendraient le samedi suivant pour un 'empowerment', elles dirent, « **Ce sera selon notre volonté. Tout sera selon notre volonté. Pas de précipitation. Pas d'inquiétude. Pas de gaspillage.** »

Maintenant, je vis que les Grands-mères et moi nous trouvions dans un vortex. « **Ceci,** » dirent-elles, « **constitue un endroit sûr pour travailler sur toi.** » Alors que je me tins à coté d'elles, je vis mon corps allongé sur le sol de ma chambre, en dessous de nous. C'est là que je me mettais toujours pour un voyage, mais quand je m'observai, je vis que *les Grands-mères étaient dans la chambre avec moi.* « Où suis-je? » me demandai-je. « Est-ce que je suis dans la réalité ordinaire ou dans le monde d'en haut? Comment puis-je être dans deux endroits en même temps? » Les Grands-mères étaient tellement présentes, que je ne fus pas sûre dans quelle réalité je me trouvai. A la fin, j'arrêtai d'essayer de comprendre et je m'endormis.

Après cette séance, je passai ma journée entière dans le jardin et quand vint le soir, mon angoisse et ma dépression étaient parties.

« *Le problème avec la vie aujourd'hui est...que l'arbre n'est pas vu comme une unité.* »

Si simplement passer du temps dans mon jardin pouvait faire tant pour me guérir, qu'est-ce que travailler avec le grand Arbre pouvait faire pour moi et pour tout le monde? Je me demandai si l'Arbre qu'elles m'avaient montré, était l'Arbre de Vie archétypal. Quand elles en avaient parlé, elles avaient dit: « **L'Arbre incarne à la fois le principe féminin et le principe masculin de la vie.** »

« **Oui, ceci est l'Arbre de Vie,** » dirent-elles en montrant ses branches chargées. « **C'est un arbre qui porte beaucoup.** » Aujourd'hui, il avait l'air d'un dessin d'enfant, avec une canopée démesurée et beaucoup de pommes d'un rouge brillant. Mais quand je regardai de plus près, je vis des goyaves, des oranges, des ananas, des bananes et des fruits de toute sorte.

« **Chacun peut cueillir un fruit c'est son fruit qu'il peut tenir et savourer.** » Je vis des personnes du groupe-noyau s'approcher de l'arbre et retourner chacune avec un fruit. « **Le fruit que tu reçois de l'Arbre donne sa saveur à ta vie. Il a été spécialement choisi pour toi,** » dirent les Grands-mères. Chaque personne recevait un fruit ; elle ne le choisissait pas. Le fruit représentait la vie qui leur avait été donné — leurs cadeaux, leurs défis et les circonstances de leur naissance. L'Arbre de Vie leur donnait cela, l'Arbre, symbole de la Source.

« **Dans la nature il n'y a pas de duplicata. Il peut y avoir des similitudes, mais chaque fruit est unique. Savoure, sens, touche, goûte et puis fusionne avec ton propre fruit. Apprends ces qualités particulières,** » dirent-elles. Elles voulaient que nous honorions tous les dons, défis et circonstances de nos vies, car tout ce qui nous arrive a un but.

« **L'Arbre porte pour tout le monde,** » dirent-elles. « **Il porte (produit) et porte (soutient). Il ne peut y avoir de séparation de cet Arbre, à moins que l'on choisisse de s'en séparer. Et même cette séparation-là est fausse, comme la vie doit finalement retourner à l'Arbre.** » Elles me montraient le cycle de la vie.

« **Vous nourrissez l'Arbre de Vie en donnant les uns aux autres et en vivant le cycle de vos vies jusqu'au bout.** » Pendant qu'elles parlaient, les paroles du moine bouddhiste Thich Nhat Hanh me vinrent à l'esprit, « Quand la fleur est en chemin vers le tas de compost, le tas de compost est en chemin vers la fleur. » Rien n'est perdu dans le cycle de vie. Une fleur fanée devient simplement compost pour nourrir les fleurs suivantes ; l'Arbre de Vie nourrit tout et tout le nourrit.

« **On vous donne le fruit — votre vie, et en honorant votre vie, vous fleurissez et vous portez fruit.** » 'Fruit' inclut non seulement ce que nous recevons à la naissance, mais aussi ce que nous produisons à partir de ce que l'on a reçu.

« **Il y a un cycle. D'abord,** » elles levèrent un doigt, « **appuyez-vous sur l'Arbre et laissez le porter vos fardeaux. Puis, permettez à l'Arbre de vous donner votre fruit. En l'acceptant, vous aussi vous serez capables de donner. Quand vous digérez le fruit venant de l'Arbre de Vie vous *deviendrez* finalement un avec l'Arbre.** » « Nous rendons ce que nous avons reçu et le cycle de vie de l'Arbre continue. « Grands-mères, » dis-je, « ceci est trop pour ma tête. » « **Nous savons,** » répondirent-elles.

« **Tu dois comprendre l'Arbre comme un tout,** » dirent-elles. « Il est

UN ; racines et branches sont UN. **Le problème avec la vie aujourd'hui n'est pas seulement que les racines de l'Arbre, l'aspect féminin du Divin, ont été négligées, bien qu'elles l'aient été. Le problème est que l'Arbre n'est pas vu comme une unité.** »

« **Respire maintenant par les racines de l'Arbre, faisant remonter de l'énergie quand tu inspires. Fais cela trois fois. Puis respire par les branches de l'Arbre et fais descendre de l'énergie dans ton corps quand tu inspires. Fais cela aussi trois fois. Ton expiration n'a pas besoin d'être dirigée dans une direction précise,** » expliquèrent-elles, « **elle ira là où on en a besoin. Mais faire monter et descendre la respiration dans ton corps est important.** »

« Montrez-moi, Grands-mères, » dis-je et je les suivis, tirant ma respiration d'abord du yin des racines et puis du yang des branches. Quand j'expirai, j'imaginai que l'air que j'expulsai était une bénédiction, allant partout où on en avait besoin.

« **Les hommes aussi bien que les femmes peuvent faire cet exercice. Si toutes les branches de l'Arbre étaient coupées, l'Arbre mourrait ; si toutes les racines étaient coupées, l'Arbre mourrait.** » Cet exercice servirait à harmoniser yin et yang.

« **Il y a trop de lutte entre les sexes maintenant, trop de 'mieux que/pire que',** » dirent-elles. Elles parlaient des luttes de pouvoir entre hommes et femmes. « **Oui, ne perdez pas de temps à ça. Pas une minute !** »

Elles se tournèrent avec urgence et me firent face. « **L'Arbre a besoin d'attention et de soins. L'Arbre tout en entier a besoin de soins,** » dirent-elles. « **Exactement comme les femmes ont besoin de soins, les chers hommes ont besoin de soins.** »

« **Quand tu respires des racines et des branches de l'Arbre, le ciel et la terre, yin et yang se rencontrent dans une étreinte. Cet exercice favorise l'amour.** »

Se tenant dans un cercle, les bras levés au ciel, elles me rappelèrent les Amérindiens quand elles chantèrent: « **A toutes mes relations. Toutes! Toutes sont en union avec l'Arbre de Vie.** » Quand elles se retournèrent vers moi, elles dirent: « **Il y a une réalisation du 'en haut' et du 'en bas' à l'intérieur de l'Arbre.** »

« L'Arbre relie le masculin et le féminin, » dis-je, « donc en travaillant avec cet Arbre, les hommes et les femmes peuvent soigner leurs relations. » Hochant la tête, les Grands-mères dirent, « **Invite les hommes et les femmes à venir et faire ce travail ensemble. Ce travail équilibrera yin et yang.** »

« **Nous enseignerons ceci à travers toi,** » dirent-elles. « L'Arbre de Vie est l'Arbre du monde ; il est le monde. Les racines de l'Arbre embrassent chaque partie de la terre et à cause de cela, tous les êtres sont liés. L'Arbre nourrit et abrite tout le monde. »

Je levai la tête, et je vis des centaines de gens devant moi de toutes les races et de toutes les nations du monde. En observant leurs coutumes et leurs costumes, je vis que cet arbre appartenait à chacun d'entre eux.

« **Aime tout le monde,** » dirent les Grands-mères. « **Visualise les racines de cet Arbre comme des veines des grandes rivières du monde, pénétrant dans chaque pays sur la terre — Europe, Asie, Afrique, les Amériques, toutes les iles et les pôles. Ces racines touchent tout. Les racines de l'Arbre s'entrelacent à l'intérieur de la terre et ses branches abritent tout le monde.** »

Elles me montrèrent à nouveau le groupe-noyau et je vis chacune s'approcher de l'Arbre. « **Elles cherchent leur racine/ chemin,** (NDLT: Les 2 sens de 'root/route' qui ont la même prononciation en anglais) » dirent les Grands-mères. « **Ta racine/chemin t'ancre de façon parfaite pour l'être que tu es.** »

Tout le monde s'avança et les Grands-mères montrèrent comment leurs vies suivaient une racine/chemin particulier.

Comme les racines de l'Arbre, le chemin de leur vie s'enfonçait vers sa Source aussi. Quand ils avaient atteint leur Source, ils remontèrent vers le corps de l'Arbre où ils fleurirent, mûrirent et finalement tombèrent de l'Arbre, leur énergie rentrant dans la terre. Ceci, en bref, était le cycle de la vie humaine.

Les enseignements de l'Arbre de Vie étaient élégants, économiques et si complexes que je ne pus saisir qu'une petite partie de cet archétype. Quand je me débattais pour en comprendre davantage, ma tête commença à me tourner.dirent les Grands-mères, « **tu dois apprendre dans le bon rythme.** »

J'invitai des hommes et des femmes à venir au jardin pour pratiquer les exercices de l'Arbre de Vie. Nous harmonisions d'abord les énergies de yin et yang en nous et ensuite nous travaillions pour apporter cet équilibre à la terre.

J'installai un autel dans le patio qui représentait différentes formes du Divin. Mon mari et mon fils participèrent dans cet évènement, des femmes du groupe-noyau arrivèrent et d'autres personnes, que je ne connaissais pas, vinrent aussi. Quand un homme du groupe de sans-abri, à qui je donnais à manger tous les Jeudis, entra par le portail, je souris. C'était un rassemblement des Grands-mères typique; je n'avais aucun idée de qui viendrait.

Après avoir expliqué les Grands-mères et leur travail, je présen-

tai le concept de l'Arbre de Vie et nous discutions du fossé entre les hommes et les femmes qui les empêchent de se comprendre. Chaque personne présente fut sincère dans son désir de chercher une meilleure relation avec le sexe opposé.

Nous faisions l'exercice de respirer par les racines, puis par les branches de l'Arbre et nous sentions l'expansion de notre grand Soi.

Puis nous avons honoré l'équilibre et l'harmonie du yin et yang en et autour de nous.

L'après-midi fut un grand succès et quand ce fut terminé, un homme costaud leva la main et demanda en larmes, « Est-ce qu'il y a quelque chose que je peux faire pour aider les Grands-mères? » Sa question me fit monter les larmes aux yeux aussi et, ne sachant pas quoi dire d'autre, je lui dis de simplement faire appel à elles. Le désir qu'il exprima me fit comprendre à quel point les hommes, aussi bien que les femmes, ont souffert du déséquilibre entre yin et yang.

Chapitre 17

Faites de vos vies des vies sacrées

« *Donner du cœur mène à recevoir davantage. Une autre façon de donner n'est pas donner du tout.* »

La fois suivante, quand je retournai vers le monde d'en haut, je voulu juste être avec les Grands-mères et le saint homme. La profondeur de ce travail me rapprocha toujours plus de ces grands êtres.

Je pris mon siège sur l'estrade avec eux et me tins là en silence, regardant le monde où au loin les Grands-mères indiquèrent '**les grands**'. Elles firent référence à deux manifestations du Divin qui étaient visibles sur l'horizon. Plissant les yeux, je reconnus le forme de la Vierge Marie et celui du Seigneur Krishna, le dieu et avatar Hindou.

Chaque forme était extrêmement mince et ressemblait à un morceau de cellophane coloré, posé par-dessus une lumière énorme. De la lumière brillait à travers la forme, rayonnait autour et m'éblouissait tellement que je devais me concentrer pour bien voir le 'cellophane'. La forme de Marie était dans des tons roses et bleus alors que celui de Krishna était tout bleu. Chacun était un prisme, un endroit où la lumière pouvait passer.

La lumière était énorme. Elle m'aveuglait et couvrait mon champ de vision, elle l'envahissait tant, qu'il fut impossible de discerner autre chose que de la lumière. La lumière -- si totale qu'on ne la voyait pas. A la fois au premier plan et à l'arrière plan-- la lumière était tout et un éblouissement brillant sur tout.

Ces formes constituaient un point de mire, donnaient forme et couleur à la lumière Divine. Parce qu'une lumière aveuglante et omniprésente couvre tout, il est difficile à voir ; une forme est plus facile à regarder. Une fois que j'avais compris cela je passais la journée entière à contempler Marie et Krishna, extasiée, si reconnaissante au Divin de nous avoir donné ces formes (de ce qui n'a pas de forme) pour qu'on puisse avoir des relations avec eux et les aimer.

Quand je transcrivis ce voyage, je me rendis compte que les Grands-mères avaient mis la lumière radieuse dans une autre forme encore. Cette fois le Divin s'est révélé comme des vieilles femmes sages, réconfortantes et facilement accessibles pour tous.

« Laisse nos enseignements tomber sur les eaux de leurs vies et laisse les adapter les vagues pour eux. »

Deux jours après avoir vu l'unité de Dieu dans la lumière qui sous-tend les formes de Marie et Krishna, je reçus une lettre anonyme qui disait que je n'étais pas apte à faire le travail des Grands-mères. De toute évidence envoyée par une femme qui avait participé à une cérémonie 'd'empowerment', elle exprimait de la colère envers moi pour avoir présumé parler pour les Grands-mères. Elle avait une liste de mes défauts et bien que je fusse consciente de ceux qu'elle mentionnait, recevoir une lettre comme ça me choquait.

Quelques jours plus tard, deux femmes du groupe-noyau commencèrent à me taquiner sur le fait d'être 'spéciale' à cause de ma relation avec les Grands-mères. Leurs réactions et la lettre me prirent par surprise et me mirent mal à l'aise. Je me demandai comment faire face aux critiques comme celles-ci quand le travail toucherait des groupes plus larges.

Quand je demandai aux Grands-mères comment faire face à la critique et la jalousie, elles dirent, **Notre message doit sortir, mais pas toi.** »

« Ceci est *notre* message ; tu es la messagère. C'est tout. » Je fus envahie par une vague de soulagement en les écoutant. Je n'étais que la messagère. « **Tu n'es pas la cible et tu ne dois pas l'être,** » dirent-elles. « **Notre travail ne peut être personnel. S'il l'est, d'autres feront comme celle qui a écrit la lettre — décortiquer tes défauts et les attribuer à nous. Tu ne fais que transmettre notre message. *Il ne s'agit pas de toi.*** » Elles dirent d'un air sérieux, « **Cela ne doit pas être — pour ton bien et le nôtre.** »

« Quant u écris, fais le de façon suffisamment personnelle pour que ce soit clair que ce message est passé par une personne. Donne les enseignements, puis retire-toi et ne dis rien. Laisse nos enseignements tomber sur les eaux de leurs vies et laisse-les adapter les vagues pour eux. »

« Partage ce que c'est que de recevoir ces leçons ainsi. Ton expérience ancrera leurs expériences et leur donnera confiance, mes ce n'est pas ton histoire. »

Je ne devais pas partager autant de moi que j'avais fait. Plus de détails sur comment les leçons m'avaient affecté, ni devais partager trop de choses personnelles dans le livre. Cela détournait l'attention. Cette directive garderait l'attention fixée sur les Grands-mères.

Soudain je voyais cette conversation de loin. Dans cette scène je m'évanouissais. J'avais l'air d'être faite de fumée, grise et floue, comme l'arrière-plan d'un tableau. « Tu es notre messagère, dirent les Grands-mères. « Dis cela. » Elles me montrèrent que j'étais loin d'être la pièce centrale de cette histoire.

« C'est la nature de la femme d'être belle et d'aimer la beauté. »

Je décidai de faire une pose dans les 'empowerments' et les rencontres en groupe. Avant de reprendre je voulu apprendre comment rester en arrière et ne pas en dire de trop. Toute ma vie j'avais été très ouverte, maintenant je devais me créer de nouvelles habitudes.

Qu'est-ce que les Grands-mères voulurent que je fasse pendant ce temps d'introspection? Je commençai le voyage avec cette question en tête et en chemin Aigle apparut. **« Grimpe, petite, »** grommela-t-il, un dur au cœur d'or. Je grimpai sur son dos et quand nous arrivâmes chez les Grands-mères, elles rirent et m'attirèrent à elles dès que je glissai à terre. Balançant mes bras au même rythme qu'elles, nous avançâmes comme des copines quand j'étais petite.

Elles voulurent que je sois l'une d'entre elles. Une Grand-mère. Elles m'avaient dit cela la deuxième fois qu'on s'était rencontré mais j'avais oublié cette invitation, je ne sais comment. Comment avais-je pu oublier une chose comme ça? Avais-je peur d'être une Grand-mère?

Elles m'attirèrent dans leur cercle et je les regardai de près. Elles étaient si jeunes! Pas vieilles, ni flétries, ces jeunes femmes étaient les Grands-mères! Voir leurs sourires juvéniles m'étourdit. Mais hochant la tête comme pour dire que ce que je voyais était réel, elles me serrèrent davantage et nous dansions ensemble, toutes des jeunes Grands-mères.

Alors que nous dansions, entrant, sortant, tournant toujours, je ne pus rien regarder sauf elles. Comme elles **étaient vibrantes ! Elles me sourirent et me montrèrent, suggérant de me regarder, donc je regardai de coté et vis mon reflet. Moi aussi, j'étais jeune! Nous** l'étions toutes. Juste un groupe de gamines aimant s'amuser et qui dansaient en rond.

« Je dois mettre mes cheveux en arrière, » dis-je, « c'est comme ça qu'elles portent les leurs. »

Elles me peignèrent et me firent une beauté, firent de moi l'une d'entre elles. « **La force est beauté. La beauté est force,** » chantèrent-elles et elles me firent signe de me lever et dirent, « **Lève-toi.** » Nous avions été debout ensemble mais maintenant nous nous élevions, remontant jusqu'à ce que, enfin, nous nous tenions en l'air loin au dessus le sol.

« Le monde d'en haut est une dimension tellement différente, pas du tout comme le terre, » dis-je, le regardant de ce point en plein ciel. Il y avait des arbres tout comme sur terre ; il y avait des montagnes, des rivières et des villes. Beaucoup de ce que je voyais ressemblait à la beauté que nous voyons sur terre, mais la terre semblait étouffante en comparaison. Regardant la beauté variée de ce plan, elle semblait ne jamais s'arrêter.

« **Reste avec nous,** » dirent les Grands-mères et je me réveillai brusquement d'un sommeil que je n'avais pas vu venir. De nouveau réveillée, je vis maintenant du mouvement et une lumière étincelante devant moi. Les Grands-mères sortaient des coiffes, chacune environ soixante centimètres de haut. Elles étaient faites d'or finement travaillé et étaient couvertes de pierres précieuses. Quand elles m'en mirent une sur la tête je la sentis à peine. Elle était faite de lumière. D'apparence ancienne, ces coiffes étaient 'light' (légère et lumière) dans tous les sens du terme. Et quand elles en placèrent une sur ma tête le monde devint magique. Sous une pluie de pierres précieuses, je fus couverte d'une lumière éblouissante qui faisait tout briller.

« **Les femmes aiment la beauté,** » dirent-elles. « **C'est le nature de la femme d'être belle et d'aimer la beauté.** » Elles se tournèrent et indiquèrent un oiseau qui ressemblait à une cigogne et qui marchait à travers l'herbe haute avec ses ailes repliées. Regardant ses pas élégants elles dirent, « **Ce que tu vois est la nature de cet oiseau.** » Il me vint que l'oiseau était comme moi, grand, avec de longues jambes et une petite tête et je me tournai vers les Grands-mères et demandai, « Je suis supposée observer ma propre nature, puis la suivre. C'est ça le message? » Elles me firent un grand sourire, fières que j'avais trouvé toute seule.

« Comment puis-je apprendre ma nature? » demandai-je et j'attendis qu'elles parlent, mais il n'y avait que le silence et donc je revins vers le but de ce voyage. « Grands-mères, que voulez que je fasse cette fois-ci? » demandai-je.

« **Joue avec nous,** » dirent-elles. Je restai bouche bée. Quoi? Voyant l'expression sur mon visage, elles éclatèrent de rire, ravies qu'elles m'aient surprise. « **A partir de ce moment, nous voulons que tu nous inclus dans *tout* ce que tu fais. Plus question de seulement penser à nous quand tu as une question ou as besoin d'aide.** «

Elles voulaient venir faire les courses avec moi, promener les chiens, faire la cuisine et planter le jardin. Je devais tout faire avec elles. Je me sentis honorée.

Elles me placèrent à l'intérieur d'une cylindre bleu pale et je me sentis en sécurité et contente d'être là. Cet endroit était protégé. Rempli de lumière, il me remplit de lumière. Quand je vis et sentis les pierres précieuses de la coiffe pleuvoir à l'intérieur du cylindre j'entendis les Grands-mères dire, « **Cœur léger.** » Quand de nouveau je demandai ce qu'elles voulaient en ce moment elles dirent, « **Aie le cœur léger.** » C'est comme ça qu'elles voulaient que je sois.

Elles ouvrirent leurs ailes et me couvrirent et le mouvement de leurs plumes créa une brise chaude qui souleva mes cheveux dans une caresse. « Reçois, » chuchotèrent-elles en m'éventant. Elles explorèrent mon dos et mes épaules des bouts de leurs ailes et touchèrent les points douloureux avec amour. Puis elles me couvrirent d'une cape en plumes à laquelle elles étaient également attachées. « **Reviens vers nous, reviens vers nous,** » dirent-elles.

« Faites de vos vies des vies sacrées. »

Après ce voyage je commençai vraiment à m'amuser, juste à passer du temps avec les Grands-mères. Une fois fait le choix d'être avec elles tout le temps, des informations semblaient tomber du ciel. La vie et ses tâches quotidiennes devinrent plus faciles.

Vivre tous les jours avec les Grands-mères était merveilleux, mais à chaque fois que j'avais une question particulière pour elles, une qui demandait plus qu'une réponse brève, je voyageais toujours vers le monde d'en haut. Une question formelle semblait exiger un voyage. J'avais remarqué que les Grands-mères marquaient leurs leçons avec des cérémonies et maintenant je voulais savoir pourquoi. C'était le but de mon voyage suivant.

Quand je m'avançai devant elles pour poser ma question je sentis plus de joie que d'habitude. Elles étaient heureuses, mais c'était plus que cela. Mon humeur, mon corps même remontaient en leur présence. « Grands-mères que voulez vous que j'écrive sur l'importance de cérémonie dans la vie quotidienne? » demandai-je. Elles se tinrent en retrait et me regardèrent et je compris qu'elles avaient attendu cette question depuis longtemps.

Elles formèrent leur cercle familière et comme elles fermèrent les rangs, elles dirent, « **La cérémonie fait partie de la vie; c'est une interaction consciente avec ce qui est sacré dans la vie. Elle n'est pas très présente dans votre monde aujourd'hui,** » ajoutèrent-elles, « **et vous souffrez de cela. Tous souffrent de cette perte — les plantes, les gens, tout.** » Secouant le tête elles dirent, « **Vous ne savez pas vous amuser et la vie est dure pour vous. Tout sur la terre vous soutiendrait si seulement vous rentriez en contact.** »

« Cherche le mot 'cérémonie'. La cérémonie a à voir avec la reconnaissance de ce qui est sacré dans la vie à tout instant. » Je fis les recherches dès que je retournai de ce voyage, mais la définition du dictionnaire concernait la procédure et non pas son but original. Et bien que 'religion' fût mentionnée dans les définitions que j'avais trouvées, le mot 'sacré' n'y figurait pas.

« La cérémonie apporte du plaisir dans la vie, » dirent les Grands-mères. « Il n'y a rien d'obscur ou de difficile à ça. C'est plein de joie. La cérémonie affirme le moment ; elle affirme la précarité et l'importance de chaque acte. »

Penchant la tête, perplexes, elles dirent, « **Vous vivez aujourd'hui comme si vous étiez *les premiers* à faire tout ce que vous faites.** » Leurs expressions montrèrent qu'elles trouvèrent cette attitude bien arrogante. « **Vous vivez dans l'illusion que vous êtes les premiers à avoir eu telle ou telle idée ou avoir bougé de telle ou telle façon, ou avoir fait telle ou telle association mentale.** » Riant de notre vision égocentrique, elles parurent étonnées par notre isolement du passé, notre manque de connexion avec ceux qui nous ont précédés et par notre incapacité à utiliser la cérémonie pour reconnaitre et célébrer ces connexions.

« **Vous n'êtes pas les premiers,** » dirent-elles. « **Vous êtes la chaîne et la trame du tissu de la vie. Vos ancêtres savaient cela. L'écorce de l'arbre sait ça. *Votre ADN sait cela!* Pour quoi alors vous menez-vous la vie aussi dure?** »

J'étais là, abasourdie, et elles me regardèrent avec une compréhension aimante. « **C'est votre égo,** » dirent-elles, « **vous avez choisi cette vision isolée de la vie parce que cela vous fait vous sentir importants.** » Se frottant les mains comme pour les nettoyer, elles dirent, « Quand vous serez fatigués de vous sentir important et quand vous voulez être heureux, revenez à la cérémonie. Prenez plaisir à vivre dans la cérémonie, » dirent-elles, douze têtes hochant comme une seule, « **et laissez *la vie dans la cérémonie* vous soutenir.** »

Elles se penchèrent en avant et s'enthousiasmèrent pour le sujet. « **Dire la bénédicité avant les repas est une cérémonie de respect. Bénir votre nourriture — un acte respectueux. Bénir des graines quand vous les plantez, remercier votre voiture, tenir votre volant avec respect.** » Elles me regardèrent en disant cela et rirent de bon cœur en voyant mon expression. Elles s'écroulèrent les unes contre les autres, se tenant les côtes, certaines riaient si fort qu'elles en pleuraient.

C'était ma réaction à '**tenez votre volant avec respect**' qui leur faisaient se tordre de rire. « Tu ne vois pas? » demandèrent-elles, s'essuyant les yeux, « **Il n'y a rien qui ne soit sacré.** » « OK, Grands-mères, OK, même le volant. »

« **Se rassembler avec des amis dans un but qui promeut le bien est un acte sacré, accueillir l'aube avec une prière est une cérémonie. Quand des petits gestes comme cela sont fait de façon répétée, leur répétition crée une cérémonie.** »

« **Ceux-ci alors vivent leur propre vie; c'est comme cela que la cérémonie vous soutient. S'assoir dans le même fauteuil, sur le même coussin, au même endroit pour prier ou méditer chaque jour est une cérémonie.** » Le coussin ou le fauteuil commencerait à porter une charge. A chaque fois que l'on le verrait, nous penserions 'méditer' et quand on s'y assoit, le processus de la méditation commencerait automatiquement.

« **Vous n'êtes pas seuls,** » dirent-elles. « **Vous souffrez *inutilement* de cette illusion. Nous sommes toujours avec vous. *Toujours*. Rassemblez-vous dans des groupes comme des sœurs,** » insistèrent-elles, « **dans des groupes fraternels, dans des groupes familiaux où les gens d'un même esprit et des cœurs ouverts se rassemblent et là tiennent des cérémonies. Envoyez des prières et des bénédictions aux autres. De tels actes sont des cérémonies,** » elles souriaient comme pour dire, « N'est-ce pas facile? » « **Des chants, des chansons, des prières — ce sont des offrandes que vous pouvez envoyer. Ils créent des rubans de lumières qui se répandent sur la terre, partout sur la terre !** »

« **Ce qui vous manqué, c'est *la joie de vivre*, vous vous débattez tous seuls si vous n'avez pas de cérémonie. Beaucoup sont tellement TERRIFIES de croire dans le Divin qu'ils choisissent de vivre dans une solitude imposée par eux-mêmes.** » Nier votre connexion avec le sacré vous coupe de la Source. L'expression sur le visage des Grands-mères montrait comment cette détresse auto-imposée de certains les chagrinait.

« **Une cérémonie en se levant,** » dirent-elles, « **une simple prière ou une posture du corps qui invoque les directions de la terre et les esprits de la terre. Dire une prière de n'importe quelle religion du monde — toutes sont magnifiques.** » Se penchant en avant, les yeux écarquillés comme pour dire 'prête attention', elles dirent: « **Tu te réveille chaque jour à cause de la grâce. Reconnais cela. Chaque jour aura ses dons et ses leçons, c-h-a-q-u-e jour. Célèbre ces dons. Tu ne sais jamais ce que la journée t'apportera !** » Se frottant les mains elles dirent, « **Il y a de l'excitation là dedans.** »

« **Une cérémonie au lever, une cérémonie au coucher, remerciant pour la journée et pour ce que vous avez reçu. Faisant appel au Un,** faisant appel aux esprits pour vous protéger quand vous dormez. Ils le feront, » dirent-elles. Toute forme du Divin que nous vénérons nous protégera si nous le demandons. « **Ils, les incarnations du Divin, aiment qu'on se souvient d'eux tout comme vous,** » dirent-elles et elles ajoutèrent, « **Votre vie peut devenir riche et tellement plus peut vous être donné si seulement vous demandez.** »

Elles me regardèrent et elles avaient un peu l'air comme de vieilles maitresses d'école. « **On apprend même aux petits enfants de dire 'merci'. Ne devriez-vous pas faire de même?** » « Grands-mères, » interrompis-je, voulant être sûre d'avoir compris, « Vous voulez que l'on inclut le Divin dans tout ce qu'on fait? Dans *tout*? Elles me regardèrent d'un air de dire 'Mais bien sûr.'

« **Crée un espace sacré où tu peux aller pour être avec Dieu et il te soutiendra dans le temps. Chaque fois que tu vas la-bas pleine de respect, cet espace deviendra plus fort dans son soutien envers toi. Tu sais quoi dire à propos de cela.** » En effet, je savais. L'autel dans notre chambre m'avait soutenu depuis longtemps, et aussi l'endroit où l'aigle avait atterri et celui sous les fougères où les 'empowerments' se tenaient. Quand j'étais loin de chez moi, il suffisait de penser à un de ces endroits pour me sentir en paix et ancrée.

« Rassemblez-vous et envoyez des prières pour les autres et pour ceux qui sont présents, » dirent-elles. « **La générosité d'esprit qui vient du fait de recevoir du plus haut et puis de donner aux autres vous donnera des cadeaux inouïs.** » Elles semblèrent rayonner e telles dirent, « **Ces actes allument des vortex de lumière partout dans le monde.** »

« *Il importe peu* quelle forme vos prières prennent, » dirent-elles. « C'est le don altruiste aux autres, des uns aux autres, à tous les êtres qui compte. » Elles insistèrent avec passion, « S'il vous plait, ne vous faites pas prendre par la religiosité et la rigidité de certaines façons de faire. Si vous trouvez une façon de faire dans laquelle vous vous sentez bien, faites comme ça. Mais reconnaissez en même temps que quelqu'un d'autre puisse avoir une façon qui est aussi bien et juste pour elle. »

Se dressant de toute leur hauteur ces imposantes Grands-mères dirent: « **Honorez *tous les chemins* vers Dieu, tous les chemins. Toutes les couleurs sont jolies, il y a tant de sons dans la musique, toutes les prières sont belles, et reçues avec tant de bonheur.** »

« **L'intention sous-tend tout,** », dirent-elles faisant de grands gestes. « Si un certain collier est utilisé un certain temps avec une intention de révérence, il prendra l'énergie de révérence. Il soutiendra celui qui le porte. Mais sans cette intention, sans le sentiment envers lui d'amour et de sacralité, le collier ne sera rien. »

« **Les cérémonies sont légions,** » dirent-elles. « **Nombreuses, nombreuses. Chaque culture qui révère le sacré a des cérémonies et elles sont bien. Toutes sont bien. Tu peux choisir celle que tu veux ou en inventer. C'est ton intention qui est importante.** » Elles dirent en me regardant avec sérieux, « **Dis cela.** »

Elles semblèrent m'inspecter. « **Nous t'avons donné une cape, une étole,** » dirent-elles et pendant qu'elles parlèrent quelque chose se déposait sur mes épaules. Cela ressemblait un peu à la coiffe, mais cela ne couvrait que ma poitrine et mes épaules. Plus tard j'ai recherché le mot dans le dictionnaire. Une étole est un habit ecclésiastique.

« **Laisse chacun écouter son cœur pour savoir quelle manière de vénérer le sacré lui convient. Et n'aie pas peur,** » dirent-elles. « **Suis ton inclination intérieure, quel qu'elle soit. Elle peut être Zen, tribale, la grande messe ou une prière à la mosquée. Cela n'a AUCUNE importance ! Il n'y a qu'un Dieu et beaucoup de chemins vers Dieu. Mais quand tu as choisi un chemin, continue avec celui-là. Grimpe la montagne! Ne tournez pas autour, essayant un truc, puis un autre.** » Nous pouvons respecter tous les chemins vers Dieu, mais pour approfondir notre vie intérieure, nous devons nous engager dans une pratique sacrée et s'y tenir.

« **Grimpe la montagne sur le sentier qui est juste pour toi, te joignant en route à d'autres qui partagent tes idées dans des cérémonies. Des cérémonies d'actions de grâce, des cérémonies de repentance, de pardon, de joie ou de délivrance. La cérémonie est pour toi et elle est également à partager avec d'autres qui ont les mêmes idées. La cérémonie te nourrira et te renforcera.** »

Leurs visages s'adoucirent et elles dirent, « **Nous te bénissons. Nous bénissons chacun qui nourrit et renforce ce qui est sacré en lui.** »

« **Priez ensemble, et demandez la sagesse et la guérison. Priez les uns pour les autres et envoyez des prières pour ceux qui ne sont pas physiquement présents mais qui en ont besoin. Quand vous faites un pas vers Dieu, Dieu fait un pas vers vous,** » elles m'assurèrent, « **mais tu dois faire ce pas. La cérémonie t'aide à faire cela. Une cérémonie avec une intention forte va droit à Dieu.** » Elles firent une pause, me regardant avec un amour si complet qui les larmes m'en montèrent aux yeux. « **Une cérémonie avec une intention forte, Dieu est là dans une telle cérémonie.**

« **Salue l'aube ainsi, et tout au long de la journée pense à nous ou quelque autre forme du Divin que tu honores. Pense à nous quand tu** travailles, quand tu vas à ton travail ou quand tu en reviens, quand tu manges, quand tu prépares ton repas. Pense toujours au Divin, fait appel au Divin. *Laissez vos vies être remplies avec la présence du Divin.* »

Alors que leurs yeux sondaient les miens, elles dirent, « **Faites de vos vies des vies sacrées. Vous devez faire ce pas. C'est le moment de le faire. N'attendez pas. Il y a une énergie qui grandit et une grande force. Cette énergie vous ramènera vers le sacré et vos vies deviendront joyeuses et emplies de paix. Nous vous disons cela.** » Alors que le tambour indiquait le retour j'étais remplie d'émotion, de larmes et un sentiment de plénitude dans ma poitrine. Je me tournai vers elles et elles me dirent « **Reviens vite.** »

En descendant je réfléchis à ce que ces voyages furent toujours des surprises. Celui-ci aurait pu faire un livre tout seul. Quand j'avais posé la question, je m'attendais à une liste de cérémonies à faire mais les Grands-mères m'avaient rien donné de la sorte.

« Quand vous dites une prière inclusive, elle rassemble chaque aspect de la création et bénit toute vie. »

Quelques jours plus tard je retournai pour demander quelles cérémonies inclure dans le livre et pour les remercier pour la beauté de ce qu'elles avaient partagé pendant ce dernier voyage.

Je me précipitai — si heureuse d'être avec elles de nouveau et je savais par leur regards qu'elles étaient aussi contentes de me voir. « **Viens ici quand tu veux,** » dirent-elles, repoussant gentiment les cheveux de mon front.

« Grands-mères, » murmurais-je, mon cœur débordant de dévotion, « je veux être avec vous tout le temps. » Après avoir partagé des regards pleins d'amour, je dis, « S'il y a des cérémonies spécifiques qui seraient utiles pour les autres, surtout en ce moment, j'aimerais les faire passer. »

« **Regarde,** » dirent-elles, et puis se mirent sur le côté. Un rideau, derrière l'endroit où elles se trouvaient, s'ouvrit pour révéler une scène. « **La scène change constamment,** » dirent-elles pendant que je regardai et attendis.

« **Un rassemblement de soleils, de mondes, de religions et de peuples. Priez d'une manière inclusive.** »

« **Quand vous priez, priez pour tous les êtres, n'excluant personne. Pas d'exclus, pas de 'nous', pas de 'eux',** » dirent-elles. « 'A toutes mes relations' est une bonne prière. 'Que tous dans tous les mondes soient heureux' est une bonne prière. '*Inclusion*'. **Maintenant est le moment de la fin de la division**. Dites la prière de toutes les couleurs, » dirent-elles, « **toutes sont des raies de lumières venant de la grande source de lumière**. »

Pendant qu'elles parlaient je vis des gens de toutes les races et cultures tenant des rubans colorés. De la lumière, venant de la source de toute lumière, se déversait sur ces rubans. Cela me rappela l'exercice de l'Arbre de Mai dans le livre de Krystal précité.

« **Honorez les couleurs de tous les peuples,** » dirent les Grands-mères, « **La perfection particulière dans chaque culture, religion et manière de vivre — honorez la perfection dans chacun. Pas de jugement. Commencez maintenant et abandonnez le jugement. Ceci est le début de la fin du jugement les uns des autres. Incluez des prières et des chants qui font cela.** »

« **Pour ceux qui se trouvent attirés par la Grande Mère, le Memorare est une bonne prière,** » dirent-elles. Voici les paroles, qui vous poursuivent.

« *Souvenez-vous, ô très miséricordieuse Vierge Marie,*
qu'on n'a jamais entendu dire qu'aucun de ceux qui ont eu
recours à votre protection, imploré votre assistance
ou réclamé votre secours ait été abandonné.
Animé d'une pareille confiance, ô Vierge des vierges,
ô ma Mère, je cours vers vous, je viens à vous
et, gémissant sous le poids de mes péchés,
je me prosterne à vos pieds.
Ô Mère du Verbe ne rejetez pas mes prières,
Mais écoutez-les favorablement et daignez les exaucer.
Ainsi soit-il.

Quand je leur demandai plus de cérémonies, elles me couvrirent d'une cape en plumes. Cette fois-ci elle avait une capuche.

« **Priez pour les animaux, priez pour les plantes, les pierres, l'eau et l'air,** » dirent-elles. « **La salutation au soleil du yoga est une bonne prière. La terre et le ciel sont rassemblés dans celle-ci.** »

« C'est ce que vous voulez dire avec 'inclusion', n'est-ce pas, Grands-mères? » dis-je. « De telles prières harmonisent yin et yang. » « **Oui,** » dirent-elles, « **quand vous dites une prière inclusive, elle rassemble tous les aspects de la création et bénit toute vie.** » Tournant leurs visages souriants vers moi elles dirent, « **C'est pour cela que nous sommes venues — pour la grande harmonisation qui guérit.** »

« **Le but de toutes les prières que nous avons mentionné est d'ouvrir vos cœurs. Quand le cœur s'ouvre, il devient une demeure plus grande pour que plus du Divin puisse venir habiter en toi.** » Faisant des cercles avec leurs mains et poignets, comme des petits oiseaux qui montaient en tournoyant, elles dirent, « **Et cela continue, continue….** »

Elles me lançaient des regards fondants de tendresse et dirent, « **C'est pour cela que tu es née.** » Quand j'entendis cela, des larmes coulèrent le long de mes joues. Elles venaient de confirmer ce que j'avais toujours cru — que la fusion avec Dieu était la finalité de la vie.

« **Quand tu demandes des grâces pour toi-même, inclue aussi la finalité de ces grâces,** » dirent-elles, « **que la grâce du soi puisse irradier tout être.** *Ne prie jamais uniquement pour ton propre tout petit bienfait,* **mais reconnais que ce qui te fait vraiment du bien, fera du bien à tous. Ceci devrait toujours être et sera toujours comme ça. D'autres sortes de prières ne sont pas des prières du tout.** »

« **Il existe des prières et des cérémonies pour purifier le cœur. Le Divin rentre** *profondément* **dans la vie de celui qui prie comme ça et infuse sa vie avec le sacré. Il est béni et ces bénédictions vont de lui au monde entier. L'amour en action vient de telles prières.** »

Une douleur fulgurante traversa ma tempe et détourna mon attention. Ca faisait des jours que je vivais avec ce mal de tête qui maintenant me donnait la nausée. « Grands-mères, » m'écriai-je, « s'il vous plaît ! » Elles se retournèrent et me prirent dans leurs bras. « **Beaucoup est en train de changer en toi,** » dirent-elles. « **Beaucoup bouge et se réaligne, un nouvel équilibre et une nouvelle puissance. Nous t'aiderons.** »

« **Il n'y a pas de cérémonies particulières,** » dirent-elles, répondant à la question avec laquelle j'étais venue, « **mais la leçon particulière pour ces temps est 'inclusion'. Donc tenez des cérémonies qui incluent et bénissent généreusement tout être et des cérémonies qui demandent des grâces pour des êtres en particulier pour qu'elles servent à tous.**

Etendant leurs bras si loin qu'elles ressemblaient à des pélicans brassant l'air avec leurs ailes, elles annoncèrent, « **LA GRANDE ETREINTE. Il est temps pour yin et yang de s'embrasser.** » Et en se tournant vers moi pour me faire face, elles dirent, « **Il ne convient plus de juger, mais de se tendre la main et de tout embrasser.** »

Je sentis cette étreinte, ce gonflement d'amour à l'intérieur et autour de moi. Je fis partie de tout ce qui existait - j'étais douce, arrondie, et énorme. Je remarquai que mon mal de tête était parti. « **Des intentions pures, des cérémonies et des prières pures créent vraiment un changement dans le corps et dans le psychisme,** » dirent-elles. « **Elles** créent une grandeur d'être, une compréhension et un amour de toute la création. » C'est ce que je ressentais.

Elles sourirent d'un air entendu. » **Quand tu ressens cela, laisse cela sortir de toi. Cette énergie est nourriture, une manne ; Cela nourrit les âmes et les cœurs affamés du monde. Cela ira partout où on en a besoin. Tu n'as pas besoin de penser à un destinataire — cela ira là où on en a besoin.** »

« **Les méditations que nous avons donné, le Filet de Lumière, l'Etoffe de l'Existence, l'Arbre de Vie et d'autres, peuvent être transformées en cérémonie et faites en groupe ou seule. Celles-ci sont inclusives et généreuses.** *Tu ne peux t'aider toi-même sans aider les autres,* » insistèrent-elles. « **Tu ne peux devenir plus forte sans renforcer l'étoffe du monde.** »

Sur le retour vers la réalité ordinaire je repassais ce voyage dans ma tête. « Il n'y a pas de cérémonies particulières pour ce moment dans l'histoire, mais il y a une leçon particulière et c'est 'inclusion', » dis-je. « Et aussi générosité. Quand tu donnes et quand on te donne, tout en bénéficie. »

Chapitre 18

Il est temps

« *Va lentement, va profondément. Tu nous trouveras là à l'intérieur de toi, autour, derrière et en dessous de toi.* »

Le voyage suivant, dès que j'arrivai devant les Grands-mères, une d'elles me prit la main et m'amena vers une falaise où nous regardâmes par-dessus ce qui semblait être la limite du monde. Sur l'horizon je distinguai notre planète bleue, exactement comme nous le montre la fameuse photo des astronautes. Mais même à cette distance je pus voir que quelque chose d'étrange se passait sur la terre. Surimposées sur la planète il y avait des figures tournant sur une roue.

Ces figures se débattaient les unes avec les autres pendant que la roue tournait, ses révolutions les faisaient tourner dans tous les sens, les contorsionnant dans des formes bizarres et des mouvements étranges, mais elles s'accrochaient toujours. Ceci était le combat humain, notre tentative de s'accrocher à notre destin et de le contrôler qui fait tourner la roue de la vie. Cela ressemblait à un match de catch pour moi. Pendant que ces figures se battaient pour le contrôle, c'était leur combat qui faisait tourner la roue.

« **Continue à regarder,** » dirent les Grands-mères, et pendant qu'elles parlèrent je remarquai la forme du soleil, comme un disque, sous et derrière tout ce mouvement de la roue.

« **Plonge en toi, plonge dans ta nature divine. Si le soleil ne fournissait pas de lumière, tu ne serais pas capable de voir de mouvement du tout, n'est-ce pas ?** » demandèrent-elles. « **Mais *tout* ce que tu vois est mouvement.** »

Je détournai mon regard de ce drame de la terre, du soleil et de la roue avec difficulté et me concentrai sur les Grands-mères. « **Tu ne reconnais pas la lumière, la présence de Dieu qui recouvre, sous-tend, entoure et remplit toute vie,** » dirent-elles. « **Tout ce que tu vois est mouvement ! DEPLACE TON ATTENTION sur la lumière !** »

Il ne fut pas facile de ne regarder que le soleil. Ce match de catch ne fit que me distraire. Sans la lumière du soleil je n'aurais rien pu voir, mais le soleil ne *faisait* rien ! Il était difficile de garder mon attention dirigée sur le soleil parce que mes yeux étaient attirés par *l'action*.

« **Nous donnons des histoires et des voyages qui produisent ces histoires pour créer un changement de perspective,** » dirent les Grands-mères, « **pour casser l'ancienne focalisation sur l'action. Ici, dans le plan physique, la focalisation sur l'action crée une limitation.** »

Pendant qu'elles parlèrent, je vis des ombres chinoises et remarquai qu'en bougeant, elles créèrent une sorte de réalité plate de sombre sur clair. Il n'y avait pas de profondeur dans la 'réalité' qu'elles produisaient ; ce n'était qu'un petit mouvement plat. « **C'est ça que vous voyez,** » dirent les Grands-mères.

« **La vie n'est pas une série de mouvements plats et linéaires, des mouvements pour par exemple acheter une maison, prendre un travail, avoir un enfant. Ce n'est pas, CELA n'est pas la vie. Ce sont des activités à la surface de la vie.** » Elles scrutèrent mon visage pour voir si je comprenais. « **Plonge profondément en toi-même, *enfonce-toi* en toi-même.** »

Je tournai mon attention vers l'intérieur et me sentis ralentir, surtout mon esprit. Il s'était emballé. « **Eprouve-toi et sache que toute activité du corps et du cerveau n'est qu'activité de surface. Surface, statique, agitation et bruit. Ce n'est ni important ni sans importance. Juste de l'activité.** »

« **Sens ton corps *maintenant*,** » ordonnèrent-elles et je me concentrai sur ma respiration, sur la sensation de chaleur en moi. « **Il ne faut plus vivre sottement. Plus de course de stimulation à stimulation. *Cela*, est vivre sottement. En fait, ce n'est pas vivre du tout.** »

« **Le but de la vie est de reconnaitre qui tu es, de reconnaitre la présence du Divin partout et de passer sous la surface des choses, dans le flux de savoir ce que tout est.** » J'écoutai attentivement. « **Quand tu fais ça, nous pouvons venir à toi,** » dirent-elles. « **Quand tu fais ça nous sommes *avec* toi.** »

Tout fut calme pendant une minute ou deux et puis je me mis à fredonner très bas dans la gorge. Hummmmm. « **Ceci,** » dirent-elles, « **est la vibration de ton être. Sois dans cette vibration. C'est comme ça que tu reçois notre enseignement. Se mettre dans la vibration de ton être crée un changement en toi, crée une nouvelle perception et réception de la vie. Tu seras différente. Tu seras sage.** » Souriant, elles dirent, « **Sage est très différent d'intelligent. O, tu seras certainement toujours intelligente,** » dirent-elles en riant, « **mais tu seras sage.** »

Je voulus comprendre cette distinction entre sage et intelligent. Il me semblait que l'un impliquait un effort et l'autre non. « **Ne sois pas troublée,** » dirent-elles. « **L'envie d'action ne t'apportera pas le bonheur. Ce dont nous parlons est une façon *différente* de faire. Il ne s'agit pas de précipiter et d'être occupé ; ce n'est pas une accumulation d'accomplissements. Ce n'est pas une liste de projets ou un calendrier social rempli. Ce n'est rien de tout ça.** »

« **Ces activités,** » dirent-elles, me regardant avec une infinie patience, « **sont yang. L'accent que vous avez mis sur des valeurs yang a créé la tension, le stress et les difficultés sur votre planète. Nous ne sommes pas venues pour ça,** » dirent-elles, secouant la tête. « **Nous sommes venues pour équilibrer cela.** »

Elles dirent en me regardant avec intensité, « **Nous te demandons d'aller profondément, de faire ce que tu fais avec de l'amour en ton cœur. Nous te demandons de regarder les gens dans ta vie à partir de ton cœur. Pour faire cela, tu dois d'abord rentrer profondément en toi et sentir ton corps, sentir le petit bourdonnement à l'intérieur de toi. C'est la vibration de la vie. La même vibration qui passe par les arbres, par les gens qui sont assis à coté de toi, par la nourriture que tu manges et la chaise sur laquelle tu es assise.** »

Elles me fixèrent. « **Relie-toi à *cet* endroit enfoui dans le cœur. Et sois courageuse!** » crièrent-elles, levant leurs poings et frappant l'air avec. « **N'aie pas peur. Nous sommes avec toi.** »

Riant de bon cœur quand elles virent l'expression de stupéfaction sur mon visage, elles dirent, « **Tu peux être toi-même. Tu peux! Et tu nourriras tout le monde. Tu feras tant de bien en étant toi-même, plus que tu n'ais jamais fait ou pourrais faire en étant occupée, en faisant, faisant, faisant.** »

Me toisant, elles dirent, « **Tu est tellement coupée de ce que nous sommes en train de te dire qu'il te semble que nous parlons une langue étrangère. Nous pouvons sentir ton appréhension et ta méfiance de ce que nous disons.** » Elles me regardèrent avec une telle intensité qu'une vague d'amour me submergeait, puis elles dirent: « **Oh, nous te bénissons et nous ne mentons pas. Nous ne t'abandonnerons pas. Il est vrai que tu peux vivre différemment. Tu t'épanouiras de l'intérieur ; quand tu t'emplis d'amour tu te développeras plus que tu n'ais jamais rêvé.** »

Je me sentais si heureuse et pleine d'espoir quand je les écoutais. « Je veux vivre comme cela, Grands-mères, » dis-je. « **Va lentement,** » répondirent-elles, « **Va profondément. Tu nous trouveras là en toi, autour, derrière et en dessous de toi. Comme la lumière, comme l'air, comme la chaleur du soleil ou la fraicheur de l'ombre.** »

« C'est une manière naturelle de vivre, mais tu as vécu d'une façon non-naturelle depuis tellement longtemps que, quand nous affirmons cette vérité, elle te semble étrange, tu t'en méfies ou penses, 'ce n'est pas possible pour moi. Comment puis-je vivre comme ça? Comment *n'importe qui* peux vivre comme ça?' » Elles firent une pause, "Nous te disons, tu peux. *Il est temps.* » Elles se turent et puis dirent, « Quand tu commences à vivre comme ça, un changement se fait pour tous les êtres. »

« Il y a une grande force en train de se former en ce moment, » dirent-elles. « **La terre est ton amie, ton alliée.** » Elles étaient sérieuses, passionnées. « **Quand tu t'éveilles à qui tu es, pose tes pieds par terre, mets tes mains dans l'herbe, dans le sable dans la poussière ou sur les arbres. Reconnais la présence divine. La terre t'aidera à t'ouvrir à qui tu es. La terre t'aidera à aller profondément; elle t'aidera à aller lentement.** »

« **Quand votre mental veut s'emballer avec des inquiétudes, avec des projets, des listes ou de l'anxiété, touche quelque chose de la terre. Touche une plante, un animal ou touche ton propre corps. Tiens un morceau de bois dans tes mains et rappelle-toi d'où il vient. Le terre t'aime et désire ardemment que tu reviennes vers elle. Elle désire ardemment avoir des liens avec ses enfants et certains d'entre vous la réclament aussi. N'est-il pas temps?** »

« **Va profondément,** » répétèrent-elles, « **va lentement. Et ce que tu feras sera beau. Ce que tu donneras tu le donneras vraiment et d'un tel don tu recevras sagesse et amour, compréhension et une proximité avec la vie. Tes récompenses seront énormes.** »

Penchant la tête, elles dirent, « **Tu n'as pas besoin de changer ta vie, mais tu le feras certainement dans une certaine mesure. Tu changeras de perspective,** » dirent-elles, « **et souviens-toi que nous sommes avec toi — toujours.** »

Le tambour s'arrêta puis s'accéléra. Elles n'avaient pas répondu directement à ma question, mais elles m'avaient donné des nouvelles façons de regarder le monde et moi-même. Je dis au revoir avec difficulté et quand je retournai à la réalité ordinaire je remarquai que ma poitrine était si remplie que je pourrais éclater. J'étais secouée. Pleine de bonté et de beauté et secouée par elles aussi.

« *La sagesse existe quand on s'est débarrassé de l'égo. La connaissance, c'est des particules stockées par l'égo.* »

Depuis un certain temps j'avais senti que ce travail relâchait. Ce n'était rien que les Grands-mères avaient dit ; c'était plus un ressenti que j'avais. Je sentais une porte se fermer. Dès que j'en pris conscience je fis une liste de choses que je voulus toujours comprendre. Quand je donnai la liste aux Grands-mères, je dis, « Je veux clarifier certains points, Grands-mères, et une question qui revient tout le temps a à voir avec la différence entre connaissance et sagesse. » Elles furent patientes et elles ne me regardèrent pas vraiment mais elles me brossèrent la tête et les épaules pour m'enlever des vagues ' trucs'.

« **Ne t'inquiète pas,** » dirent-elles, et quand elles en enlevèrent aussi de mon dos je vis que c'était très lourd, comme un tas de débris. Finalement elles s'arrêtèrent de travailler, levèrent les mains au dessus de la tête et me montrèrent le livre et, le tenant très haut, le polirent.

Je les regardai et je les entendis dire, « **L'égo est difficile à soumettre,** » et instantanément ma poitrine me brûla. La chaleur me monta aux joues quand cette pensée me traversa, « Cela est *mon* travail. » Je fus horrifiée par ma réponse, mais les Grands-mères sourirent simplement et répétèrent, « **L'égo est difficile à soumettre.** »

Me tournant le dos elles se groupèrent autour de ma liste alors que, venant de nulle part, un énorme aigle, beaucoup plus grand que celui qui avait atterri dans mon jardin, descendit. Pendant qu'il vola avec grand bruit au dessus de ma tête, je vis la forme sombre de ses ailes, puis un flash d'or et j'entendis 'Oiseau Tonnerre'.

Des ailes puissantes me donnaient des coups et balayaient des débris de ma tête et de mon corps. « Merci ! » m'écriai-je quand le grand oiseau balayait le brouillard de ma tête — mes questions aussi! Je ne pus me rappeler d'aucune. « **Ceci est la danse de l'Oiseau Tonnerre,** » dirent les Grands-mères et je le regardai monter de plus en plus haut jusqu' ce que je ne puisse plus distinguer ses ailes sombres.

« **Trop remplie de soi,** » dirent-elles. « Amen, » convenais-je et à nouveau des grandes ailes brossaient ma tête et mes épaules avec des éclats et des craquements d'énergie, desserrant ma prise sur le livre et l'emportaient.

« **Ce livre est donné,** » dirent les Grands-mères, « **tu n'es que le canal. Le livre est donné.** » « Merci, » criai-je en réponse, remplie de l'énergie de l'Oiseau Tonnerre. L'énergie courrait maintenant à travers des endroits cachés de mon esprit, éliminant des blocages et des choses congestionnées en moi.

« **La sagesse existe quand l'égo a été éliminé,** » dirent-elles. « Oh, » murmurai-je et commençai à rire. Voici donc la leçon sur la différence entre la sagesse et la connaissance — sur commande. Elles étaient en train d'enlever mon égo.

« La connaissance, » dirent-elles, « **sont des particules stockées par l'égo — une cumulation de points pour le bénéfice de l'égo individuel et l'égo de l'espèce.** » Ma bataille pour 'comprendre' le livre était exactement ça — une tentative d'empiler des points, chacun dans sa propre pile. « **La sagesse ne se souvient même pas d'elle-même; elle ne stocke rien. Dans la sagesse il y a une parfaite liberté et dans la liberté il y a la sagesse.** »

« **On ne parviendra jamais à atteindre la sagesse en s'efforçant de l'acquérir,** » dirent-elles. « **Seul l'amour donne la sagesse et la sagesse engendre un amour plus profond.** » En se rapprochant elles me confièrent, « **La sagesse n'est pas de l'esprit, elle est du cœur.** » Pour illustrer elles dirent, « **Tu peux ressentir une personne sage, mais une telle personne est difficile à décrire parce que c'est ton esprit qui décrit. L'esprit de par sa nature décompose et compartimente.** » « Bien sûr, » pensai-je. « Comment quelque chose d'aussi limité que l'esprit peut décrire quelque chose d'aussi illimité que la sagesse? »

Souriant, elles dirent, « **Aime davantage. Cherche à ce qu'on te montre *comment* aimer. Cherche à aimer tout le monde, à aimer tout ce qui vit de plus en plus. Cherche cela et quand tu sens cet amour, laisse-le te réchauffer.** »

« **Un tel amour donne la sagesse et avec cette sagesse vient une intelligence infinie. C'est l'intelligence profonde du cœur qui est cosmique dans sa puissance, cosmique dans son étendue.** » Hochant la tête et se balançant sur leurs talons, elles dirent, « **C'est très désirable de vivre dans un état comme ça. Ceux qui atteignent la sagesse sont heureux.** »

« **Prend l'opportunité d'aimer,** » dirent-elles. « **Choisis d'aimer et embrasse ce qui est bien dans chacun. Embrasse l'être *véritable* dans chacun.** » Levant un doigt pour attirer mon attention elles dirent, « **Ne te laisse pas distraire par le comportement.** » Je devais regarder au-delà de ce qui était évident, la personne derrière le comportement. « **On te donne des opportunités tous les jours pour voir le bien et pour permettre à l'amour de t'ouvrir. Prends ces opportunités! C'est comme cela que tu grandiras en amour, sagesse et liberté.** »

« C'est l'égo qui veut compartimenter, parce que cela donne à l'égo l'illusion du contrôle. L'égo est limité dans sa compréhension, mais avec un peu de connaissance il peut se leurrer à croire qu'il est plus qu'il ne l'est. »

« Cherche la sagesse, » dirent-elles. « **Tu recevras la quantité nécessaire de connaissance pour appliquer cette sagesse, mais recherche la sagesse avant tout. Et tu trouveras la sagesse par le chemin de l'amour.** »

« Acquérir la sagesse, a à voir avec l'harmonisation de yin et yang. Un état de sagesse profonde est un état d'amour profond. Dans un tel état il n'y a pas de polarités. L'étreinte de la sagesse est trop grande pour la dualité. La sagesse va au-delà da la division ; elle inclut tout dans son étreinte. »

« Essaye de trouver quelque chose que tu peux aimer dans chacun. Le bien est magnifié par cet acte et puis la sagesse s'installe et s'étend sur tout. »

Je m'inclinai devant elles et imperturbables, elles passaient leurs mains par dessus ma tête pour encore enlever des débris de mon dos, des poignées entières. Ce qu'elles enlevèrent faisait partie de mon égo, une partie qui avait essayé de se raccrocher aux choses, de les catégoriser et de les contrôler. Et, oh, la douleur que cet attachement avait créée. Chaque block ou pile sur mon dos était lourd et me poignardait quelque part le long de ma colonne. Bien que je ne l'aie jamais su, ces débris avaient été une lourde charge à porter.

Quand je tournai ma conscience vers l'intérieur je vis deux états séparés. La connaissance fut le premier. Toute droite, elle était faite de piles — connaissance sur connaissance sur connaissance- comme un bâtiment composé de multiples unités de stockage. A l'intérieur de moi se trouvait une énorme pile de connaissances, grande et penchant un peu.

Je vis aussi la sagesse, mais elle ne montait pas aussi haut. Elle était également rectangulaire, mais plus horizontale que verticale et un peu arrondie sur les bords. Il y avait davantage de sagesse qui touchait le sol que ce qui se trouvait en l'air. Elle avait aussi une couleur — bleu, là où la connaissance était grise ou peut-être sans couleur.

Pendant que je regardai, la structure ou rectangle de la sagesse embrassa celui de la connaissance, l'enveloppa et sembla l'inclure en elle-même. La sagesse était active.

Si on devait appeler la sagesse un bâtiment, alors le bâtiment de la sagesse avait des ailes qui dépassaient de chaque coté et encerclèrent le bâtiment de la connaissance. Ce furent ces ailes qui créèrent le mouvement que je voyais. La sagesse était à l'aise avec elle-même et aussi avec la connaissance. Puisque la sagesse était inclusive, non pas exclusive, la sagesse et la connaissance s'entendaient bien. Mais la connaissance toute seule formait un édifice précaire ; empilée si haute qu'elle n'était pas stable. Mais quand la sagesse encerclait la connaissance et la soutenait, la connaissance se stabilisait.

Je regardai les Grands-mères. « Donc ce n'est pas un mal que quelqu'un cherche la connaissance tant qu'il la cherche de la perspective de la sagesse, » dis-je. Puisqu'elles ne dirent rien, je continuai. « La quête de la connaissance doit provenir d'un désir d'aimer, de servir et de comprendre. Si nous aimons et comprenons, la connaissance 'tiendra'. « Oui, » dirent-elles.

Nous nous sourîmes, formions un cercle et balancèrent d'avant en arrière, comme des arbres dans le vent. Avec grâce nos têtes se renversèrent à gauche, à droite. Puis les Grands-mères tournoyèrent autour de moi et, rentrant et sortant, m'enveloppèrent dans quelque chose de soyeux et de bleu.

Quand je quittai leur domaine et retournai vers la réalité ordinaire, j'étais toujours enveloppée dans cette cape bleue, bleu, la couleur de la sagesse.

« Nous venons, nous venons quand tu nous appelles. »

Les Grands-mères avaient répondu à mes questions, au moins à celles qui me venaient. Mais me demandant toujours s'il y avait autre chose dans leur message que je n'avais pas encore noté, je fis le voyage encore une fois.

Je volai toute seule jusqu'à leur vallée, atterris et me prosternai devant elles. « Je ne sais pas pourquoi j'ai fait ça, » dis-je, mais je fus face contre terre et mon corps ne voulut pas se lever.

Riant, elles me levèrent haut dans le ciel et, quittant le sol avec moi, nous exécutions un petit menuet ensemble. Dansant en l'air je vis, du coin de l'œil, le fil de mon microphone se balancer devant moi. « Qu'est-ce que mon microphone fait ici?, » demandai-je. « Sommes-nous dans la réalité ordinaire ou non-ordinaire? » **« On s'en fiche ! »** fut la réponse.

« Grands-mères, est-ce qu'il y a quelque chose que vous voulez que les femmes fassent avec votre message que vous ne m'avez pas encore dit? » demandai-je. Elles semblèrent y réfléchir, puis, en se tournant vers moi, elles dirent « **Viens.** »

Elles portèrent des jupes qui semblaient flotter autour de leurs corps et quand elles marchèrent devant moi elles me firent penser à des oiseaux aux longues pattes avec un plumage multicolore. Elles commencèrent à danser et former des figures.

Créant des motifs changeants et des formes colorées, elles bougèrent ensemble comme les nuages au dessus d'elles glissèrent au dessus de la terre. Je ne sus si les Grands-mères suivirent les nuages ou si les nuages les suivirent, mais les motifs de soleil et d'ombre qui passaient sur leurs jupes chatoyantes furent magnifiques. Mouvement, motifs de clair et

Il est temps

obscur, partout où je regardai il y eut fluidité et harmonie. Les Grands-mères étaient en train d'exécuter la danse de la vie.

Pendant qu'elles s'inclinèrent et tournoyèrent, j'entrevis le contraste entre leurs mouvements gracieux et l'arrière-plan de terre compactée sur lequel elles dansaient. Le sol sous leurs pieds **était** divisée en parcelles, tellement solidifié et compacté que cela ressemblait à des briques.

Elles m'apprirent comment m'incliner et tournoyer avec elles et ma jupe, avec les leurs, prit un rythme de valse. Doucement elle toucha par terre et tapa contre la terre moribonde. Chaque fois qu'une de nos jupes balaya par terre elle bouscula la terre compactée. Le rythme de nos jupes tapant le sol fut si magique, si naturel ; il donna *envie* à la terre compactée de bouger avec lui.

Quand j'entendis la vieille 'Valse de la Jupe Bleue' (Blue Skirt Waltz) Je pensai « Que c'est agréable de virer et d'ondoyer comme ça. » Ô, la beauté de cette danse qui appelait tout à l'harmonie.

La terre sous mes pieds commença à vibrer. Elle n'était plus en pierre solide, maintenant elle tremblait. Je sentis une brise et quand je levai la tête je vis des buissons bouger dans le vent et s'incliner les uns vers les autres. Pas seulement moi, mais la nature toute entière suivit les Grands-mères dans cette danse de la vie.

« Comment nous qui entendons votre message, devons l'appliquer? » demandai-je. « **Permettez-vous de vous mouvoir avec grâce,** » répondirent-elles. « **Permettez-vous de danser et de faire confiance à la grâce en vous. Faites** *confiance* **à la grâce dans vos vies.** »

« Mes chères Grands-mères, comment devons nous appliquer votre message? » répétai-je, voulant davantage, maintenant que cette phase du travail avec elles touchait à sa fin. « **Dans la joie !** » s'écrièrent-elles, « **Appliquez notre message dans la joie et faites confiance au rythme de la vie.** »

« Ceci n'est pas un monde hostile, » dirent-elles. « L'énergie excessive du yang l'a fait croire, mais ce n'est pas dans sa nature. Sous les excès de yang sur la terre il y a harmonie. Faites confiance à cette harmonie sous-jacente et n'ayez pas peur. N'allez pas croire les prophètes de malheur. Non! » s'écrièrent-elles, tapant du pied. Elles étaient féroces, ces Grands-mères qui ressemblaient à des oiseaux avec leurs plumes multicolores.

« **Ayez confiance dans le rythme de la vie, et** *dansez* **avec la vie! Mettez-vous en harmonie avec elle.** *Ecoutez,* **et la vie mènera la danse. Laisse la vie mener,** » dirent-elles et, voyant l'expression sur mon visage alors que j'imaginai comment ce serait ' de laisser la vie mener', elles éclatèrent de rire.

« **Ecoute ce que la vie a à te dire,** » dirent-elles. « **Vois ce que la vie t'apporte chaque jour et vois ce que cela te fait.** »

« **Tu résonnes avec quoi?** » Elles s'arrêtèrent demandèrent-elles, puis dirent, « **Il faut suivre cela. C'est cela, le rythme de la vie.** » Je commençai à voir ce qu'elles voulaient dire. « **C'est *vraiment* un monde accueillant, La terre en dessous et le ciel au dessus, faites leur confiance. Tu es à ta juste place.** »

« **Rappelle-toi à quel point tu es *aimée*!** » dirent-elles, « **et quand tu t'en rappelles tu aimeras plus.** » Ouvrant grand leurs bras, elles déclarèrent, « **Il y aura davantage d'amour à couler à travers toi — constamment ! Tu seras de plus en plus heureuse quand tu danses avec la vie et que la vie danse avec toi.** »

Elles commencèrent à chanter et leur chanson me fit pleurer. Deux strophes, « **Ô, comme nous t'aimons. Ô, comme nous t'aimons.** » Chantées encore et encore. « **Chantez cela aux femmes et aux hommes, et faites leur chanter cela. La prochaine fois qu'un groupe se rassemble, chantez ce chant. Cela les mettra dans une harmonie plus grande avec nous et entre eux.** »

« **Tu as fait un bon travail. Nous te bénissons,** » dirent-elles et mon cœur déborda, je ne pus parler. « **Laissez vos cœurs s'emplir,** » dirent-elles en réponse à mon état, « **car il est vrai que nous vous aimons profondément, totalement et toujours. Laissez nous vous combler.** »

Je me sentis remplie, complète, je ressentis tout ça. Je les regardai bénir le livre et, le tenant par le bas, le frapper trois fois contre le sol durci. Pom, pom, pom !

Puis elles me regardèrent et dirent, « **Il est temps pour toi de descendre.** » « Oui, Grands-mères, » promis-je, les fixant, mais je ne voulais pas partir. Je ne voulais plus jamais les quitter, mais quand cette pensée me traversa je vis leurs regards sévères.

Je me retournai vers elles une dernière fois avant de décoller. Elles m'envoyèrent leur amour avec leurs sourires et dirent, « **Nous venons ; nous venons quand tu nous appelles. Que tu nous appelles toute seule ou que vous nous appelez en groupe, nous venons. Sache cela. Laissez vos vies être imprégnées par la présence du Divin. Il ne tient qu'à vous de le demander.** »

Et m'envoyant un baiser, elles ajoutèrent, « **Nous vous attendons. Tournez vous vers nous. Appelez-nous. Nous attendons votre appel.** »

CHAPITRE 19

Le cahier d'exercices des Grands-mères

« *Ces méditations ancrent nos enseignements, leur permettant d'entrer profondément dans les entrailles de vos corps/esprits.* »

La compréhension mentale ne fournit qu'une compréhension limitée de la vérité. Pour donner une compréhension viscérale des vérités qu'elles sont venues nous communiquer, j'ai rassemblé les méditations et visualisations des Grands-mères ici.

Leurs enseignements ont des strates de signification. C'est pourquoi le Filet de Lumière, l'Etoffe de l'Existence, l'Arbre de Vie et autres sont donnés sous une forme symbolique. Les symboles ne confinent pas l'esprit mais l'élargissent plutôt. « **Ceci,** » disent les Grands-mères, « **sont les outils pour approfondir 'l'empowerment' individuel.** » Que vous ayez choisi de recevoir 'l'empowerment' des Grands-mères ou non, ces outils vous aideront à mettre en pratique leur travail. « **Ces méditations ancrent notre travail, permettant d'entrer profondément dans les entrailles de vos corps/esprits et être gardé là. Alors il peut devenir votre propre vérité.** »

« **Quand vous vous êtes approprié ces vérités et que vous les avez assimilées, elles ne seront plus des pensées qui traversent votre esprit, mais seront connues profondément.** » Ces méditations créent des changements. Ce ne sont pas des exercices intellectuels, ce sont des opportunités pour faire l'expérience d'une autre manière d'être.

Elles transforment la personne qui les utilise et à partir d'elle, continuent à créer le changement pour beaucoup. Les Grands-mères nous disent, « **Ne sous-estimez pas la puissance de ces exercices. Un grand bien vient de ces efforts apparemment simples.** »

Cette partie du livre comporte des exercices pour celles qui veulent une part active dans ce travail. Les méditations sont éparpillées dans le livre mais je les ai rassemblées ici pour un accès plus facile et des explications plus complètes. Certaines sont simples, d'autres complexes, mais chacune vous aidera à vous guérir et trouver l'équilibre. Et, aussi important, elles apporteront guérison et équilibre à la terre.

Il y a une expression qui dit "J'entends et j'oublie, je vois et j'oublie, mais je fais l'expérience et je me souviens." Les méditations et visualisations suivent le chemin de l'expérience, nous permettant de court-circuiter l'esprit critique pour qu'on puisse apprendre quelque chose de nouveau.

Vous voulez peut-être les lire à haute voix ou les enregistrer pour entendre directement la puissance dans les mots des Grands-mères.

Exercice de relaxation préliminaire.

Si vous n'êtes pas habitués à méditer, cette méthode simple vous aidera à vous détendre et fournira une entrée pour un travail avec les Grands-mères. Utilisez- les selon vos besoins avant les méditations spécifiques.

Pour commencer, trouvez un endroit où vous pouvez être seule, prenez un siège et une fois que c'est fait, posez vous la question pourquoi vous avez pris ce siège. Qu'est-ce que vous voulez de cette expérience? Peut-être que vous êtes curieuse de ces Grands-mères ou peut-être voulez vous vous ouvrir à la présence du Divin. Soyez claire sur ce que vous cherchez quand vous abordez ce travail. Cela les honore et vous honore. *Ceci est votre intention.*

Une fois que vous êtes assise, laissez votre corps adopter une posture ouverte. Décroisez vos mains et vos pieds, à moins que vous soyez assise en tailleur parterre. Prenez un moment pour prendre conscience à quel point la chaise ou le sol vous soutient d'une façon parfaite. Ils nous soutiennent à chaque instant bien que nous n'en sommes que rarement conscients. Sentez le contact avec la chaise ou le sol et voyez si vous êtes à l'aise ou pas.

Comment votre corps occupe-t-il l'espace? Où est placé son poids? Prenez conscience de toutes les parties de votre corps. Est-ce que vos pieds sont posés lourdement sur le sol? Est-ce que vous sentez vos pieds? Prenez tout votre temps pour vous installer et observez ce qui se passe à l'intérieur de vous de façon un peu désintéressée, comme pour faire l'inventaire. Est-ce que votre cœur bat vite ou lentement? Est-ce que le rythme de votre respiration est régulier ou irrégulier? Prenez conscience, simplement.

Inspirez profondément et quand vous expirez, pensez à lâcher l'ancien (des pensées anciennes, des attitudes anciennes, de l'air ancien) et quand vous inspirez, pensez à absorber le nouveau. Fermez vos yeux et faites cela trois ou quatre fois. Sentez votre respiration rentrer et sortir dans un rythme lent et profond. *Laissant l'ancien partir, s'ouvrant au nouveau.*

Observez la façon dont votre cœur bat et son rythme. Est-ce qu'il ralentit? Accélère? Quelle est la température de votre corps? Votre cœur battra peut-être rapidement ou régulièrement. Votre corps est peut-être chaud ou frais. Vous êtes peut-être tendue ou détendue quand vous commencez, mais essayez de ne rien changer. Ne vous forcez pas à 'essayer' de vous détendre. *Observez simplement sans vous juger. Observez et prenez votre temps.*

Observez où votre corps est tendu et où il est plus relâché, si vous retenez votre respiration ou si vous respirez rapidement ou lentement. Pas de jugement. Pas d'empressement. *Continuez juste à observer* sans vous évaluer. Quand enfin vous commencer à vous détendre, vous pouvez faire savoir aux Grands-mères que vous êtes prête à travailler avec elles.

Méditation sur le Filet de Lumière

« La lumière qui illumine le filet prend sa source dans le cœur de chacune. »

Pour faire l'expérience du Filet de Lumière, pensez, imaginez ou sentez un Filet de Lumière scintillant, comme un grand filet de pêche qui couvre la terre entière. En pensant à ce filet, remarquez que vous êtes liée à lui, un point de lumière sur le filet. Sentez, voyez ou imaginez votre connexion.

En vous connectant, vous prendrez conscience des fils de lumière allant de personne à personne partout sur la terre. C'est cette connexion qui crée ce Filet ou toile. Conservez cette pensée et observez votre réaction à cela. Comment êtes vous reliée au Filet? Où êtes vous placée? Ne mettez pas vos observations en doute - *observez simplement.* Se poser des questions à ce moment fait des nœuds dans l'esprit et empêche la méditation de se poursuivre naturellement.

Dessiner le Filet peut rendre son image plus claire. Certaines visualisent quand elles font un exercice comme celui-ci, d'autres conceptualisent, d'autres encore ressentent. Quand vous commencez, remarquez comment vous faites l'expérience du Filet de Lumière. Si vous n'êtes pas du genre visuel, vous pouvez simplement y penser et imaginer votre connexion. Puisque vos énergies suivent toujours vos pensées, penser au Filet est suffisant pour le faire exister.

Pour activer votre place sur le Filet de Lumière, inspirez sa lumière quatre ou cinq fois. Sentez ou pensez à votre place sur le Filet pendant que vous respirez et voyez comment votre corps réagit. « **Quand la conscience de votre place sur le Filet s'éveille et se stabilise, vous sentez peut-être l'effervescence venant de ce filet illuminé se mouvoir à travers les veines de votre corps.** » Il se peut que vous ressentiez un mouvement de lumière en vous parce que le Filet de Lumière est aussi bien en vous qu'à l'extérieur de vous. Vous en faites partie comme il fait partie de vous.

Les réactions au Filet sont magnifiques. Certaines voient ou sentent la lumière embraser leur corps. D'autres ressentent de la joie ou paix, alors que la plupart se sent aimée et réconfortée par cette connexion. Peu importe ce que vous sentez, en pensant au Filet, une fois que vous y avez activé votre place, vous en faites partie.

« **La lumière qui illumine le Filet prend sa source dans le cœur de chacune.** » Le Filet n'est pas à l'extérieur parce que « **le Filet est illuminé par le joyau qu'est chacune de nous.** » Chaque personne qui participe dans cette méditation donne de l'amour et du soutien au Filet, devient partie prenante dans le flux incessant de donner et recevoir de la lumière. La lumière, émise sur les fils du Filet, revient rapidement vers l'émettrice par le biais de ses sens. « **Ce sont vos cœurs qui prennent la décision de générer de la lumière. Celle-ci est alors injectée dans le monde par les fils du Filet. Après cela, ce sont vos yeux, vos oreilles et votre souffle qui vous apportent le don de la lumière qui revient.** »

Pensez à envoyer de la lumière de votre cœur à travers les fils du Filet et voyez comment amour et lumière suivent votre pensée, allant à travers le monde. Vous êtes plus puissante que vous n'ayez jamais imaginé. C'est votre propre cœur qui génère la lumière de ce Filet et votre pensée de connexion avec le Filet de Lumière qui le transmet.

L'envoi de lumière à travers ce réseau a lieu sans effort; dès que vous y pensez la lumière se répand. Faites l'expérience de la transmission de lumière dans ce réseau de plus en plus illuminé que vous réveillez, soutenez et qui vous soutient en retour.

Vous faites partie du Filet de Lumière, un système vivant qui soutient la terre. C'est votre propre cœur qui génère la lumière de ce Filet et votre cœur, pompant de la lumière avec chaque battement, qui l'envoie. **« Si vous choisissez de donner avec vos cœurs, vous recevrez par vos sens et par cette méditation sur le Filet de Lumière, des bienfaits de toute sorte seront multipliés à travers le monde. »**

Quand je demandai pourquoi la lumière revient vers l'émettrice par ses sens, les Grands-mères dirent, **« La lumière revient par vos sens, parce que les humains reçoivent ainsi ; c'est comme ça que vous savez que quelque chose est réel. Si l'information vous venait seulement sous forme de pensée, vous n'y croirez pas, n'est-ce pas ? Quand quelque chose vous vient par vos sens vous l'enregistrez physiquement, émotionnellement et mentalement. »**

Jeter le Filet de Lumière

Pour rendre le Filet disponible pour les autres, commencez par appeler le Divin sous n'importe quelle forme, y inclus celle des Grands-mères. Puis pensez au Filet de Lumière et voyez ou imaginez que vous en faites partie. Prenez un moment pour éprouver la force du Filet, pour sentir votre connections avec lui avant de continuer. Ensuite demandez qu'il soit jeté à ceux qui en ont le plus besoin et pensez à des groupes qui aspirent particulièrement à ce sentiment de connexion et de soutien. Les Grands-mères suggèrent que nous envoyons le Filet d'abord aux femmes puisque ce seront-elles principalement qui tiendront le Filet pour les autres.

Silencieusement ou à haute voix, nommez ces groupes, un à la fois et faites une pause pour ressentir la lumière du Filet aller à chacun. Quand le groupe noyau travaille, nous jetons le Filet habituellement dans cet ordre: les personnes dans des institutions (hôpitaux, prisons etc.), aux personnes âgées, à ceux qui vivent dans la pauvreté de quelque ordre elle soit, aux jeunes qui cherchent des mentors et ne peuvent en trouver, aux personnes avec des 'réussites' basées sur le yang, à toutes les âmes, surtout les âmes féminines, qui s'incarnent maintenant pour aider avec ce travail, et à tous les êtres.

Nous le jetons aux personnes âgées parce qu'elles se sentent souvent oubliées par le monde. Nous le jetons aux gens qui ont réussi à la façon yang (surtout des femmes qui ont besoin du soutien de leurs sœurs) parce que ces gens ressemblent beaucoup au taureau fou — totalement vidé par l'énergie du yang. Nous le jetons à tous ceux qui souffrent, que ce soit physiquement, mentalement ou spirituellement. Puis nous le jetons à toutes les formes de vie partout. Nous demandons la bénédiction pour tous, terminant cette prière/méditation avec une prière ancienne. Nous chantons « Que tous dans tous les mondes soient heureux, » le répétant trois fois.

Cet exercice peut être change selon les besoins. Vous pouvez varier à qui le Filet est jeté ou l'ordre, comme tout le monde en a besoin et bénéficiera de sa connexion avec le Filet. Cependant, ce sont surtout les femmes qui tiennent le Filet de Lumière, donc pour soutenir la planète, quand le groupe noyau se rassemble, nous le jetons à elles d'abord.

Méditation sur la cruche et la tasse

« Nous Donnons. Vous Vivez. »

Pour faire l'expérience de ce que c'est que d'avoir les Grands-mères vous remplir de la Source, commencez de la même façon que les exercices précédents. Allez à votre endroit tranquille et mettez vous à l'aise. Ensuite appelez les Grands-mères et demandez leur de vous amener dans une pièce ensoleillée où vous pourrez vous familiariser avec la Cruche et la Tasse. Dès que vous avez formulé votre demande, une pièce particulière vous viendra à l'esprit. Une fois que c'est le cas, visualisez la table où se trouvent la cruche et la tasse. La lumière du soleil inonde tout, entrant par une fenêtre, une porte ou une autre ouverture. Voyez, sentez ou imaginez ceci.

Regardez la cruche — sa taille, forme, poids et couleur — et voyez comme elle est remplie, jusqu'en haut. Touchez-la si vous voulez et sentez ses courbes.

La tasse, bien plus petite, se trouve à coté de la cruche. Imprégnez-vous des détails comme si vous étiez un artiste, saisissant la taille et la forme de la table, la qualité de la lumière, la couleur et la forme de la tasse et où elle se trouve par rapport à la cruche. Peut-être que vous sentez la chaleur du soleil, que vous sentez l'air ou entendez le chant des oiseaux dehors. Utilisez vos sens ou votre imagination pour créer cette scène et laissez la s'implanter dans votre conscience. Notez comment vous vous sentez dans cette scène de lumière, de grâce et d'abondance.

Regardez ou pensez au contenu de la cruche se versant dans la tasse, le remplissant. Quand les Grands-mères m'ont donné cet exercice, la cruche était pleine de crème mais elle peut être remplie de n'importe quelle bonne chose. Les Grands-mères peuvent verser ou il se peut que la chose se fasse par elle-même mais dès que la tasse est remplie et que la cruche est posée, regardez à l'intérieur. *Cette cruche ne peut se vider. La Source la garde pleine.*

Laissez-vous résonner avec cela. Il y a là une ressource sans fin et vous, unie avec cette cruche baignée de soleil, êtes remplie jusqu'en haut aussi. Un récipient d'abondance et de toute bonne chose, c'est ce que vous êtes. Vous ne pouvez être vidée parce que les Grands-mères vous garderont remplie à jamais.

« **Tout ce que vous avez à faire pour être remplie est de penser à nous,** » disent les Grands-mères. « **En résultat, vous vous trouverez remplie et, comme la cruche, il n'y aura pas de place pour le vide en vous. De cet état, donner aux autres se passera si facilement que vous n'y penserez même pas comme donner. Il n'y aura pas de séparation entre la personne qui donne et celle à qui on donne. Ce que vous donnez coule de la source dont vous faites partie.** »

Quand on est rempli, la vie coule sans effort. Les Grands-mères disent, « **Quand vous pratiquez cet exercice votre vie deviendra de plus en plus facile — comme elle doit être. Nous donnons. Vous vivez et laissez nous donner aux autres — à travers vous.** »

MÉDITATIONS SUR L'ARBRE DE VIE

« Vous êtes reliés par cet arbre »

Pour renforcer la relation entre hommes et femmes et équilibrer yin et yang les Grands-mères nous donnent les méditations sur l'Arbre de Vie. « **La Mère ne s'occupe pas seulement des branches ou des racines de l'Arbre, mais elle s'occupe de l'Arbre entier.** » Ces méditations nous aident à recevoir ce dont nous avons besoin de l'aspect féminin de la création. Avec la réémergence du yin vient une augmentation automatique de stabilité.

« **L'exercice de l'Arbre de Vie est bien pour tout le monde — hommes et femmes. Ressentez la paix de cet Arbre.** »

Cette méditation a trois parties, chacune a sa valeur. Mais son service le plus grand se trouve probablement dans l'équilibrage de yin et yang en soi.

Ceci est l'Arbre du monde, un symbole archétypal de l'unité et de l'interconnexion, un sujet de l'art populaire autour du globe, révéré par des peuples indigènes partout. J'ai vu mon premier Arbre de Vie au Mexique fait en argile, avec des animaux et des personnages perchés sur ses branches — mais je l'ai vu depuis dans beaucoup de cultures.

« Le symbole de l'Arbre de Vie répond à un besoin. Ses racines soutiennent tout dans le monde alors que ses branches couvrent la terre. Tous les êtres sont reliés à travers cet Arbre. C'est pourquoi 'Aimez tout le monde' est un bon conseil. »

Nous sommes profondément liés avec et par l'énergie de l'Arbre, qui personnifie notre connexion à Dieu et aux autres. Bien que nous vivons dans un monde matériel, nous sommes plus que bassement matériel. **« Quand vous vous ouvrez au soutien de Dieu notre Mère par l'Arbre de Vie, vous aurez davantage à donner. Et en apprenant à donner de cette façon, vous aussi vous deviendrez une partie vivante et donnante de l'Arbre de Vie. »**

Equilibrer Yin et Yang

« Vous devez réaliser que l'Arbre forme une unité. Aussi bien au dessus qu'en dessous, racines et branches sont UN. »

Puisque la plupart des gens ont une vision limitée de la vie, les Grands-mères nous enseignent comment voir l'Arbre non seulement comme la somme de ses parties, mais comme une unité. Et pour corriger nos perspectives et nous éveiller à un équilibre entre yin et yang, elles nous donnent une méditation de respiration qui harmonise l'énergie masculine et féminine. Elles utilisent le symbole de l'Arbre pour court-circuiter les limitations de nos esprits rationnels.

Quand vous êtes détendus, faites appel à l'Arbre de Vie et observez le tel qu'il vous apparait, faisant particulièrement attention à sa canopée et ses racines. Si vous n'arrivez pas à bien visualiser, *faites juste appel à l'Arbre.*

Pensez à, imaginez ou sentez vous vous appuyer contre son tronc pendant que vous inspirez profondément par ses racines. Prenez conscience de l'Arbre en entier et remarquez votre connexion avec lui. Vous pouvez faire cela en étant assis, debout ou couché. **« Aspirez l'énergie de la terre dans votre corps avec chaque respiration et faites cela trois fois. »** Recevez tout ce dont vous avez besoin de notre Mère la Terre avec ces trois respirations profondes. — sécurité, stabilité et réconfort — et observez ces dons, ces qualités spécifiques de la Grande Mère, infuser votre corps et esprit. Laissez-vous le temps de les absorber.

« Maintenant respirez par les feuilles et branches de l'Arbre, laissant descendre l'énergie du ciel en vous avec chaque respiration. **Faites cela trois fois.** » Aspirez tout ce dont vous avez besoin du principe d'énergie masculine — force, protection et clarté.

Bien que nous inspirions d'abord par les racines puis par les branches, il n'est pas nécessaire d'envoyer notre souffle dans une direction particulière. « **Votre souffle ira là où on en a besoin. Votre inspiration apporte un don pour vous avec lui et votre expiration porte un don pour le monde. Ces dons iront là où on en a besoin.** »

« Puisque respirer ainsi crée une harmonie en soi et forme une atmosphère harmonieuse, il sera bénéfique que les hommes et les femmes fassent cet exercice ensemble. Il est absurde pour les hommes d'ignorer l'aspect féminin de la vie et pour les femmes d'ignorer l'aspect masculin. Si toutes les branches de l'Arbre étaient coupées, l'Arbre mourrait. Si toutes les racines étaient coupées, l'Arbre mourrait aussi. »

« L'Arbre a besoin d'attention et il a besoin qu'on s'en occupe *maintenant*. » Nous ne pouvons nous permettre de perdre davantage de temps en luttes de pouvoir ; nous devons commencer à nous voir avec des yeux neufs. « **L'Arbre entier doit être soigné — les racines comme les branches. De grands bienfaits viendront du travail avec l'Arbre de Vie. Quand vous respirez comme ça, la Terre et le Ciel se rencontrent dans la grande étreinte de Mère/Père, Père/Mère, yin/yang.** »

CROITRE PAR LES RACINES DE L'ARBRE

« La racine/chemin pour ta vie…la Source pour ta vie personnelle. »

A la suite des exercices de relaxation, visualisez, imaginez ou pensez au réseau de branches et de racines de l'Arbre, s'étalant plus loin que le regard puisse porter. Elles englobent la terre, tous les peuples, leurs pays et leurs coutumes. *Ayez cette pensée, tout simplement, laissez la partir et observez votre réaction à cela.*

« **Visualisez ou imaginez ces racines comme des veines ou des rivières, qui touchent chaque partie et endroit de la terre — Europe, Asie, Afrique, les Amériques, toutes les iles et les pôles. Les racines s'entrelacent à travers toute la terre alors que les branches abritent la planète entière.** »

Allez dans les racines de l'Arbre. Plongez dans ce vaste réseau et explorez.

Les racines sont ancrées dans notre Mère la Terre et elles vous ancrent en elle, vous nourrissant comme elles nourrissent l'Arbre. Quand vous respirez et recevez ce que la Grande Mère vous donne, sachez la profondeur de votre connexion à cette Source Maternelle qui vous tient en sécurité dans Son réseau de racines. Laissez votre corps sentir sa connexion à Elle et à la terre.

Peut-être ressentez vous qu'un endroit dans ce réseau est le votre. Vous avez une racine (chemin) qui vous relie à l'Arbre d'une façon particulière. Elle vous appartient et vous semblera très confortable. Recherchez-la maintenant et quand vous l'aurez trouvé, reposez-vous là. **« Ceci est la racine/ chemin pour votre vie, la source pour votre vie personnelle. »**

Explorez votre racine — sa forma, circonférence, et son emplacement dans le système souterrain de l'Arbre. Chaque fois que vous pratiquez cette méditation votre racine/chemin et votre connexion à toutes les autres racines se renforcera. Puisque chaque personne se connecte à l'Arbre de Vie par ses racines, **« Il est impossible de s'aider soi-même sans que tous en bénéficient. Quand vous renforcez votre racine/ chemin, la connexion que tout le monde a avec le Divin se renforce. »**

L'exercice de l'Arbre aide les hommes autant que les femmes, mais quelque chose de spécial se passe pour les femmes quand elles travaillent avec lui. Durant de nombreuses années les femmes ont été coupées de la source de la puissance féminine et une façon d'accéder à cette puissance est de travailler avec l'Arbre de Vie. Les Grands-mères disent, **« Il est temps que les racines des femmes s'établissent ; les racines de l'Arbre sont comme des femmes qui se tiennent dans leur pouvoir d'une façon stable et qui soutient. »**

« Quand les femmes travaillent avec les racines de l'Arbre de Vie chaque racine s'étalera et touchera une autre. Ensemble elles formeront une toile de soutien qui stabilisera la terre. Cette une autre façon pour que les gens s'ouvrent au Filet de Lumière. »

LES FRUITS DE L'ARBRE

« Chaque fruit est nécessaire pour la santé générale de l'Arbre »

« Dans les vies humaines et dans l'Arbre de Vie l'énergie se déplace de la Source, monte par la racine/chemin et arrive dans le corps. Là elle se manifeste dans le fruit — le fruit de ses actions et les fruits sur l'Arbre de Vie. » Dans les deux cas les fruits murissent graduellement.

Cet exercice nous permet de nous voir d'une façon nouvelle tout en honorant nos dons et nos défis particuliers. « Chaque fruit est nécessaire pour la santé générale de l'Arbre. C'est *ce* **fruit, choisi sur l'Arbre de Vie qui donne saveur à chaque vie. Le fruit de l'Arbre de Vie reflète l'identité particulière de chacun.** »

Si nous pensons à notre fruit comme un symbole de la façon dont nous vivons et de qui nous sommes, on peut approfondir la leçon de l'Arbre. Nos vies reflètent nos individualités. Certains sont des gens qui agissent, d'autres des contemplateurs, d'autres encore des survivants, des explorateurs, des évaluateurs — la liste continue. Avec le temps notre vie manifestera ces qualités intrinsèques (nos dons, défis et caractère), comme un fruit manifestera tout ce qui lui est intrinsèque (Sa saveur, couleur, texture).

Pour commencer cet exercice, suivez votre méthode habituelle pour vous relaxer, puis faites appel à l'Arbre de Vie et faites attention à sa canopée, chargée de fruits de toute sorte. Il y a des mangues, des bananes, des goyaves, des pamplemousses, tous les fruits imaginables sur ses branches. Approchez vous de l'Arbre et faites attention à quel fruit vous sélectionnez ou plutôt, qui vous choisit.

Que la signification de votre fruit soit claire pour vous ou non n'est pas important. Le fruit est une métaphore pour votre vie, alors traitez le avec respect pour voir ce que vous pouvez en apprendre. Les Grands-mères donnent des 'leçons' exprès de cette façon non-linéaire pour nous aider à nous découvrir de façon inattendue.

Une fois que vous avez choisi votre fruit ou qu'il vous a choisi, apprenez à le connaître. Vous pouvez être tenté de l'échanger contre un autre, mais résistez à la tentation et étudiez sa couleur, texture et taille. Sentez son poids et forme, le fait qu'il soit lisse ou rugueux. Humez-le, goutez-le. Faites un inventaire sensoriel.

En l'explorant, vous allez vous approprier ce fruit et en acceptant ce fruit vous pourriez aussi choisir d'accepter cet être spécial que vous êtes. Le fruit est un enseignant, donné pour vous aider à estimer vos qualités uniques.

« **Plus vous incarnez votre fruit (la vérité de votre manifestation individuelle d'être) plus vous avancerez dans le monde pour être qui et ce que vous êtes. Ce fruit particulier de l'Arbre de Vie est le vôtre. Cette vie particulière est aussi la vôtre. Votre fruit, votre vie, est un don que vous vous faites, ainsi que la Source elle-même.** »

Pour servir et nous connecter avec le grand cycle de la vie, nous devons accepter qui et ce que nous sommes. L'Arbre de Vie, une métaphore pour Dieu/Source, montre que comme chaque fruit vient de l'arbre et en fait partie, nous aussi nous venons et faisons partie de Dieu/Source. Nous, le fruit, appartenons à l'arbre.

Une fois que nous réclamons le don que l'Arbre nous fait, nous pouvons vivre du fruit de notre vie et quand nous faisons cela nous fleurissons. Tous ceux qui ont vu un ami 'devenir qui il est' connait l'excitation de le voir se réveiller. Cette partie de la méditation de l'Arbre de Vie nous pousse doucement à 'devenir qui on est'.

Le fruit suit inévitablement la fleur, donc après la floraison, vous portez fruit. Une fois que nous devenons nous-mêmes avec nos forces, défauts et talents, nous pouvons donner des choses au monde en retour. Ce que nous donnons est déterminé par le fruit que l'on a reçu et ce que nous en faisons. Les fruits de l'Arbre représentent à la fois les cartes que nous tenons en main et comment nous les jouons. Le dicton ' Qui vous êtes est le don que Dieu vous fait, ce que vous devenez est votre don à Dieu.' le résume.

En vivant dans la vérité de notre Soi, nous rendons à l'Arbre de Vie et complétons le cycle de donner et recevoir. « **L'Arbre de Vie soutient tout ce qui vit en donnant de lui-même constamment. Cette méditation vous aidera à vous approprier et puis utiliser les dons de votre fruit particulier. Et alors vous aussi vous aurez quelque chose à donner au monde.** »

Méditation sur L'Etoffe de l'Existence

« Tu es beaucoup plus que tu n'aies jamais imaginé. Tu es comme le ciel nocturne. »

Cette méditation élargit la conscience en faisant disparaitre les peurs et l'illusion de la séparation du Divin, ainsi que la séparation les uns des autres. En faisant disparaitre ces fausses barrières elle contrebalance la solitude et l'isolement. L'Etoffe de l'Existence nous libère pour que nous puissions profiter de cet état d'expansion en nous libérant des croyances et des mentalités étriquées. C'est un autre symbole que les Grands-mères utilisent pour nous enseigner sur le Divin et notre relation à lui.

L'Etoffe de l'Existence nous fait sortir de notre identification étouffante avec nos problèmes individuels et notre petit soi et nous fait contacter notre Soi supérieur. Puisque c'est le sentiment de séparation avec toute la vie qui crée la solitude et l'isolation pour commencer, nous ressentons alors de la joie. Cette méditation donne le corps/esprit une compréhension de l'union avec la Source et de l'union entre nous.

Les Grands-mères disent, « **Vous êtes l'Etoffe de l'Existence. Pen-**

sez au ciel nocturne et laissez vous aller dans le bleu indigo de ce ciel. Ici il y a beaucoup d'étoiles et lunes et un rayonnement d'elles toutes. »

Quand vous êtes dans un état de relaxation, pensez au large panorama nocturne de la lune et des étoiles. Si vous habitez dans un endroit où on peut voir les étoiles, sortez et levez les yeux. Si non, pensez à un moment où vous avez pu contempler le bleu profond du ciel nocturne et quand vous le regardez avec vos yeux ou avec votre vision intérieure, pensez à l'affirmation des Grands-mères que vous n'êtes pas séparés, mais que vous faites partie de tout cela.

Respirez calmement et faites rentrer le ciel étoilé dans votre corps avec chaque inspiration, puis fusionnez avec lui quand vous expirez. Quand vous inspirez le ciel entre en vous. Quand vous expirez vous vous coulez dans le ciel. Continuez à respirer comme ça et explorez cette expansion. Laissez-vous être soutenus par le firmament ; le manteau du ciel vous enveloppe et pendant que vous vous reposez ainsi enveloppés, vous touchez tout — les étoiles, la terre, et l'air. « **Vous englobez tout ceci,** » disent les Grands-mères, « **vous êtes le ciel nocturne indigo. Vous entourez tout et vibrez avec la vie. Les étoiles et lunes dans le ciel pulsent en vous tout comme votre battement de cœur physique résonne dans votre corps physique.** »

Prenez conscience du ciel qui entre et sort de votre corps au rythme de votre respiration. La force vitale de l'univers est à l'intérieur de nous. Elle est sous notre peau, elle est au dessus et autour de nous, mais cet exercice vous permettra de la sentir. Quand vous respirez comme ça, remarquez la température de votre corps, le rythme de votre respiration et vos battements de cœur.

« Si vous n'étiez que votre corps, si vous étiez seulement votre respiration ou vos pensées, vous ne les reconnaitriez pas. Mais vous êtes beaucoup plus que chacun d'entre eux et parce que vous l'êtes, à chaque fois que vous tournez votre conscience vers l'intérieur, vous pouvez tous les ressentir. Vous êtes beaucoup plus que vous n'ayez jamais imaginé. Vous êtes comme le ciel nocturne. Vaste. »

« Nous donnons cette méditation pour vous amener au delà de votre sens de limitation et petitesse. L'Etoffe de l'Existence vous amènera au-delà des divisions mentales de 'moi' ou 'mien', 'toi' ou 'tien'. Ce sont des concepts minuscules — même pas des piqures d'épingle —et ne sont pas ce que vous êtes. Vous êtes grands ; vous êtes la couverture du ciel nocturne bleu profond qui touche tout. »

« Méditer sur l'Etoffe de l'Existence soignera l'inquiétude, la nervosité et le stress. Elle vous libérera des états mentaux et émotionnels négatifs parce que l'Etoffe de l'Existence est la vérité de qui vous êtes. »

Méditation sur La Rose du Cœur

« Ceci est le joyau des exercices — La Rose du Cœur. »

Quand ce travail avec les Grands-mères fut terminé je leur demandai une méditation sur l'ouverture du cœur à mettre à la toute fin du livre. La Rose du Cœur est une fin appropriée pour ce livre.

Puisque cette méditation fut dictée au lecteur, je le rendrais dans les mots des Grands-mères, avec des bouts de phrases et des commentaires à moi, insérés seulement là où c'est nécessaire. Vos expériences seront plus profondes si vous observez une vraie rose la première fois que vous faites cette méditation. Bien que ce ne soit pas essentiel, cela vous donnera une mémoire sensorielle d'où vous pouvez partir.

Les Grands-mères disent, « **Commencez par sentir le centre de votre poitrine. Ce que nous faisons est, comme vous dites, un 'avant' et un 'après'. Ceci est le 'Avant'. Remarquez la texture de cet endroit de votre corps, la température, douceur ou dureté, peut-être la couleur que vous ressentez dans votre poitrine. Observez comment c'est dans l'endroit où se trouve votre cœur.** »

« **Prenez une rose pour que vous puissiez la regarder. Pas un bouton fermé ni une qui est totalement ouverte, mais une rose à multiples pétales, partiellement ouverte.** » (Pendant qu'elles me disaient cela elles me montraient l'éventail de couleurs qu'elles voulaient — dans les pêches, roses et rouges). « **Regardez dans la rose et prenez votre temps, sentez-la. Une rose naturelle qui n'est pas un hybride aura un parfum. Celles-là seront les meilleures parce que le parfum est intrinsèque à la rose.** »

« **Touchez la peau, les pétales de la rose et sentez la à nouveau pendant que vous examinez la complexité des ses pétales. Qu'ils sont beaux! Regardez bien comment chacun se place par rapport aux autres. Remarquez la régularité dans leur disposition au dessus et en dessous, ainsi que le bord délicat du pétale. Remarquez comment la rose fait des spirales jusqu'à son cœur.** »

« **Disséquer une rose ne vous montrera pas ce que c'est une rose, parce qu'une rose est formée en relation avec ses pétales. Le miracle de la rose existe à cause de son parfum, sa texture, sa couleur et la relation entre ses pétales.** »

« **Que cette fleur est parfaite! Que *vous* êtes parfaites ! Si seule-**

ment vous saviez ! Chaque partie de vous parfaitement reliée aux autres — vos organes, en conversation harmonieuse les uns avec les autres, votre essence qui pénètre tout. Comme cette rose, le corps humain peut aussi être disséqué ; La personnalité peut être disséquée et diagnostiquée. Mais votre essence, qui est en chaque partie de vous, ne peut être touchée. Vous êtes telle la rose. »

« Fermez maintenant vos yeux et concentrez vous sur l'endroit de votre cœur. Remarquez à nouveau ce que vous ressentez puis pensez à amener la rose, la magnifique rose que vous avez étudié, dans votre cœur. La rose est maintenant dans votre cœur. »

« Regardez-la s'ouvrir lentement. S'ouvrir… s'ouvrir. Quand vous inspirez, la rose s'ouvre comme si elle s'étirait et quand vous expirez, la rose expire également et elle se ferme un peu. En inspirant, elle s'ouvre davantage, en expirant, elle se ferme un peu. Et à l'inspiration suivante elle s'ouvre plus, émettant son parfum dans l'atmosphère. »

« Ensuite, élargissez la rose afin que votre poitrine soit contenue dans ses pétales. Ressentez cette énorme rose de votre cœur. Maintenant la rose emplit votre corps entier. Ressentez comment vous êtes entourés et remplis par la rose. »

« Faites-la s'élargir encore pour qu'elle remplisse la pièce où vous êtes et encore plus pour qu'elle remplisse l'endroit où vous habitez. Laisse-la s'élargir pour saturer votre partie du pays. »

« Cet énorme cœur/rose s'élargit maintenant pour remplir tout votre pays. Et ça continue, cela remplit tous les pays du monde, tenant tous les peuples, toutes les eaux et toutes les masses de terre de la planète. Le grand cœur/rose tient maintenant la terre entre ses pétales et continue à s'élargir jusqu'à ce que cela contienne le soleil, la galaxie et l'univers. Tout. Tout est maintenant contenu dans votre énorme cœur/rose. »

« Cette vaste rose de votre cœur s'élargit loin dans l'espace jusqu'à ce qu'elle tient et contient tout. Ressentez cela Reposez vous un instant dans cet endroit et remarquez comment c'est d'être dans un tel état d'expansion avant de continuer. »

« Maintenant le voyage retour commence, un voyage bien plus rapide. La rose du cœur commence son retour vers vous. Elle revient maintenant ; elle se précipite, se contractant dans votre pays, votre ville, votre maison, votre corps et en dernier dans votre propre cœur physique. »

« Prenez un moment et restez dans cet espace de votre cœur et observez cet endroit de votre corps. C'est ici que vit votre cœur/rose et vivra toujours. »

« Remarquez s'il y a eu des changements depuis le début de l'exercice. Comment est cet endroit de votre corps maintenant? C'est comment dans votre cœur? Remarquez la taille de votre cœur, son poids, sa température, couleur, texture? Comparez votre cœur avec l'état dans lequel il était au début de l'exercice. »

« Telle est la beauté et la magnificence massive de votre propre **cœur,** » disent les Grands-mères. « **Reposez-vous ici.** »

Epilogue

Mon travail avec les Grands-mères continue ; à chaque fois qu'elles me donnent un autre enseignement, je rassemble les gens et le leur passe. Maintenant des personnes dans le monde entier partagent le message des Grands-mères les uns avec les autres. Ils s'éveillent à la sainteté qui habite en leur centre, ils sentent une connexion pleine d'amour entre eux et avec le Divin. Beaucoup de personnes donnent maintenant 'l'empowerment' des Grands-mères. Une liste des groupes qui donnent 'l'empowerment' se trouve sur notre site à: grandmothersspeak.com

Je ne sais pas où le travail avec les Grands-mères m'amènera, mais le voyage avec elles a été si enrichissant que je me suis jurée d'aller partout où elles m'amèneront et puisqu'apparemment elles n'en ont pas terminé avec moi, il y aura un deuxième livre avec leurs enseignements. Le travail avec les Grands-mères m'a apporté une joie inouïe et j'espère que lire sur elles et travailler avec elles vous a donné de la joie aussi. Ce livre vous est offert avec amour. Je suis ravie d'avoir fait partie de leur travail.

Sharon Mc Erlane

A Propos de l'Auteur

Sharon McErlane a été enseignante et conseillère conjugale et familiale pendant plus de trente ans. Son travail a été surtout d'enseigner des techniques d'intégration spirituelle et émotionnelle à ses clients et étudiants pour les guider sur le chemin de leur vie. Elle donne des cours de voyages chamaniques et parcourt le monde pour partager le message des Grands-mères en parlant devant des groupes. Elle est également une artiste accomplie et a crée un environnement gracieux dans sa maison et son jardin que beaucoup de ses étudiants considèrent comme un espace sacré et un environnement propice pour ses ateliers.

Elle est mariée et a deux enfants adultes. Elle habite avec son mari et son golden retriever à Laguna Beach, Californie.

www.ingramcontent.com/pod-product-compliance
Lightning Source LLC
Chambersburg PA
CBHW060520100426
42743CB00009B/1392